yoko ono

yoko ono
Die Biografie von Nicola Bardola

Mit 24 Abbildungen

LangenMüller

Für Vera

Besuchen Sie uns im Internet unter:
www.langen-mueller-verlag.de

© 2012 Langen*Müller*
in der F. A. Herbig Verlagsbuchhandlung GmbH, München
Alle Rechte vorbehalten
Umschlaggestaltung: Wolfgang Heinzel
Umschlagbild: Corbis, Düsseldorf
Satz: VerlagsService Dr. Helmut Neuberger
& Karl Schaumann GmbH, Heimstetten
Gesetzt aus der 11,5/14,5 Adobe Garamond Pro
Druck und Binden: GGP Media GmbH, Pößneck
Printed in Germany
ISBN 978-3-7844-3300-4

They won't leave.
Get out the Yoko Ono CDs.
MURRAY (Karikaturist)

Yoko is doing something unique –
it has never been done before.
ERIC CLAPTON

Seen you much in love
YOKO ONO

INHALT

Vorwort 9

I
LIEBE, FLUXUS UND
GRAPEFRUIT 13

Love 13

Yokos Kunst für Kinder oder
Mein unsichtbares Ich 17

Yokos Herkunft 22

Es gibt nicht viele
Komponistinnen auf der Welt 25

Alles fließt – Fluxus 36

Yoko goes Gaga 51

Yoko One – Arbeitswut und Depression 57

Yoko, Tony und Kyoko 60

Grapefruit 67

Autodestruktive Kunst 83

Cut Piece 88

Von New York nach London 91

II
BOTTOMS, JOHN UND
DIE BEATLES 97

Oh, No, Ono 97

Ich hing in der Luft 105
Yokos Rache 110
Two Virgins 124
Yoko Ono und die Beatles 132
Lennono ist Kunst 140
PR für den Frieden 151
Imagine 169
Yoko kehrt zurück nach New York 171

III
NEUBEGINN, TOD UND
KONTINUITÄT 189

Yokos Geheimnisse 189
Double Fantasy 192
Das Lächeln der Menschen 208
Der Wunschbaum 221
Imagine Peace Tower 226
Der John Lennon Educational Tour Bus,
der Songwriting Contest und weitere
Initiativen 233
Imaginepeace.com 235
Nachwort 241
Herkunft und Werdegang 247
Anhang 281

VORWORT

Geboren: Jahr des Vogels
Frühe Kindheit: Himmel gesammelt
Jugend: Seetang gesammelt
Späte Jugend: Eine Grapefruit geboren. Schnecken, Wolken, Abfall, Dosen usw. gesammelt. Mehrere Schulabschlüsse mit Spezialisierung in diesen Themen.
Zurzeit: Reisen als Vortragende zu obigen und weiteren Themen. Ausgezeichnet mit dem Hal-Kaplow-Preis

So charakterisiert sich Yoko Ono im März 1966 anlässlich der Ausstellung *»STONE«* in der Judson Church Gallery in New York. Diesem Steckbrief lässt sie ein Statement folgen:

Die Menschen hörten nicht auf, Teile von mir wegzuschneiden, die sie nicht mochten. Letztlich blieb nur der Stein von mir übrig, der in mir war, aber sie waren immer noch nicht zufrieden und wollten wissen, wie es in dem Stein ist. y.o.
PS: Wenn die Schmetterlinge in deinem Bauch sterben, dann sende deinen Freunden gelbe Todesanzeigen.

Diese Texte vermitteln einen Eindruck vom Lebensgefühl Yoko Onos exakt neun Monate, bevor sie zum ersten Mal John Lennon begegnet. Ihr vielfältiges Werk ist bis heute von Kontinuität geprägt. Trotzdem lässt es eine Prä- und eine Post-John-Lennon-Ära deutlich erkennen. Yokos Zeit mit John, diese vierzehn Jahre währende Amour fou, ist die bekannteste Phase im Leben der japanischen Künstlerin. Ohne die Ehe mit dem Gründer der Beatles würde man Yoko Ono heute sehr viel weniger Aufmerksamkeit schenken. Dennoch war Yokos Kreativität vor und nach ihrer Zeit mit John mindestens ebenso groß wie in den Jahren 1966 bis 1980.

Meine Biografie über Yoko Ono geht von den Arbeiten der japanischen Künstlerin aus, um damit ein bewegtes Leben aufzuzeigen, das aufgrund schöpferischer Kraft, Experimentierfreude, Radikalität und der beständigen Suche nach Wahrhaftigkeit fasziniert. Yoko sagte: »Kunst ist mein Leben und mein Leben ist Kunst.« Das ist einer der vielen Gründe, warum sich einer der begabtesten und begehrtesten Männer der damaligen Popwelt in Yoko verliebte. »Yoko ist wie ein Acidtrip oder als wäre man zum ersten Mal betrunken«, sagte John. Mit dieser Liebe mündeten zwei Lebensläufe ineinander, zwei Individuen verschmolzen zu einer Rock'n'Roll- und Kunst-Ikone.

Dieses Buch versteht sich auch als »Übersetzung« von Yokos nicht immer leicht verständlichen Impulsen vor, während und nach ihrer Zeit mit dem Beatle. Rohmaterialien der Avantgarde-Künstlerin werden hier vorgestellt und interpretiert, um den Weg von Yokos erster Idee zu ihren oft unfertigen – bewusst unvollendeten – Arbeiten zu zeigen.

Seit über drei Jahrzehnten ist sie die wohl berühmteste Witwe der Welt. Sie hat nach Johns Tod nicht wieder geheiratet. Viele Menschen, besonders Beatles-Fans, schauen seit einigen Jahren genauer hin. »Onophobische« (Vor-) Urteile könnten mit Hilfe dieses Buches weichen zugunsten eines unvoreingenommenen Blicks auf ein überaus schillerndes und vielseitiges Leben. Diese Biografie will zeigen, wie es zu den berühmten und manchmal berüchtigten Attributen kommen konnte, mit denen Yoko heute noch beschrieben wird: »lebender Haiku«, »Fluxus-Hexe«, »fünfter Beatle«, »16-Spur-Stimme«, »Querdenkerin«, »Multimillionärin«, »Gay-Ikone« oder »Dance-Club-Diva«.

Wer ist diese japanisch-amerikanische Friedensaktivistin, Menschenrechtlerin, Feministin, Filmemacherin, Konzeptkünstlerin, Sängerin und Komponistin?

Sommer in Venedig 2009: Yoko Ono steht in den Giardini auf der Bühne der Kunstbiennale, nimmt beim Presseempfang den Golde-

1 Tochter Kyoko und Sohn Sean mit Yoko (1998)

nen Löwen für ihr Lebenswerk entgegen und sagt: »Venedig ist die schönste Stadt der Welt.«
Ich frage mich im Stillen: Ist das nicht New York? Obwohl ich weit vorne sitze, sieht man Yoko kaum. »Sie ist so klein. Wo ist sie nur?«, fragt mich nach dem offiziellen Teil der Preisverleihung ihr Sohn Sean Lennon ernsthaft beunruhigt hinter der Bühne und macht sich auf die Suche nach seiner Mutter.
Ich sehe Yokos Tochter Kyoko, die versucht, ihre Kinder noch ein wenig aufzuhalten, bevor sie zum Eisessen geht. Danach schlendere ich noch durch die Gärten, lasse Natur und Kunst auf mich wirken und denke über diese Familie nach, deren männliches Oberhaupt seit bald dreißig Jahren fehlt. Ohne John Lennon kommt das Fernöstliche jetzt stärker zum Ausdruck.
Mutter und Großmutter Yoko ist es gewohnt, für andere zu sorgen und ihren Verbund zusammenzuhalten. Zierlich und fragil, aber auch

zielbewusst und durchsetzungsfähig organisiert Yoko wie kaum eine andere Frau ihrer Generation ein komplexes System sozialen Engagements und künstlerischen Ausdrucks, das manchmal belächelt und kritisiert wird und stark von Ruhm und Erfolg geprägt ist.

Nicola Bardola, Juli 2012

I
LIEBE, FLUXUS UND GRAPEFRUIT

LOVE

Es gibt kaum eine Künstlerin der Gegenwart, die so oft das Wort »Love« verwendet wie Yoko Ono. Sie treibt die Verbalisierung der Liebe exzessiv voran, u. a. mit der Taschenlampen-Aktion »I love you«. Yoko entwickelte die Performance, die ihre universelle Liebesbotschaft variieren und verstärken sollte, Anfang der Nullerjahre. Hierbei handelt es sich um eine sehr einfach anmutende Aktion, eigentlich ein Kinderspiel, das sich von infantilen Impulsen dadurch unterscheidet, dass Yoko die »I love you«-Veranstaltungen mit einem weltweiten Appell verbindet.

»Erinnern wir uns einen Augenblick an die Liebe«, sagt Yoko bei ihren Performances oft einleitend, worauf sie rhythmisch und manchmal mit herztonähnlichen Geräuschen unterlegt aus dem Dunkel aufscheint und dabei eine Taschenlampe auf die Zuschauer richtet. Einmal leuchten und klopfen bedeutet »I«, zweimal leuchten und klopfen bedeutet »love«, dreimal klopfen und leuchten bedeutet »you«. Diesen Vorgang wiederholt Yoko sehr oft. Zwischendurch fordert sie das Publikum auf, diese »I love you«-Botschaft selbst weiter zu senden in dem von ihr vorgegebenen Rhythmus. Von Schiffen aus, von Berggipfeln aus, von Gebäuden aus oder indem man ein ganzes Hochhaus dazu nutzt, auf großen und kleinen Plätzen in Städten und Dörfern, vom Himmel aus und in den Himmel hinein – Yoko fordert das Publikum auf, diese Botschaft ausdauernd und auf der ganzen Welt und ins Universum zu senden, egal ob mit oder ohne Taschenlampe, mit oder ohne Lichter. Dem ersten Teil der Botschaft folgt schon der zweite: Einmal leuchten bedeutet »I love you«, zweimal leuchten bedeutet »love is forever«, dreimal leuchten bedeutet »you are beautiful«. Diese Aktion liegt Yoko bis heute sehr am Herzen.

Auf dem Filmfestival von Venedig 2004 zeigte sie das dazugehörige Video auf einer Leinwand im Freien. Bei Konferenzen lässt Yoko kleine Taschenlampen verteilen, mit denen dann alle die Botschaft im Raum multiplizieren können, was in den meisten Fällen zu großer Heiterkeit und nur sehr selten zu Verlegenheit führt.

»Viele sind verängstigt, konfus und wütend in dieser Welt. Ich glaube, es herrscht ein Wettstreit unter den Menschen. Die einen versuchen diesen Planeten zu zerstören, die anderen versuchen die ganze Erdoberfläche mit Liebe zu bedecken. Ich denke, es ist sehr wichtig, dass wir jetzt alle versuchen, die Welt mit Liebe zu erfüllen. Und das ist der Grund für meine Aktion. Sie ist sehr einfach. Statt jemanden um ein Treffen zu bitten, sich zu verabreden, hinzugehen und das zwei- oder dreimal zu wiederholen, bis man vielleicht einander sagt, ›ich liebe dich‹, kann man jetzt allen ›ich liebe dich‹ sagen.«

Yoko berichtet von der Aktion nachts auf der Piazza San Marco in Venedig oder von derselben Aktion wenig später im September 2004 in der Tate Gallery in London in einem abgedunkelten Raum sowie in München vor dem Haus der Kunst: »Es war sehr seltsam, denn plötzlich sah ich all die Liebeslichter aus dem Publikum auf mich scheinen. Und ich sagte ›danke, ich fühle mich sehr geliebt‹.«

Danach fordert Yoko das Publikum auf, die Taschenlämpchen mit nach Hause zu nehmen und den Vorgang mit Verwandten und Bekannten und Fremden zu wiederholen. Es sei schön, auf diese Weise Augenblicke zu erzeugen, in denen man an Liebe denke statt an all das andere. Im Publikum herrschen jeweils verschiedenste Reak-

tionen auf die Yoko-Morse-Performance: von Kopfschütteln über Belustigung und Heiterkeit bis zu Betroffenheit und nachdenklichem Ernst. Yoko berichtet auch davon, dass Männer oft zurückhaltend und schüchtern reagieren, Frauen hingegen die Botschaft sofort verstünden, offen und herzlich seien. »Männer sind offenbar gehemmt und verkrampft. Wir müssen ihre Herzen öffnen. Und wir müssen schnell sein, denn die andere Seite eilt voraus.«
Yoko meint mit der anderen Seite die (Umwelt-) Zerstörer, verweist auf die vielen Beispiele für die Beschränkungen der Freiheit und fordert die Intellektuellen und alle anderen auf, etwas zu tun. Gekoppelt mit John Lennons Song *Give Peace a Chance*, der Friedenshymne, die noch zu Beatles-Zeiten am 1. Juni 1969 – während eines Bedins von John und Yoko in Montreal – entstand, führte die Taschenlampen-Aktion in Tokio im Oktober 2004 in der Budokan Arena zu einem Höhepunkt, zu einem Liebeslichtermeer und zu einem kollektiven Glücksgefühl. Im selben Jahr produzierte Yoko einen Film mit dem Titel »Onochord«, in dem sie ihre Liebeslicht-Performance dokumentiert. (Er ist problemlos im Internet zu finden und dokumentiert die beschriebenen Events.)
Manchmal scheint es, als wolle Yoko die Liebe geradezu herbeireden. Liebe war auch ein zentraler Begriff für John Lennon, lange bevor er Yoko kennenlernte. Bei Yoko nimmt das Motiv Liebe insofern eine besondere Stellung ein, als sie sehr viel mehr Mühe hatte, sich an einen Menschen zu binden, als John. Nicht nur ihre drei Ehen und viele Liebhaber vor John deuten auf Beziehungsängste Yokos hin. Wer sich von allen geliebten Menschen jederzeit einigermaßen schmerzfrei trennen kann, wie sie im Verlauf ihres Lebens immer wieder gezeigt hat, verspürt vielleicht den Wunsch, einmal abhängig von jemandem zu sein, so wie »Jealous Guy« John abhängig war von ihr. Yokos Sehnsucht nach tiefem Trennungsschmerz, wenn es zum Abschied kommt, ist ein Motiv für ihr Love-Mantra.
Das Attentat am 8. Dezember 1980 auf John war nicht nur für Yoko, es war für die Welt ein Schock. Sichtbar bleibt, wie rasch Yoko ihre

Trauer in Kunst verwandelte. Eindrücklichstes Beispiel dafür ist das Foto der zerbrochenen und blutverschmierten Brille ihres ermordeten Mannes, das Yoko als Cover-Motiv für ihr bereits im Juni 1981 veröffentlichtes Album *Season of Glass* verwendete. Die Witwe habe nicht einmal das Anstandsjahr abgewartet und sei mit ihrer geschmacklosen Vermarktungsaktion des toten John an die Öffentlichkeit getreten, empörten sich ihre Kritiker.

Yoko wehrte sich: »John hätte es gebilligt, und ich kann auch erklären, warum. Ich wollte die ganze Welt daran erinnern, was passiert ist. Die Leute fühlen sich von der Brille und dem Blut angegriffen? Die Brille ist ein winziger Bestandteil dessen, was passiert ist. Wenn den Leuten diese Brille auf den Magen schlägt, dann tut es mir leid. Es gab eine Leiche. Es gab Blut. Sein ganzer Körper war blutüberströmt. Der Boden war voller Blut. Das ist die Wirklichkeit. Ich möchte, dass die Menschen dem ins Gesicht sehen, was passiert ist. Er hat keinen Selbstmord begangen. Er ist ermordet worden. Die Leute fühlen sich von der Brille und dem Blut abgestoßen? John musste wesentlich Schlimmeres hinnehmen.«[*]

Das Album ist bis heute eines ihrer erfolgreichsten und wegen des Umschlages umstrittensten. Yoko-Kritiker, die sie schon Ende der 1960er-Jahre als egozentrische und erfolgsgierige Frau darstellten, fanden sich hier bestätigt: Mehr Kalkül als Gefühl lautete das Urteil. Yoko hat nach Johns Tod nicht mehr geheiratet (Olivia, George Harrisons Witwe, übrigens auch nicht). Dass Yoko ihre drei Ehemänner und davor ihre Liebhaber nach Kriterien ausgesucht hat, die auch Prominenz oder Reichtum umfassen, ist aufgrund ihres Werdegangs naheliegend. Heute scheint sie jedoch von dieser Haltung weit entfernt zu sein. Als ich sie bei der DLD-Konferenz – »Digital, Life, Design«, einem internationalen von Hubert Burda ausgerichteten Treffen v. a. für Internet-Experten – in München im Januar 2012 traf, schrieb sie mir in mein »Grapefruit«-Exemplar: »seen you much in love«.

---

[*] Jerry Hopkins: *Yoko Ono – A biography*, S. 231

Volltreffer. Ich war zu jenem Zeitpunkt frisch verliebt. Und kurz zuvor hatte ich die abschließende Publikumsfrage gestellt. Das Motto am Rednerpult lautete: »All you need is ... data?« Ich wollte von ihr wissen, was wichtiger sei, Daten oder Liebe: »What's better: all you need is data or all you need is love?«

Und sie sagte: »In the end, all you need is love«, und fuhr fort: »Ich weiß das. Ihr werdet sagen, oh, das ist aus den Sechzigern. Aber es ist wahr. Das ist alles, was du wirklich brauchst. Leider haben wir jetzt nicht viel davon. Wir denken ständig an all diese wichtigen Dinge und sind in Sorge, nicht genug Energie zu haben. Wir müssen aber an unsere Energie denken.« Sie machte dabei mit ihrer linken Hand ein ausholende Bewegung hinab zum Bauch und wieder hinauf. »Wir müssen zunächst darauf achten, dass unsere eigene Energie fließt. Und das ist Liebe.« Sie lächelte und hob dabei den Zeigefinger. »And that's love.« Dabei schaute sie mich die ganze Zeit an.

Und ich hoffe, dass sie fühlte, wovon sie sprach.

YOKOS KUNST FÜR KINDER ODER MEIN UNSICHTBARES ICH

Yoko Ono hat als Teenager einen Text geschrieben und mit 36 Bildern illustriert, der erst 60 Jahre später veröffentlicht wurde. Angeblich hat ihr 1975 geborener Sohn Sean Lennon – der zweite Sohn Johns – das Kleinod im Jahr 2010 im Archiv seiner Mutter gefunden. *An Invisible Flower* heißt das Kunstwerk der neunzehnjährigen Yoko. Darin übt sie sich auf rund 40 Seiten in Kalligraphie und in luftig-minimalistischen Zeichnungen in Pastell und Kreide. Erzählt wird von einem bezaubernd schönen Wesen, das allen bekannt und trotzdem unsichtbar ist.

Großartig ist das Eröffnungsblatt: Es ist leer, nur am unteren rechten Rand steht: »No one saw it.« Niemand sah das Wesen. Da mag man an Hans Christian Andersens *Des Kaisers neue Kleider* oder an Karl Valentins Witz im Bild *Kaminkehrer bei Nacht* denken, ein rein schwarzes Bild. Jedenfalls zeigt sich schon hier Yokos radikale Fantasie.

Nur ein Mensch könne dieses Wesen sehen: »Smelty John«. Der Leser traut seinen Augen nicht. 15 Jahre bevor sie John zum ersten Mal begegnet, taucht er in ihrem Werk schon auf? Purer Zufall oder Vorahnung? Yoko gefällt natürlich diese Spekulation und sie nährt sie durch ein weiteres Erlebnis: Am 18. Februar 1952 datiert und unterschreibt der elfjährige »John W. Lennon« eine Zeichnung, auf der zwei reitende und bewaffnete Indianer zu sehen sind, und widmet sie Tante Mimi.

Yoko kommentiert: »Es brachte mich aus der Fassung, als ich *An Invisible Flower* wieder las. Ich musste an die Zeichnung von John denken, die im selben Jahr entstand wie *An Invisible Flower*. Die beiden Menschen auf den Pferden sehen John und Yoko sehr, sehr ähnlich. Und das Datum, der 18. Februar, das war mein neunzehnter Geburtstag. Es scheint so, als hätten wir beide schon 1952 gewusst, dass wir uns fünfzehn Jahre später ineinander verlieben würden.«

Sean schreibt im Vorwort: »Ich konnte es einfach nicht glauben, dass meine Mutter das schrieb, bevor sie meinen Vater traf. Das ist wie eine Zeitreise.«

Und Yoko weiter im Nachwort: »Über zehn Jahre später, nachdem ich das geschrieben hatte, begegnete ich einem John, der richtig gut riechen konnte. Er kräuselte die Nase und nahm meinen Geruch wahr. Als ich das bemerkte, wusste ich augenblicklich, dass er der Einzige ist, der mein unsichtbares Ich sehen kann.«

Natürlich wissen Yoko und Sean, wie sehr solche Geschichten zur Legendenbildung beitragen, und veröffentlichen sie entsprechend publikumswirksam. Und dann ist es doch überraschend, was es zu entdecken gibt, beispielsweise Yokos legendäres »yes«.

Bereits in ihrem wiederentdeckten Bilderbuch steht es alleine auf einer ganzen Seite, fünfzehn Jahre später wird es dasselbe »yes« derselben Künstlerin sein, das John entdeckt, nachdem er die Leiter in der Indica Gallery hochsteigt und es auf einer Leinwand an der Decke entdeckt.

Dank dieser Installation, dank dieser positiven Aussage der Fluxuskünstlerin fühlt sich John zu Yoko hingezogen. Affirmatives Denken zieht sich durch Yokos ganzes Werk. Es scheint ihr Glück zu bringen. Aber trotz der bemerkenswerten künstlerischen Konstanz und der numerologischen Zufälle im Zusammenhang mit dem Buch *An Invisible Flower* steht diese Buchveröffentlichung von 2012 stellvertretend für den immerwährenden Versuch Yokos, ihre Beziehung zu John durch Koinzidenzen zu verstärken und symbolisch zu überhöhen. Mit weiteren überraschenden bibliografischen Funden, mit weiteren Zeichnungen und Bildgeschichten aus Yokos und Johns Archiv ist zu rechnen.

Yoko war auch vor *An Invisible Flower* nicht als Autorin von Kinder- oder Bilderbuchtexten bekannt. Von den Medien wurde kaum wahrgenommen, dass Yoko kurz nach dem Tod Johns zwei Bilderbücher veröffentlichte. In keiner Dokumentation über Yoko, in keiner Biografie wird das bisher erwähnt.

Es ist sicher kein Zufall, dass Yoko unmittelbar nach dem Attentat auf ihren Mann und in tiefster Trauer emotional und künstlerisch nicht nur die Öffentlichkeit mit *Season of Glass* provozierte, sondern auch zurück zu den Ursprüngen ging, zu eigenen Kindheitserinnerungen und aktuellen Erlebnissen mit ihrem Sohn Sean. 1981 erschien in Japan das Bilderbuch *Boku wa Onii-cha* und wenig später auf Deutsch unter dem Titel *Jetzt bin ich ein großer Bruder*, illustriert von der bekannten japanischen Kinderbuchautorin und Künstlerin Yoko Imoto. Erzählt wird die Geschichte vom kleinen Kater Nonta, der gleich fünf Geschwisterchen auf einmal bekommt. Bisher war er Einzelkind und hatte die Mama ganz für sich allein. (Ein Vater taucht im gesamten Bilderbuch nicht auf.) Doch jetzt fühlt er sich einsam und ist eifersüchtig. Als er mit den Kleinen einen Ausflug machen soll, bringt er sie absichtlich und wiederholt in Gefahr, in der Hoffnung, sie loszuwerden und daraufhin wieder ganz alleine Mutters Aufmerksamkeit zu bekommen. Aber im letzten Moment rettet er jeweils die Geschwisterchen vor dem sicheren Tod. Er kann sie einfach nicht alleine lassen. Am Ende bringt er alle wohlbehalten zurück nach Hause und errötet, als die Kleinen ihn vor der Mutter loben.

Geschickt zeigt Yoko Ono in diesem Bilderbuch, wie ihr Held Nonta seine bösen Gedanken auslebt und weitgehend in die Tat umsetzt, aber schließlich selbst und ohne dass irgendwo ein Erwachsener den Zeigefinger hebt, im letzten Moment feststellt, dass seine Liebe zu den Kleinen größer ist als sein Neid. So wächst allmählich das Verantwortungsgefühl in Nonta. Unschwer sind hier Yokos eigene Kindheitserlebnisse erkennbar, als sie sich während des Zweiten Weltkriegs in Japan unter schwierigsten Umständen als Erstgeborene um ihre kleinen Geschwister kümmern musste.

Noch interessanter ist das zweite Bilderbuch Yokos. 1983 erschien es als japanische Originalausgabe unter dem Titel *Kitsune-iro no Jitensha*. Der Band wurde wiederum von Yoko Imoto illustriert: *Der kleine Fuchs und das Fahrrad* ist ein gutes Beispiel für Yokos Kunst und Engagement für Kinder und Jugendliche. Bedenkt man den langen herstellerischen Vorlauf, den ein Bilderbuch hat, wird deutlich, dass Yoko Ono auch diesen Text verhältnismäßig kurz nach dem Attentat an John schrieb. Es galt ja eine große Lücke zu füllen oder zumindest den Versuch zu unternehmen, Johns überbordende, durch den fünfjährigen Sean angeregte Phantasie zu kompensieren.

Diese gestalterische Kraft Johns wird u. a. im Buch »Real Love – Bilder für Sean« deutlich, in dem Johns skurrile und bizarre Gedankenwelt mit der Phantasie seines Sohnes verschmilzt und fabelhafte Bild-Text-Kombinationen mit herrlichem Nonsens und überraschenden Klang- und Wortspielen erzeugt.

»Stolz zeigte mir John ein paar krakelige Striche, die Sean auf ein Stück Papier gekritzelt hatte. Das waren Seans erste Zeichnungen.

John rahmte jedes einzelne dieser Bilder, und plötzlich schmückten viele, viele gerahmte Kunstwerke von Sean unsere Wohnung im Dakota Building. Wenig später sah ich dann Sean und John gemeinsam zeichnen. John malte etwas und erklärte Sean, was es war (…) So lernte Sean die Freude am Zeichnen, die Freude, dies zusammen mit seinem Dad zu tun, die Freude am Leben. Ich hoffe, dass dieses Buch auch für euch diese Freude spürbar macht. Es entstand im Geiste des Lachens und von viel, viel Liebe«, schrieb Yoko 1999 im Vorwort zu *Real Love*.

Yoko war nach Johns Tod plötzlich als alleinerziehende Mutter mit pädagogischen Problemen konfrontiert, die bis dahin vor allem von John gelöst worden waren. Ganz bewusst hatte John die Hauptrolle im Haushalt und bei der Erziehung übernommen und Yoko, die besser mit Zahlen umgehen konnte, die Geschäfte überlassen. In ihrem Bilderbuch *Der kleine Fuchs und das Fahrrad* thematisiert nun Yoko soziale Fragen in der Überflussgesellschaft. Erzählt wird die Geschichte des Fuchsjungen Kun. Unschwer ist dahinter ihr Sohn Sean zu erkennen. Ein Mädchen fährt mit einem neuen Rad durch Kuns Park. Kun darf das Fahrrad ausprobieren und ist begeistert. Zurück in seiner Höhle, bittet Kun seine Mutter, ihm ein Fahrrad zu schenken. Diese verneint und fordert Kun auf, vernünftig zu sein, ein Fahrrad sei zu teuer. Sie könnten sich das nicht leisten. Oder wünsche Kun, dass seine Mutter noch mehr arbeiten muss? Und noch weniger für ihn da ist? »Kun weint sich in den Schlaf.«

Es sind für Eltern schwer auszuhaltende Situationen, wenn sie sehen, dass nicht alle Träume ihrer Kinder Wirklichkeit werden können und wie stark die Kinder manchmal darunter leiden. Am nächsten Morgen steht jedoch ein Fahrrad vor der Fuchshöhle. Kuns Mutter hat das irgendwie möglich gemacht. Der kleine Fuchs ist so begeistert, dass ihm gar nicht auffällt, dass seine Mutter nicht da ist. Kun schwingt sich auf das Rad und merkt, dass es auch noch ein ganz besonders tolles, ja fast magisches Fahrrad ist, das von alleine Steinen ausweicht und bergab nie zu schnell wird. Erst als Kun freudig und hungrig wieder in den Fuchsbau zurückkehrt, stellt er fest, dass seine Mutter nicht da ist und vermutet, dass sie nun noch mehr arbeiten muss, um das Fahrrad zu bezahlen. Als Kun am Ende der Geschichte wieder glücklich bei seiner Mutter ist, sagt er: »Mama, ich brauch doch gar kein Fahrrad.« Bemerkenswert: Kun hat keinen Vater. Der gesamte Konflikt wird von Mutter und Sohn ausgetragen.

Selbstverständlich ist die Geschichte des Fuchsjungen Kun nicht bis ins Detail biografisch. Als eine der reichsten Künstlerwitwen weltweit hätte Yoko ihrem Sohn jederzeit Dutzende verschiedenster Fahrräder kaufen können. Doch Yoko musste Grenzen ziehen, durfte nicht jeden materiellen Wunsch ihres Sohnes erfüllen und musste zusehen, wie sich dieser in den Schlaf weint, wohl wissend, dass sie es auf der Stelle hätte verhindern können.

Das Buch wurde in viele Sprachen übersetzt und war auch in Deutschland in den 1980er-Jahren erfolgreich: Es vergleicht den Wert menschlicher Beziehungen mit der Bedeutung von Gegenständen, es vergleicht die Wirkung erzwungener Verhaltensregeln mit eigenständig gewonnenen Einsichten und es enthält viele Motive, die auch in Yokos Kunst für Erwachsene eine wichtige Rolle spielen, allen voran das Wünschen.

Es wird die Basis einer weiteren wichtigen Kunstaktion Yoko Onos. So durchdringen Kindheitsmotive auffallend stark Yokos Gesamtwerk. Kindliche Neugier, kindliche Unbefangenheit, kindliche Ängste, kindliche Spielfreude oder auch kindliche Naivität prägen ihre künstlerischen Ausdrucksformen.

YOKOS HERKUNFT

Die Bilderbücher können auch in Beziehung zu Yokos eigener Kindheit gesetzt werden. Yoko Onos Vorfahren lassen sich bis ins neunte Jahrhundert zurückverfolgen. Einer ihrer Urgroßväter, Atsushi

Saisho, entstammte der Dynastie des religiösen Führers Saisho, der 807 die neue und umstrittene buddhistische Sekte Tendai Lotus mit kaiserlichen Mitteln gründete. Er ließ ein Kloster erbauen und wurde später mit dem Titel »Daishi« – großer Lehrer – geehrt und wurde so zum ersten bedeutenden Priester Japans. Yoko Ono ist im Bewusstsein aufgewachsen, dass ihre Vorfahren mächtig und wohlhabend waren. Das setzte sich bis zu ihren Eltern fort: Ihre Mutter Isoko wurde 1911 geboren und gehörte zur angesehenen und vermögenden Familie Yasuda. Ihr Großvater – Yokos Urgroßvater Zenjiro Yasuda – hatte die gleichnamige Kaufmanns- und Bankdynastie gegründet und war durch geschicktes Wirtschaften sehr reich geworden, so dass auch noch Isokos Vater Anteile an Fabriken besaß und mit Versicherungen und Grundbesitz handelte. Wie viel Liebe bei der Heirat ihrer Eltern eine Rolle spielte und wie viel von Yokos Großeltern bestimmt wurde, lässt sich schwer sagen. Fest steht, dass der Bund fürs Leben keine Liebesheirat nach heutigen westlichen Vorstellungen war. Formelle Faktoren spielten eine große Rolle. Isoko brachte ein kleines Vermögen in die Ehe mit Eisuke Ono, der ein entfernter Verwandter der kaiserlichen Familie war und eigentlich Pianist werden wollte, aber von seinen Eltern und später auch von den Schwiegereltern dazu gedrängt wurde, nach seinem Studium der Mathematik und Wirtschaftswissenschaften im Bankgeschäft tätig zu werden. Von der Verlobung bis zur Heirat vergingen mehrere Jahre. Seit 1927 arbeitete Eisuke sehr erfolgreich für verschiedene Geldhäuser, u. a. die Yokohama Specie Bank und später für die Bank of Tokyo. 1931 heirateten Isoko und Eisuke und gründeten einen großbürgerlichen Hausstand innerhalb des palastähnlichen Anwesens von Isokos Eltern mit etlichen Bediensteten. Kurz vor der Geburt Yokos am 18. Februar 1933 musste Eisuke geschäftlich für längere Zeit in die USA nach San Francisco, weshalb Yoko ihren Vater, bis sie fast drei Jahre alt war, nur von Fotos her kannte.

Yoko hatte also schon in ihren ersten Lebensjahren gespürt, wie es ist, ohne Vater aufzuwachsen. Yokos gutaussehende Mutter kümmerte sich nicht besonders intensiv um ihre Tochter. Viele erzieherische Aufgaben wurden vom Personal übernommen, während Isoko Künstlersalons organisierte und sich selbst v. a. mit Hausmusik verwirklichte.

Yoko erinnert sich: »Meistens war ich zu müde, um mich mit anderen Kindern zu treffen. Wenn ich Lust auf einen Spielkameraden hatte, fragte ich die Hausangestellten: ›Bittest du jemanden, mit mir zu spielen?‹ Und prompt kam die Antwort: ›Ja, es gibt immer jemanden. In zehn Minuten ist er hier.‹«*

Es muss eine kalte und sterile Atmosphäre im Hause Ono geherrscht haben. Hier trafen sich Tokios Geldadel und geistige Eliten. Kinder hatten proper, anständig und leise zu sein. Gefühlsregungen wurden unterdrückt. Das führte bei Yoko zu Verlust- und Existenzängsten. »Ich hatte Angst davor, einfach wegzufliegen, zu verschwinden.« Die Kindheitsfotos zeigen Yoko stets adrett gekleidet vor hochherrschaftlichem Hintergrund. Noch gab es keine Anhaltspunkte, dass aus diesem Kind dereinst eine der berühmtesten Frauen des internationalen Kulturbetriebs werden würde.

1935 folgten Mutter und Tochter Eisuke nach San Francisco nach. Im Dezember 1936 kam Yokos kleiner Bruder Keisuke zur Welt, 1937 kehrte die Familie nach Tokio zurück, 1940 zogen alle für ein Jahr nach New York, worauf aber Eisuke eine Bank in Hanoi leitete und seine Frau und die beiden Kinder nach Tokio zurückkehrten. Im Oktober 1941 wurde Yokos Schwester Setsuko geboren. Fortan war Yoko das älteste von drei Geschwistern, das einerseits Mühe hatte, sich bei den strengen Eltern Privilegien zu erkämpfen, andererseits lernte sie rasch, für Bruder und Schwester Verantwortung zu übernehmen. Ihre sich erst später entfaltende Durchsetzungsfähigkeit und ihr Talent, eigene Ansichten, Meinungen und Vorstellungen zu vermitteln, zeigten sich schon im Umgang mit ihren Geschwistern.

---

* Yoko Ono im Gespräch mit Barbara Graustark in der TV-Dokumentation *Yoko Ono Lennon – Then & Now*

Alles folgte jedoch noch den strengen Regeln des Hauses, dem festen, familiären Rahmen. Yoko musste sich meistens dem elterlichen Willen fügen. Ihre spätere sehr heftige Rebellion gegen ihr Zuhause war auch eine Folge des engen Korsetts ihrer Kindheit.
Yoko bedeutet »Kind des Ozeans«, und dieser Klang, diese Herkunft und die poetische Bedeutung sollten 33 Jahre nach Yokos Geburt dem Beatles-Gründer John Lennon gut gefallen. Ihn würde das trotzige, das aufmüpfige, das freiheitsliebende Wesen der kleinen Japanerin faszinieren.

ES GIBT NICHT VIELE KOMPONISTINNEN AUF DER WELT

Frauen empfinden Yoko Ono anders als Männer. Pattie Boyd, Gattin und Muse von George Harrison (sie inspirierte ihn zu *Something*) und von Eric Clapton (ihn inspirierte sie u. a. zu *Layla*) beschreibt Yoko so: »Sie war alles, was Cynthia (Johns erste Ehefrau) – und vermutlich jede andere Frau, die John jemals getroffen hat – nicht war. Sie war anarchisch, originell und hatte vor nichts Angst. Und sie verfiel nicht in die stereotype Rolle der sich unterwerfenden Frau, die John gewohnt war.«*
Und auch Cynthias im Grunde positives Fazit überrascht: »Ich machte weder John noch Yoko dafür verantwortlich. Ich verstand ihre Liebe. Es war mir klar, dass es für mich keine Möglichkeit gab, gegen diese Einheit von Geist und Körper, die beide miteinander darstellten, zu kämpfen. Ihre allumfassende Liebe ließ keine Zeit für Schmerz oder Unglück. Yoko hat mir John nicht weggenommen, denn er hat mir niemals wirklich gehört.«** Und auch Johns Halb-

---

* Pattie Boyd: *Wonderful Tonight. George Harrison, Eric Clapton And Me.* S. 124
** Cynthia Lennon: *John.* S. 87

schwester Julia Baird lobt Yoko, wenn sie schreibt: »John starb zu Beginn einer neuen Schaffensperiode, und sein Genie war in voller Blüte zum Schweigen gebracht worden. Die letzten Songs, die er komponiert hatte, sind fantastisch – *Woman*, *Watching the Wheels*, *Starting Over*. Manche Leute sind der Meinung, dass es die besten Songs sind, die er je geschrieben hat. Die Geburt von Sean weckte in John neues Selbstvertrauen und sensibilisierte ihn für alles Menschliche. Die fünf Jahre, die er mit Sean als Fulltime-Daddy und mit Yoko verbracht hatte, gaben ihm Zeit zum Atemholen, die er gebraucht hatte, um sein Talent zu erneuern.«*

Die Frau als vorausblickende und fürsorgliche Begleiterin, die Frau als leise Lenkerin, die tiefe und verborgene Bedürfnisse im Mann erkennt; die Frau als Muse – und Yoko im Mittelpunkt der drei von Julia Baird genannten Songs auf dem letzten zu Lebzeiten Johns veröffentlichten Album, denn auch *Watching the Wheels* wäre ohne die von Yoko geschaffenen Freiräume unmöglich gewesen. Die kongeniale Frau idealerweise an der Seite kreativer Köpfe. Yoko kennt wie kaum eine andere Künstlerin der Gegenwart den ein langes Leben lang währenden Kampf um Kreativität. Sie führt ihn an allen Fronten – formal und inhaltlich. Sie führt ihn geschäftstüchtig und mit Liebe zugleich und vor allem mit Sehnsucht nach Frieden – und das von Kindheit an.

Yoko erhielt schon vor der Grundschule Musikunterricht. Ihre Eltern – der Vater spielte leidenschaftlich gerne Klavier, die Mutter beherrschte mehrere Instrumente – meldeten sie in Tokio an der renommierten Jiyu-Gakuen Girl's School an. Das 1921 von Frank Lloyd Wright entworfene Gebäude steht heute unter Denkmalschutz. Damals fand dort Privatunterricht u.a. auch für die Kinder der Kaiserdynastie in verschiedenen Fächern statt: »Wir lernten, wie man Töne richtig trifft, was Akkorde sind, wie man Klavier spielt und einfache Lieder komponiert. Einige berühmte japanische Kompo-

---

* Julia Baird: *Mein Bruder John Lennon*. S. 216

2 Yoko am Piano im Dakota Building (1981)

nisten waren auch auf der Schule.« Zu Hause standen gutes Benehmen und Hausmusik auf der Tagesordnung. Yoko erfüllte bis zur Pubertät fast ausnahmslos die elterlichen Wünsche nach Disziplin. Zugleich erwachte ihr Interesse für akustische Alternativen: »Wir bekamen eine Hausaufgabe, bei der wir den verschiedenen Klängen des Tages zuhören und jeden Klang in Musiknoten umformen sollten. Dadurch entwickelte ich die Gewohnheit, die Geräusche um mich herum in Musiknoten umzuwandeln.«
Im Vorwort des Buches von Gillian G. Gaar: *Rebellinnen – Die Geschichte der Frauen in der Rockmusik* erinnert sich Yoko an das Jahr 1946 in Tokio, wie sie vor ihrem Vater stand, der – wie so oft – mit Pfeife und Wildlederjacke in einem tiefen und bequemen Ledersessel saß. Sie hatte ihrem Vater gerade ihren wirklichen Berufswunsch mitgeteilt. Sie wollte Komponistin werden.

»Normalerweise hätte ich nicht im Traum daran gedacht, so etwas laut zu sagen, es sei denn, es wäre mir einfach herausgerutscht. Und genau das war passiert. Eigentlich hatte mich mein Vater in sein Arbeitszimmer gerufen, um mir zu sagen, dass ich besser doch keine Pianistin werden solle. ›Du bist nicht gut genug. Hör einfach auf zu üben. Es ist reine Zeitverschwendung.‹« Er habe es in einem liebenswürdigen Ton gesagt. Allerdings sei es nie ihr Wunsch gewesen, Pianistin zu werden, das war von Anfang an seine Idee gewesen. Yokos Vater Eisuke Ono hatte auf Wunsch seiner Eltern 1927 seine erste Festanstellung in einer Bank bekommen. Seine Leidenschaft als junger Mann gehörte aber dem Klavierspiel. Er träumte davon, Pianist zu werden, und hatte auch gegen den Willen seiner Eltern Unterricht genommen. Yoko sollte nun statt seiner Klaviervirtuosin werden. Die 13-jährige Yoko wusste, dass der Vater die Tragfähigkeit ihres Wunsches bezweifelte.

»Es gibt nicht viele Komponistinnen auf der Welt, Yoko. Zumindest ist mir keine einzige bekannt. Vielleicht gibt es einen Grund dafür. Vielleicht hat es mit der Begabung von Frauen zu tun. Ich weiß, dass du ein begabtes und intelligentes Kind bist. Aber ich möchte nicht zusehen, wie du dich vergeblich abmühst.« Und er fügte hinzu: »Vielleicht sind Frauen keine guten Komponistinnen, aber gute Interpreten.«

Yoko war dankbar, dass ihr Vater sich überhaupt mit ihrem Berufswunsch beschäftigte. Das war für damalige Zeiten ungewöhnlich. Töchter in vergleichbarer Situation gingen normalerweise in ein Mädchenpensionat und sollten danach bald und gut heiraten. Ihr Vater hingegen ließ sie Gesangsstunden nehmen. Er wusste, dass Yoko Poesie und Musik liebte. Deshalb sang Yoko nun unter anderem auch deutsche Lieder. Aber sie gab die Gesangsstunden wieder auf, studierte mit dem Einverständnis ihrer Eltern Philosophie an der Gakushuin University in Tokio und schrieb heimlich Songs und ihre ersten *»Instructions«*, Anweisungen, die später im Buch *Grapefruit* veröffentlicht wurden.

Zum Beispiel *Collecting Piece*: »Sammle Geräusche im Kopf, auf die du im Verlauf der Woche nicht geachtet hast. Wiederhole sie an einem Nachmittag in anderer Reihenfolge.«
Yoko solidarisiert sich im Vorwort zu *Rebellinnen* mit den anglo-amerikanischen Rockmusikerinnen von den 1950er-Jahren bis heute. »Wir alle haben Schmerzliches erlebt, wir alle haben Kämpfe erlebt, und alle zusammen haben wir einen weiten Weg zurückgelegt und wirklich viel erreicht.«
Yokos weiter, selbstbestimmter und bewusst gewählter Weg wird als solcher spätestens mit dem Ende des Zweiten Weltkriegs deutlich sichtbar. Der langsam zurückkehrenden Normalität in der zerbombten Metropole Tokio sind zwei Episoden vorangegangen, die wichtig sind, wenn es darum geht, Yokos seelische Verletzungen einerseits und Yokos rebellische Natur andererseits zu erklären.
Beim letzten großen US-amerikanischen Luftangriff auf Tokio vom 9. März 1945 überstieg die Zahl der Opfer die der Atombombenabwürfe auf Nagasaki und Hiroshima. Yoko überlebte den Angriff in einem besonders sicheren Bunker im vornehmen Stadtteil Azabu, der heute noch zu den Luxusvierteln Tokios zählt. Über 100 000 Bewohner Tokios verloren an jenem Tag ihr Leben. Daraufhin beschloss Yokos Mutter, mit ihren drei Kindern ins sicherere Hinterland zu flüchten.

Die Familie Ono ist immer noch wohlhabend und bei den Begegnungen Yokos mit der vergleichsweise armen Landbevölkerung südlich von Karuizawa erlebt Yoko erstmals eindringlich die Folgen großer sozialer Unterschiede und macht zwei prägende Erfahrungen. Die Bauernkinder dort verdeutlichen dem vornehmen Mädchen, was sie von den reichen Stadtflüchtlingen halten. Yoko erlebt Mobbing unter Heranwachsenden. Sie findet keine Freunde auf dem Land. Um die Kälte und die Feindseligkeit der anderen Kinder zu verstehen, zwingt sie sich, den Alltag aus deren Sicht zu betrachten. Und im Verlauf der Monate führt der Kriegszustand ohnhin zu einer Annäherung. Denn trotz des Wohlstands der Familie Ono, die immer noch Immobilien in Tokio besitzt, kann von einem regulären Zahlungsverkehr keine Rede mehr sein. Yokos Mutter tauscht beispielsweise eine wertvolle, antike Nähmaschine gegen einen Sack Reis ein. Weitere Erbstücke und viele Edelsteine wechseln die Besitzer, ohne dass nur annähernd ihr Gegenwert erzielt wird. Auch die Miete für das Haus am Rande eines Kornfelds ist exorbitant hoch. Hin und wieder fehlt das Nötigste, weshalb das älteste der drei Geschwister gefordert ist: Yoko ist mehrfach gezwungen, in der Nachbarschaft zu bitten und zu betteln. Und dabei erlebt sie immer wieder Hänseleien und Erniedrigungen. Aber sie steckt nicht auf, lässt nicht locker, bis sie das Wichtigste für sich, ihre Mutter und ihre Geschwister beisammenhat. Trotzig hält sie dem diskriminierenden Verhalten stand. Diese Erfahrung wird ihr später helfen, die ersten Jahre an der Seite John Lennons mit allen Anfeindungen der Medien und des Publikums besser zu überstehen. Schließlich wirft man ihr nichts weniger vor, als für das Ende der Beatles verantwortlich zu sein. Stiller Widerstand und Bereitschaft zum Kampf paaren sich im letzten Kriegsjahr mit einer vagen Sehnsucht, dazu zu gehören, auch arm zu sein, um dem Neid, den Aggressionen und dem ausbeuterischen Verhalten zu entgehen. Yoko findet schließlich auch einige Freunde, passt sich an, spielt in Bauernkleidern. Sie wechselt versuchsweise die Seiten, entdeckt verborgene Vorzüge und Freiheiten, die sie sich unter normalen Umständen innerhalb der strengen japanischen Rituale in gehobenen Familien nicht nehmen kann. Sie wird nicht zuletzt aufgrund dieser Erlebnisse, die nicht nur Last und Qual bedeuten, während ihrer Erwachsenenjahre in New York als unbekannte Künstlerin das Leben einer sehr kreativen, aber nahezu mittellosen jungen Frau und Mutter klaglos führen. Sie könnte jederzeit familiäre Unterstützung anfordern und könnte sich so als wohlhabende Fluxus-Künstlerin der ersten Stunde voll in New York entfalten. Doch die Unabhängigkeit von ihren Eltern, die Freiheit, sich ohne Rücksicht auf Konventionen auszudrücken, und der Wille, als freie Künstlerin ohne Hilfe aus der

Verwandtschaft zu reüssieren sind ihr wichtiger. Letztlich wird dieser große Anspruch, den sie an sich selbst stellt, einerseits zu enorm einfallsreicher Sponsorensuche, andererseits zu tiefen Krisen und 1966 schließlich zu Paul McCartney führen – mit der Bitte, ob er der Fluxus-Bewegung ein Notenblatt widmen könne. Dieser verneint, schickt sie aber zu John Lennon.

Yoko Ono hat in diesem prägenden Kriegsjahr auf dem Land gelernt, Verantwortung für ihre Geschwister zu übernehmen. Sie hat gelernt, den Alltag selbst zu gestalten und teilweise sogar für ein Auskommen zu sorgen. Gleichzeitig hat sie bittere Armut, Ungerechtigkeit und Konflikte erlebt. Seither und bis heute versucht sie, mit ihren Mitteln Frieden und Freiheit in der Welt zu fördern und Leid zu mindern.

Die zweite wesentliche Episode, die 1945 auf dem Land in der Präfäktur Nagano stattfand, schildert Yoko Ono später als Kindesmissbrauch. Im Rahmen der Ausstellung *Have You Seen the Horizon Lately* im Museum Villa Stuck in München 1998 schreibt sie: »Ich war unterernährt und wurde krank. Ein Arzt besuchte uns regelmäßig zu Hause. Eines Tages sagte er mir während einer Untersuchung, ich solle die Augen schließen. Ich fühlte mich unwohl dabei und plötzlich pressten sich warme, feuchte Lippen auf meinen Mund. Ich erstarre.« Die Kuratorin Jo-Anne Birnie Danzker schreibt dazu im Ausstellungskatalog:

»Yoko Ono steht dazu, dass ihr Werk seit jeher innerhalb der feministischen Kunstpraxis angesiedelt ist, einer Kunstpraxis allerdings, die auf die Vorrangigkeit des Dialogs zwischen Männern und Frauen und nicht auf der Ausgrenzung der Männer besteht: ›Dieser Dialog zwischen den Geschlechtern ist vielleicht der schwierigste, aber auch der wichtigste in unserer Gesellschaft‹,« zitiert Danzker Ono. Die nur allzu häufige Pervertierung dieses Dialogs durch körperliche Misshandlung und sexuellen Missbrauch sei das Thema der Arbeit ›*Horizontal Memory, 1997*‹, bei der anonyme Fotografien von misshandelten Frauen auf dem Boden des Ausstellungsraums ausgebrei-

3 Yoko mit Exponat zur Täter- und Opferperspektive (2010)

tet wurden, so dass man, wenn man sich vorwärtsbewegte, kaum umhinkam, auf sie zu treten. Begleittexte zu Nahaufnahmen männlicher Gesichter erzählten von Erinnerungen, u. a. an den Kuss während der medizinischen Untersuchung oder an einen betrunkenen ›netten‹ Fremden, der der kleinen Yoko helfen will und sie wegführt. Was dann geschah, erzählt Yoko nicht, aber ihre radikale künstlerische Auseinandersetzung, u. a. auch in der Performance *Cut Piece*, die sie Anfang der 1960er-Jahre entwickelt, lässt vermuten, dass Yoko schlimmeren Missbrauch erdulden musste als oben beschrieben. In *Cut Piece* fordert sie das Publikum auf zu handeln, übergibt den Freiwilligen eine Schere, die ihr die Kleider vom Leib schneiden.

Bis in die Gegenwart beschäftigt sich Yoko auf verschiedenste Weise mit dem Thema Missbrauch und Gewalt. Yokos Ausstellung *Das Gift* in der Galerie Haunch Of Venison in Berlin im Herbst 2010 forderte mit der Installation *A Hole* die Besucher auf, ein Einschussloch in einer Glasfront von zwei Seiten, der des Täters und der des Opfers, zu betrachten.

Yokos bereits in den frühen 1960er-Jahren in New York entwickelte partizipative Kunst bildet ein Muster in ihrem Schaffen. Sie findet in zahlreichen Mitmach-Aktionen und auch im Rahmen von *Gift* mit der Installation eines Stadtplans von Berlin großen Zuspruch. Die Besucher sollten Zeugnisse persönlicher Gewalterfahrungen dokumentieren. Sie beschrieben Post-its und klebten diese an die entsprechenden Stellen auf dem Stadplan. Mit einfachen Mitteln fanden so traumatische Ereignisse den Weg an die Öffentlichkeit. Im Gästebuch war zu lesen, dass die Ausstellung hilfreicher sei als viele Therapiesitzungen.

Ein weiteres Problem belastet Yoko bei Kriegsende. Nach der Kapitulation Japans im August 1945 fehlen Nachrichten vom Vater. Ohne Wissen seiner Familie wird er von den Alliierten Besatzungsmächten nach Saigon in ein Konzentrationslager gebracht. Yoko kann nicht wissen, ob er noch am Leben ist. Zum Glück muss sie regelmäßig in den Unterricht und hat dort Möglichkeiten, sich abzulenken. Während ihre jüngere Schwester Keisuke große Ängste entwickelt und nicht mehr in die Schule geht, blüht Yoko angesichts der vielen Widrigkeiten nun regelrecht auf. Wenn ein Bauernjunge sie im Klassenzimmer provoziert, starrt sie ihn angriffslustig an, und im Pausenhof schreit sie manchmal so laut sie kann, um sich zu behaupten. Stolz trägt sie ihre lange schwarze Haarpracht offen wie die Mädchen vom Dorf.

Nachdem Yoko mit ihrer Mutter Isoko, den jüngeren Geschwistern Keisuke und Setsuko und der einen verbliebenen Haushälterin von ihrem einjährigen Aufenthalt auf dem Land in das besetzte und schwer zerstörte Tokio zurückgekehrt ist, beginnt erneut eine Zeit der Ordnung, Disziplin und unterdrückter Neugier. Yokos Vater kehrt aus der Gefangenschaft zurück, ist vorläufig jedoch arbeitslos, weil er auf den von General MacArthur erstellten Kriegsverbrecherlisten geführt wird. Doch 1947 wird er als ungefährlich eingestuft und nimmt eine leitende Position bei der Bank of Tokyo ein.

Später sagt Yoko in einem Interview mit dem Magazin *Esquire*: »Ich habe während des Krieges eine wichtige Lektion gelernt. Nichts bleibt bestehen. Man soll nichts besitzen wollen, das einem wichtig ist, weil man es vielleicht verliert, egal ob Gegenstände oder Menschen.« Yoko besitzt heute sehr viele kostspielige Gegenstände aller Art und lebt spätestens seit ihrer Zeit mit John im Luxus, aber diese Weisheit scheint sie trotz ihres Status als Multimillionärin verinnerlicht zu haben. Ohne diese Einstellung wäre es ihr wohl nicht möglich gewesen, ihren Ehemann John Lennon 1973 während seines von ihm so genannten »Lost Weekend« in Los Angeles für fast zwei Jahre von ihrer Sekretärin May Pang begleiten zu lassen.

Die GIs bringen 1947 neue Sitten in die Hauptstadt Tokio: Von Coca-Cola über Jazz bis Kaugummi erkennt Yoko ihre frühen Kindheitseindrücke aus den USA im besetzten Land wieder. Ihre Mutter warnt sie vor diesem Wunderland-Import und versucht sie davon abzuhalten, zu viel von dieser seltsamen Kultur aufzusaugen. Aber Yoko leistet stillen Widerstand, bleibt unauffällig ungehorsam, sucht nicht die Konfrontation mit der Mutter, sondern heimliche Wege, den amerikanischen Way of Life zu beobachten. Exkursionen und Stadtspaziergänge werden genutzt, um die Faszination des Fremden wirken zu lassen. Kindlich-spielerisch vergleicht sie die japanische Tradition mit der westlichen Zivilisation. Vom Neuen geht ein Reiz aus, der letztlich dazu geführt hat, dass Yoko Ono den größten Teil ihres Lebens in New York und nicht in ihrer Heimat verbracht hat. Die Kontakte zu Tokio sind aber nie abgerissen – im Gegenteil: Sie besucht nicht nur regelmäßig ihre Verwandtschaft in Japan, sondern ist dort nach wie vor mit Ausstellungen oder Charity-Aktionen (zuletzt nach der Katastrophe von Fukushima) sehr präsent.

1947 besucht Yoko wieder die Gakushuin-Schule, wo sie mit Kronprinz Akihito in derselben Klasse ist. Der heutige Tenno ist wie Yoko 1933 geboren. Sie lernt in der Schule auch Akihitos jüngeren Bruder Yoshi kennen. Mit Yoshi tauscht sie Gedichte aus, interessiert sich für alle Arten von Kunst und Kultur und fragt sich, ob es möglich ist,

ihre Liebe zum Dichten, ihr Talent fürs Komponieren und ihr Interesse für Malerei miteinander zu verbinden. Insgeheim betreibt sie alle drei kreativen Tätigkeiten intensiv, ohne den Anspruch zu erheben, ihre Eltern – und schon gar nicht ihre Lehrer – könnten daraus schlau werden. Yoko nimmt regelmäßig an den Proben des Schülertheaters teil und setzt sich oftmals durch, wenn es darum geht, welche Rolle sie spielen darf. Als sie ihre Texte Lehrern zeigt, bekommt sie nur ablehnende Kritiken: »Sie sagten, meine Erzählungen klängen wie Gedichte und meine Aufsätze wie Prosa. In Japan gab es damals keine Avantgarde. Meine Lehrer fanden meine Arbeiten schlecht, weil sie sie von den dort bestehenden Standards aus beurteilten«, erinnert sich Yoko in ihrem 1974 erschienenen autobiografischen Buch *Just Me!*
Immer noch äußerlich an die Gepflogenheiten des Hauses angepasst, gibt Yoko Freundinnen ihrer Mutter Englischunterricht. Doch innerlich reift der neue Wunsch heran, den Ur-Fragen menschlicher Existenz nachzugehen. Yokos Vater befindet sich 1952 geschäftlich in New York – ein weiterer Karriereschritt bahnt sich an –, als ihn ein Telegramm erreicht: Yoko bittet ihn um Erlaubnis, an der Gakushuin Universität Philosophie zu studieren. Er stimmt zu, und sie immatrikuliert sich als erste Frau in der Geschichte der renommierten Tokioter Universität für dieses Fach.
»Meine Eltern unterstützten mich in dieser Phase sehr. Vater mit seiner sofortigen Erlaubnis und Mutter, indem sie mir Selbstvertrauen gab und mir immer wieder sagte, auch eine Frau könne Botschafterin oder Ministerin werden, wenn sie so klug sei wie ich. Zudem sagte sie, ich solle keine Dummheiten machen und nicht heiraten und auch keine Kinder bekommen.« Die Empfehlung einer Mutter an ihre Tochter, sie sollte ledig und kinderlos bleiben, ist ein weiterer Hinweis darauf, dass Isoko sich in ihrer Funktion als Ehefrau und Mutter nicht wohl fühlte und die Erziehung ihrer Kinder zu großen Teilen dem Dienstpersonal überließ.
Yoko wohnt nach wie vor zu Hause in dieser seltsamen emotionalen Kälte, lebt sich aber schnell auf dem Uni-Campus ein. Nach nur

zwei Semestern muss sie jedoch das Studium aufgeben, weil ihr Vater das Angebot, die amerikanische Niederlassung der Bank of Tokyo in New York zu leiten, nicht ausschlagen will und mit seiner ganzen Familie wieder in die USA in ein großes und vornehmes Haus in Scarsdale zieht. Prinz Yoshi ist traurig über den plötzlichen Abschied und schickt Yoko eine Postkarte mit einem von ihm geschriebenen Waka, einer japanischen Gedichtform, in der weder gereimt noch in Zeilen unterteilt wird:
»Fragen wir die hohe Welle in der Ferne, ob es dem Menschen gut geht, von dem ich träume.«
Yoshi mag Yoko mehr als umgekehrt: »Die Trennung von Yoshi machte mir nichts aus. Und ich bin stolz darauf, dass sie mir nichts ausmachte«, erinnert sich Yoko. Sie weiß, wer in einer Beziehung weniger liebt, ist auch weniger verletzlich, ist weniger eifersüchtig, ist letztlich stärker, kann leichter Abschied nehmen.

ALLES FLIESST – FLUXUS

Das Motto von Isoko und Eisuke könnte lauten: für unsere Tochter aus gutem Hause nur das Beste auch in den USA. Yoko verbringt den Sommer 1952 in Cambridge an der Harvard University und belegt dort Kurse im Bereich Musik, insbesondere Gesang. Ein Zeitzeuge ist der heute pensionierte New Yorker Psychotherapeut Richard Rabkin, der sich im Gespräch mit Jerry Hopkins an seine damaligen Begegnungen mit Yoko erinnert.
Auf Rabkin wirkte die 20-jährige Yoko wenig japanisch. Yoko suchte den Rat des jungen Therapeuten, weil sie Probleme mit einem Englischaufsatz hatte. Yokos Dozent hatte Schwierigkeiten mit ihrem fremdartigen Schreibstil. Rabkin riet ihr, etwas Ehrliches und Persönliches auf einfache Weise zu schreiben. Vielleicht eine Erinnerung an ihre Kindheit. Der Psychologe war dann vollkommen überwältigt

von dem, was Yoko ihm erzählte: »Ich war in keiner Weise auf die tiefe Traurigkeit vorbereitet, die sie mir offenbarte. Alle ihre Erinnerungen waren schmerzhaft. Alle.« Schriftlich und mündlich erfuhr Rabkin von Yokos Enttäuschungen in ihrer Kindheit und Jugend. Sie fühlte sich isoliert und zurückgewiesen. Sie empfand ihren Vater als abwesend, als einer, der mit seiner Arbeit verheiratet ist, und ihre Mutter als eine Frau, die wenig Mütterliches an sich hatte.

Rabkin war in dieser Zeit einer der wenigen Freunde Yokos. Ansonsten war sie eine Einzelgängerin, las sehr viel und vermied es sogar, die japanische Gemeinde zu besuchen, weil sie dort das Gefühl hatte, man würde sie als etwas Besonderes und aufgrund ihrer Herkunft als eine aristokratische Frau behandeln. Im Herbst 1952 besuchte die 19-jährige Yoko das renommierte, idyllisch gelegene und elitäre Sarah Lawrence College. Heute noch gilt diese musisch ausgerichtete Privatschule als wichtige Talentschmiede. Viele erfolgreiche Künstler sind aus ihr hervorgegangen. Die Arbeitsweise dort erinnert entfernt an die Freiheiten, die in Montessori-Schulen gegeben sind. Jede Studentin – 1952 war die Koedukation noch nicht eingeführt worden – hatte ihren eigenen Tutor und gemeinsam bestimmten sie das Lerntempo und die Kurse. Yoko blieb sich treu und belegte Philosophie und Komposition. Kommilitoninnen erinnern sich an Yoko als unnahbare und schüchterne junge Frau.

»Als ich noch aufs Sarah Lawrence ging, hielt ich mich vor allem in der Musikbibliothek auf und hörte Schönberg und Webern. Von denen war ich begeistert. Ich komponierte damals selbst einige serielle Werke. Aber mir fehlte die Disziplin, die Partituren zu Ende zu schreiben. Zudem erfand ich das Streichholz-Stück (*Match Piece*): Ich entzündete ein Streichholz und sah es so lange an, bis es erlosch.«*

Im College beginnt Yokos *Grapefruit*, zaghaft Gestalt anzunehmen. Einerseits erarbeitet sie sich ein solides theoretisches Fundament, wobei sie sich vergleichsweise nur kurz bei Mozart und Bach aufhält,

---

* Chrissie Iles: *Yoko Ono*, S. 14

stattdessen sich intensiv mit Werken wie Arnold Schönbergs »*Verklärte Nacht*« beschäftigt. Sie ist auch fasziniert von der Vita Schönbergs: traditionell erzogen und ausgebildet, rebelliert er gegen die Konventionen, lehnt Harmonien und Melodien ab. Zwölftontechnik – Yoko geht dieser musikhistorischen Revolution auf den Grund. Sie ist begeistert von der freien Atonalität. Und immer wieder die passenden biografischen Elemente bei Schönberg, u. a. seine Flucht ins Exil. Er lebte wie sie als Ausländer in den USA. Yoko lernt auch Kurt Weills und Bertolt Brechts Werk kennen (später ermuntert sie immer wieder John Lennon – zuletzt Ende der 1970er-Jahre mit Erfolg, es ihr nachzutun) und findet vor allem an der Verfremdungstechnik Gefallen. Sie liebt Grenzgänger und alle Versuche, die Regeln in der Tonkunst zu brechen. Unkonventionelles, Experimente, Nonkonformismus reizen sie. Sie sucht abseits der etablierten Traditionen neue Kombinationen aus Klängen, Geräuschen und Lärm. Aufstörendem und Unerhörtem gehört ihre Aufmerksamkeit. Sie untersucht alle ihr zugänglichen frühen Kunstformen der Dekonstruktion. Gleichzeitig ist sie laut ihrem damaligem Musiklehrer Meyer Kupferman die Beste ihres Jahrgangs, wenn es darum geht, im so genannten »Diktat« ein Stück auf Notenpapier simultan zu transkribieren, das der Lehrer den Schülern vorspielt. Kupferman erinnert sich, dass Yoko nie entspannt war.

»Ich dachte manchmal, dass ich verrückt werden, dass ich eine Pyromanin werden könnte. Musik, Poesie, Malerei – jedes Medium für sich schien mir falsch. Ich dachte, es könnte Menschen geben, die wollten mehr als das. Ich nannte es eine ›zusätzliche Darbietung‹.«

Yoko ist also schon Mitte der 1950er-Jahre auf dem Weg zu ihren *Instructions*, die später im Buch *Grapefruit* gesammelt erscheinen werden und deren Aussagen und Bedeutungen Yoko und ihr Publikum bis heute begleiten.

In den folgenden Jahren findet sie auch das zu ihr passende Outfit. Sie lässt ihr prachtvolles, gewelltes, schwarzes Haar länger wachsen, kleidet sich gerne ganz in Schwarz wie Juliette Greco und wählt in der

Öffentlichkeit die Haltung der coolen Existenzialistin: schweigsam, unnahbar und regungslos. Sie verkehrt mit gleichgesinnten Beatniks und Bohemiens im Umfeld der Sarah Lawrence School. Bei einer Party begegnet sie erstmals ihrem Landsmann Toshi Ichiyanagi, der genau zwei Wochen älter ist als sie. Sein Werdegang fasziniert Yoko: Toshi hatte in Japan bei prominenten Professoren studiert und war jetzt am renommierten New Yorker Musikkonservatorium Julliard School immatrikuliert. Wie Yoko interessierte er sich für Avantgardemusik. Zu seinen Dozenten zählten John Cage und Aaron Copland. Yoko war begeistert. Sie vernachlässigte ihren Unterricht und traf sich so oft es ging mit Toshi in Manhattan. Bald unterhielten sie sich nicht mehr nur über Musik. Toshi wurde Yokos erster Liebhaber, wobei Yoko versichert, dass sie bis zur Hochzeit im Herbst 1956 Jungfrau geblieben ist. Es bestand ein beträchtlicher Standesunterschied, denn Toshi stammte aus einer einfachen Familie in Kobe. Die christliche Prägung und die Zugehörigkeit zum japanischen Bürgertum waren zwar vergleichbar, aber hinsichtlich des Wohlstands waren Toshi und Yoko in zwei verschiedenen Welten aufgewachsen. Doch das störte Yoko nicht. Im Gegenteil: Der arme Student, der an das Ideal innovativer Musik glaubte und die kreative Entourage, in der sich Toshi bewegte, faszinierten die junge Frau aus gutem Hause.

Als sie dann Toshi zum ersten Mal ihren Eltern vorstellte, kam es zum Eklat. Der Vater erklärte Yoko, dass dieser mittellose Pianist kein wünschenswerter Schwiegersohn sei, und die Mutter warnte ihre Tochter, dass eine Beziehung zu Toshi Schande über die Familie Ono bringen würde. Yoko konterte, dass auch ihr Vater Eisuke zunächst Mühe gehabt hatte, von der Familie Yasuda akzeptiert zu werden. Schließlich hatte Eisuke seinen Traum, Pianist zu werden, zugunsten der Heirat mit Isoko aufgegeben. Es muss ein typischer Streit zwischen Tochter und Eltern gewesen sein in einer Phase, in der das Kind spürt, dass es sich befreien, dass es auf eigenen Beinen stehen muss. Als die Eltern fragten, ob Toshi auf die Künstlerlaufbahn verzichten könnte, platzte Yoko der Kragen. Sie verließ im Streit

– die Eltern drohten mit Enterbung – ihr Zuhause und lebte einige Wochen bei Toshi. Schließlich kam es zu einem Minimalkonsens: Ihre Eltern organisierten ihr 1956 die Hochzeit in einem Hotel an der West Side Manhattans, nahmen selbst aber nicht daran teil und sorgten dafür, dass die Ehe in Japan nicht registriert wurde. Tags darauf zog das frischvermählte Paar in eine kleine Wohnung und wenig später in ein einfach möbliertes und ungeheiztes Loft in Downtown Manhattan in der Chambers Street. Die »Wohnung« bestand aus einem einzigen, sehr großen Raum. Jedes Mal, wenn die nahe gelegene U-Bahn in den Bahnhof einfuhr, vibrierten die Wände. Endlich frei von zu Hause bedeutet für Yoko die Entdeckung neuer Welten. Verliebt besucht sie mit Toshi so viele Avantgarde-Veranstaltungen wie möglich. Gemeinsam suchen sie in Buchhandlungen nach guter Lektüre, gehen ins Kino und ins Theater oder verfolgen zeitunglesend das Weltgeschehen. Vieles interessiert sie nicht, wie Grace Kellys und Bing Crosbys Song *True Love* im Film *High Society* und Elvis Presleys erster Kinofilm *Love Me Tender*. Hingegen diskutieren sie über die Eröffnung des North Carolina Museum of Art, über die Hochzeit von Marilyn Monroe mit Arthur Miller oder über den Untergang der *Andrea Doria* vor Nantucket. Die Suezkrise, die Niederschlagung des Volksaufstands in Ungarn, die Entstalinisierung in Russland, die Bestätigung Eisenhowers als Präsident der USA oder die Mitgliedschaft Japans bei den Vereinten Nationen – das sind Themen, die sie zumindest am Rande beschäftigen.

Das japanische Kreativ-Paar ist ständig in New York unterwegs und knüpft weitere Kontakte mit Künstlern, Galeristen, Schriftstellern und Journalisten. An erster Stelle stehen jedoch die Musiker: Konzerte von Karlheinz Stockhausen, Krzysztof Penderecki oder Edgar Varese sind Pflicht. Aber auch Auftritte von weniger bekannten Virtuosen werden besucht: Earle Browne, Jacques de Menace, Illhan Mimaroglu oder Adolf Weiss. Und natürlich genießt es Yoko, mit Toshis Lehrer, dem schon damals prominenten John Cage, Bekanntschaft zu machen. Yoko und Toshi tauchen genussvoll und gegen den

Willen von Yokos Eltern in die Kunst-, Musik- und Happeningszene New Yorks ein. Nach und nach lernen sie kreative Köpfe wie Julian Beck, Merce Cunningham, Judith Malina, Alan Kaprow und Robert Rauschenberg kennen.
Doch der Winter ist hart, der Alltag in der kalten Wohnung ungemütlich und die anfängliche Romantik weicht einer ehelichen Alltagsroutine, in der Yoko tagsüber gezwungen ist, sich um den Haushalt zu kümmern, zumal sie das Sarah Lawrence College ohne Abschluss verlassen hat. Häuslichkeit ist aber nicht vereinbar mit einem Leben konstanter Kreativität, das beiden vorschwebt – ein Leben, das Yoko seither und bis heute führt. Erschwerend kommt hinzu, dass Yoko Mühe hat, sich an die sehr einfachen Lebensbedingungen zu gewöhnen. Finanziell hat das junge Paar Schwierigkeiten. Toshis Stipendium von der Julliard School und Yokos geringe Einkünfte als Dolmetscherin reichen nur für das Nötigste. Yoko hätte ganz in der Nähe jeden Luxus, den ihr ihre Eltern bieten, genießen können. Doch Yoko bleibt hart und nimmt die Entbehrungen in Kauf.
Schon am Ende des Winters kommt es immer häufiger zu Spannungen und Streitereien zwischen Yoko und Toshi. Sie hat lustvoll ihre Sexualität entdeckt und begnügt sich nicht mit Toshi, zumal in ihren Künstlerkreisen Freizügigkeit herrscht. Die Möglichkeiten sind da und Yoko nimmt sie wahr, wobei sie ihre Seitensprünge nicht verheimlicht. Für Yoko gehören die erotischen Abenteuer zum erwachenden emanzipatorischen Bewusstsein in der Gesellschaft und sind Teil der Rechte der Frau. Doch die Promiskuität hat bald Folgen: 1957 treibt Yoko zum ersten Mal ab, weitere Abtreibungen werden folgen.
Kulturell fanden große und kleine Revolutionen statt in jenen Jahren. Beatniks wie Jack Kerouac und Rock'n'Roller wie Buddy Holly eroberten die Welt. Doch die Mainstream-Popkultur ging spurlos an Yoko vorüber. Sie interessiert sich nicht für Bestsellerlisten, Billboard Charts oder für Promi-Klatsch – Grace Kelly hatte gerade Monacos Fürst Rainier geheiratet. Egal. Alles verblasste hinter ihrem Interesse

für anspruchsvolle Kunst, für innovative Texte, für revolutionäre Musik.

Da war allen voran John Cage: Stille als Bestandteil von Musik, Geräusche als Material für Komponisten – darüber wollte Yoko mehr erfahren. Und John Cages Statement: »Ich habe nichts zu sagen – und das sage ich«, forderte Yoko erst recht heraus.

»Was Cage mir gab, war die Zuversicht, dass es nicht verrückt war, die Richtung weiterzugehen, die ich eingeschlagen hatte. Es wurde fortan eine Gruppe von der Öffentlichkeit wahrgenommen, die ›Avantgarde‹ genannt wurde (...) Ich lernte sie alle kennen. Komponisten und Künstler. Es war ein großartiges Gefühl zu wissen, dass es eine ganze Künstler- und Musikerszene gab, die sich zu der Zeit in New York versammelt hatte und von denen jeder auf seine eigene Weise revolutionär war.«*

Toshi nahm ab Sommer 1958 an John Cages Kurs an der New School for Social Research teil und Yoko begleitete ihn, so oft es ging. Noch etwas anderes an John Cage faszinierte sie. Er hatte 1952 in North Carolina eine interdisziplinäre Veranstaltung organisiert, bei der Musik live am Klavier gespielt wurde, andere Musik vom Plattenspieler kam, Gedichte gelesen und Filme gezeigt wurden, Diashows liefen und Tänzer dazwischen gingen – alles gleichzeitig. Diese Veranstaltung gilt als erstes Happening. Teilnehmer an Cages Kurs waren unter anderem der Dichter Jackson Mac Low, der Fotograf Scott Hyde und der Maler George Brecht. Alles war möglich in jenen Zeiten. Grenzenloses Experimentieren war angesagt. Frank Stella stellte Bilder aus, die alle nur schwarz sind, und LaMonte Young ließ zwei Cellisten dieselben zwei Noten in die Länge ziehen. Vieles nahm die neue Kunstströmung der 1960er-Jahre in den USA vorweg: Minimal-Art.

Yoko beschäftigt sich auch intensiv mit Marcel Duchamp. 1957 erscheint sein Text »*Der kreative Akt*«, worin Duchamp den Zuschauer

---

* Iceland Post: *Imagine Peace Tower*, S. 54

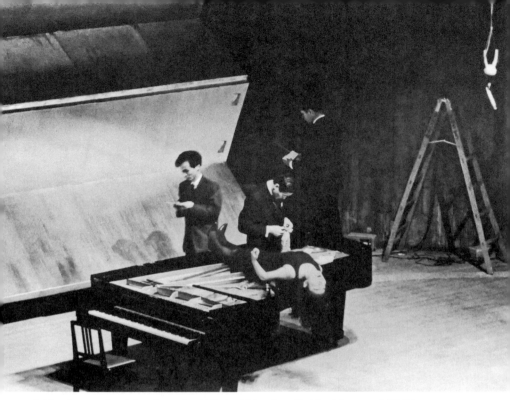

4 »The Event«, vlnr.: John Cage, David Tudor, Yoko Ono, Toshiro Mayuzumi (1962)

als Beteiligter beim Schöpfungsprozess definiert. Das Publikum soll in den kreativen Akt einbezogen werden. Yoko versucht mit ihren nun immer häufiger entstehenden Anweisungen, weiter zu gehen als die Vorbilder: »Ich dachte, dass man es als Arroganz auslegen könnte, aber ich fand, dass ich einen Schritt weiter als Duchamps Idee des ›Objet Trouvé‹ gegangen war. Ich sagte damals: ›Hier präsentiere ich euch etwas, zu dem ihr etwas hinzufügen könnt. Ihr könnt die Kombination ändern, könnt euch eine neue Anordnung ausdenken.‹«* Dazu gehörten beispielsweise die Werke *Waterdrop Painting* und *Painting until it becomes marble*, die Ende der 1950er-Jahre ausgedacht und erstmals 1961 in New York ausgestellt wurden. Beim Was-

---

* Alexandra Munroe: YES Yoko Ono, S. 312

sertropfenbild wurden die Besucher aufgefordert, Wasser auf ein am Boden liegendes Stück Leinwand zu spritzen. Für das andere »gefühlvolle« Bild, dem Yoko eine Entwicklung hin zu Starre und Marmor vorhersagte, lagen verschiedene Materialien auf einem Tisch. Die Zuschauer sollten sie neu zusammensetzen und so das Bild selbst komponieren.

Ab 1960 wird Yokos Loft zum Event-Raum. Musik ist nur eine von vielen Künsten, die hier gepflegt werden. Toshi wird immer weiter an den Rand gedrängt. Da die finanzielle Lage nach wie vor prekär ist und Yoko niemals ihre Eltern um Geld bitten würde, ist Toshi gezwungen, in einer Bar in Greenwich Village Klavier zu spielen. Derweil kellnert Yoko im eher vornehmen Restaurant Paradox in Greenwich Village und erhält die Möglichkeit, dort Bilder auszustellen. Zudem unterrichtet sie an städtischen Schulen Kalligraphie und Origami, Fertigkeiten, die sie dank ihrer Dienstmädchen seit ihrer Kindheit beherrscht. Parallel gibt es immer mehr Happening-Aktivitäten. Yoko tauft die Veranstaltungen *Yoko Ono's Chambers Street Concerts*: »Ich spielte eine Reihe von Konzerten mit La Monte Young. John Cage überredete all diese tollen Leute, zu unseren Konzerten zu kommen: Peggy Guggenheim, Duchamp, Max Ernst … Bei einem dieser Konzerte waren Duchamp und Max Ernst anwesend. Ich dachte, dass Marcel vielleicht mein Bild *Painting To Be Stepped On* bemerken würde, aber ich glaube nicht, dass dem so war. Er sah sich um, und sein Blick blieb eine Sekunde lang an der zerschnittenen Leinwand am Boden hängen, aber ich glaube nicht, dass er sich auf die Idee konzentriert hat. Ich war zu schüchtern und zu stolz, um zu ihm zu gehen und ihm das Kunstwerk zu erklären.«

Das Gemälde, von dem Yoko hier spricht und auf das man treten soll, ist in der Tat schwer zu verstehen, da es sich auf die Christenverfolgung im 16. Jahrhundert in Japan bezieht. Die Inquisition hatte sich damals eine perfide Methode ausgedacht, um christliche Gläubige zu überführen. Vor dem drohenden Hintergrund der Todesstrafe mussten sie über Bilder laufen, die Jesus oder die Jungfrau Maria zeigten.

Wer sich weigerte, die heiligen Bilder mit Füßen zu treten, galt als Christ und wurde im schlimmsten Fall hingerichtet.
Trotz ihrer Zurückhaltung gelingt es Yoko aber mehr und mehr, die Aufmerksamkeit der Künstlerzirkel auf sich zu lenken. Zu ihren engsten Vertrauten gehören vor allem La Monte Young, der heute als einer der wichtigsten Vertreter der Minimal Music gilt, und der Architekt George Maciunas, der im Frühling 1961 in uptown Manhattan die AG-Gallery eröffnet, die jedoch nach zahlreichen Veranstaltungen bereits im Juli wieder geschlossen werden muss. Yoko Ono hat Gelegenheit, hier einige ihrer später im Buch *Grapefruit* veröffentlichten Anweisungen vorzuführen, u. a. das *»Rauch Gemälde«*. Die Anweisung lautet: »Brenne eine Leinwand oder ein fertiges Bild mit einer Zigarette an, so lange du willst. Verfolge die Bewegungen, die der Rauch macht. Das Gemälde ist fertig, wenn die Leinwand oder das Bild verschwunden sind.«
Dieser Text, diese Anweisung aus dem Sommer 1961 ist von Dauer. Das *Smoke Painting* als Gedanke, als noch zu vollführende Aktion bleibt. Das Kunstwerk selbst verflüchtigt sich, verschwindet. Drastisch wird damit die Vergänglichkeit materieller Kunst im Gegensatz zur Kunsttheorie vorgeführt. Yoko nimmt damit als Vordenkerin einen festen Platz im Kreis progressiver Künstler ein, die sich bald den Namen »Fluxus« geben werden. Die Aktion selbst kann jederzeit wiederholt werden. Das Publikum versengt die Leinwand, sieht der Rauchentwicklung zu und wartet darauf, dass das Gemälde zu Asche wird. Das Objekt, das konkrete Bild, das für den Event geopfert wird, ist unwiederbringlich verloren. Ein Unikat ist dahin, das steigert den Kitzel der Smoke-Painting-Aktion. Ein Foto zeigt Yoko im Profil neben dem noch intakten Bild. Sie trägt ihr sehr langes und gewelltes schwarzes Haar offen und blickt gedankenverloren in die Ferne. Hier wird deutlich, warum ihr damals viele Männer der New Yorker Avantgarde den Hof machten. Yoko ist eine attraktive und kluge Frau, die Ziele vor Augen hat. Sie stellt auch »konventionelle« Bilder aus, u. a. ein Gemälde mit dem Titel *George, Poem*

No. 18, auf dem mit Mühe japanische Zeichen zu erkennen waren, die Yoko schwarz übermalt hatte. *Painting to see the sky* bestand aus einer gerahmten Leinwand, in der sich zwei Löcher befanden, durch die Besucher hindurchblicken konnten. Dahinter war der Raum hell erleuchtet. Eine weitere Leinwand mit dem Titel *Painting to see the room* hatte nur ein Loch. Wieder wurde das Publikum aufgefordert hindurchzublicken. Partizipation lautete damals in Maciunas AG-Gallery das Zauberwort ihrer Kunst, und so hält es Yoko bis heute im Facebook- und Twitter-Zeitalter.

Weder zur Eröffnung der Galerie noch zu Yokos Performance schickte die *New York Times* Journalisten. Die Medien verloren kein Wort über die Aktionen in der AG-Gallery, und Yoko verkaufte kein einziges Bild. Die AG-Gallery litt von Anfang an unter Geldnot. Das brachte Maciunas auf die Idee, die Eröffnung eines Delikatessenladens vorzutäuschen. Er schrieb zahlreiche Feinkosthersteller in Europa an, mit der Bitte um Proben ihres Sortiments, weshalb die Künstler der AG-Gallery in jenen Monaten wenig verdienten, aber vorzüglich speisten. In der Hochkultur waren jedenfalls diese Avantgardeströmungen noch nicht angekommen. Maciunas, den Yoko schon von Cages Kursen her kannte, sollte sich aber bald durchsetzen und für Yoko eine wichtige Bezugsperson für ihr künstlerisches Schaffen werden. Sie erinnert sich: »Anfangs gab es kein Fluxus. Ich dachte, es wäre besser, dieser Bewegung keinen Namen zu geben, aber George Maciunas wollte es so, und es stellte sich heraus, dass es eine gute Idee war. Er hatte mit mir und anderen Künstlern in New York zu tun, und er wollte einen Namen für diese Bewegung. An jenem Abend schaute er ins Wörterbuch und fand das Wort ›Fluxus‹. Wir waren eine Gruppe von etwa zwanzig Leuten, die Ausstellungen in Galerien und andere Events organisierten.«*

Maciunas las Yoko die Definition vor:
»Reinigen. Flüssige Entladung, vor allem exzessive Entladung der

---

* Hopkins, a.a.O.; S. 27

Gedärme oder anderer Körperteile. Kontinuierliches Bewegen oder Vergehen wie etwa bei einem fließenden Strom, ein Strom; üppiger Fluss, die Strömung der ans Ufer rollenden Flut, Substanz oder Mixtur wie Silikate, Kalk oder Flußspat, die zur Verschmelzung vor allem von Metallen oder Mineralien verwendet werden.«
Eine spätere Aussage zeigt, wie gut die Fluxus-Definition zu Yoko passt: »John Lennon sagte einmal einem Reporter: ›Yoko hat Ideen wie andere Menschen Durchfall. Es ist, als hätte sie Durchfall im Hirn.‹ Es stimmt, dass ich Einfälle hatte, so als würde ich mit einer Art Radio einen Sender aus dem Himmel empfangen. Deshalb war ich ziemlich frustriert. Ich konnte die meisten meiner Ideen nicht verwirklichen.«
Der Begriff Fluxus verbreitet sich rasch auch international. Er trifft den Nerv jener Zeit, denn er verweist auf Kunst als Idee, auf Werke im Fließen, auf den Ausdruck im Augenblick, auf die Gestaltung im Verlauf. Letztlich auch auf den paradoxen Versuch, Abwesenheit von Kunst zu erzeugen – mit künstlerischen Mitteln. Yoko Onos Werke – Texte, Bilder und Performances –, die in jenen Jahren entstehen, sind repräsentativ wie nur wenige andere für die Fluxusbewegung. Als Maciunas im Herbst 1961 nach Deutschland geht, gründet er in Wiesbaden eine Fluxusgruppe und organisiert im September 1962 eine Veranstaltung, an der u. a. Nam June Paik, Emmett Williams und Karlheinz Stockhausen teilnehmen. Im Februar 1963 organisiert Joseph Beuys in Düsseldorf in Kooperation mit Maciunas das Fluxus-Festival *Festum Fluxorum Fluxus*. Auch in vielen anderen Ländern finden Fluxus-Veranstaltungen statt. Bis heute streiten sich Kritiker über die Beurteilung der kunsthistorischen Bedeutung. Die einen empfinden die Fluxus-Bewegung beispielsweise im Vergleich zum 1916 in Zürich entstandenen Dadaismus als wenig innovativ. Die anderen betonen, dass Fluxus im Gegensatz zu Dadaismus oder Surrealismus das Publikum nicht in erster Linie in Erstaunen versetzen oder gar schockieren will. Die Absicht von Fluxus sei es vielmehr, das Publikum mit einzubeziehen. Fluxus sei eine einladende und demo-

kratische Kunstform. Yoko lebt diese Grundsätze auch noch in der Gegenwart mit ihren diversen partizipatorischen analogen und digitalen Initiativen.

Im Frühling 1961 verlässt Toshi den Loft in der Chambers Street und kehrt noch im selben Jahr nach Japan zurück. Geplant ist, dass Yoko ihm bald nachfolgen soll. Aber Yoko bleibt erst mal in New York – und nicht lange allein, denn kurz nach Toshis Abreise zieht Michael Rumaker in den Loft ein. Er ist fast genau ein Jahr vor Yoko Ono in Philadelphia auf die Welt gekommen – manchmal scheint es, als habe Yoko schon in diesen frühen Jahren Wert auf astrologische und numerologische Besonderheiten gelegt – und zählt heute zu den prominenten der alten Autoren der USA, die sich für die Rechte der Homosexuellen engagieren. Fotos Anfang der 1970er-Jahre zeigen ihn mit Allen Ginsberg und anderen streitbaren Schriftstellern in New York.

Rumaker verliebt sich sofort in Yoko und schreibt darüber sein erstes Buch *The Butterfly*, das 1962 erscheint. Darin wird in neun Kapiteln von der Wiedergeburt von Rumakers Alter Ego Jim erzählt. Nach einem Aufenthalt im Irrenhaus fängt Jim sein Leben neu an und entdeckt viel Neues und Schönes – vor allem die Liebe. Hierbei werden Yokos Kindheitserlebnisse ebenso verarbeitet wie ihr Leben jener Jahre in New York. Yoko fand sich allerdings nicht so treffend porträtiert, da Rumaker sie eher als traditionsbewusste Japanerin in den USA beschrieb und weniger als die aufstrebende und risikofreudige Künstlerin. Die Originalausgabe dieser Erzählung wird heute antiquarisch teuer gehandelt.

Die Liaison zwischen Yoko und Rumaker hielt nicht lange. Bald verließ der Schriftsteller den Loft, kurz darauf zog La Monte Young ein. Bei näherer Betrachtung dieser drei gut dokumentierten Liebesbeziehungen Yokos stellt sich wieder die Frage, wie stark die Zuneigung Yokos für diese Männer war. Wie tief war ihre Verbundenheit, wie mächtig das Gefühl für Toshi, Michael Rumaker oder La Monte Young? Denn im Gegensatz dazu ist Yokos Interesse am Nutzwert dieser Beziehungen sehr hoch. Alle drei Männer hatten für ihr künstlerisches Vorankommen viel zu bieten. Toshi ermöglichte ihr die Kontakte zu Cage und seiner Entourage. Rumaker verewigte sie literarisch in seinem Debüt. Und La Monte Young öffnete Yoko Tür und Tor zur Musikszene New Yorks. Er organisierte Konzerte und machte sie in den Avantgarde-Kreisen bekannt.

»Als mich Yoko zum ersten Mal in meiner Wohnung in der Bank Street besuchte, erzählte sie mir gleich, dass sie so berühmt werden wollte wie ich. Zu jener Zeit galt ich für einen Avantgarde-Musiker als sehr prominent. Sie hatte sehr konkrete Vorstellungen davon, wie sie ihre Karriere gestalten und wie sie im Leben vorankommen wollte«, erinnert sich La Monte Young.* Wie groß ist Yokos Leidenschaft für ihre Männer? Wie wichtig sind Ziele und Zwecke in diesen Partnerschaften? Manchmal scheint es, als beschließe Yoko aus freien Stücken zu lieben, sofern der Kontext stimmt, sofern Zugaben zu erwarten sind. Diese Extras in ihren Beziehungen sind jedoch nicht in erster Linie materieller Art, denn Yokos Leben als Künstlerin hat stets einen doppelten Boden. Sie könnte jederzeit zurück in den luxuriösen Schoß ihrer Familie. Sie verneint das zwar und betont mehrfach, dass sie lieber verhungern als klein beigeben würde. Also macht sie täglich die gleiche existenzielle Erfahrung wie viele ihrer Freunde ohne Rückversicherung: minimale Einkünfte aus dem künstlerischen Schaffen, geringer Lebensstandard und fremdbestimmte Jobs (Kellnern, Übersetzen, Unterrichten), um die Arbeit an der Kunst zu ermöglichen. Diese Einstellung, diese hohe Erwartungshaltung an sich selbst, diese fast solitäre Stellung als Frau unter lauter Männern in der Fluxusbewegung trägt dazu bei, dass sie nervlich der Belastung bald nicht mehr standhalten und zurück in Japan zusammenbrechen wird.

Vielleicht kostet es mehr Kraft, freiwillig auf Komfort zu verzichten, um dem Ziel hinterherzujagen, mit brotloser Kunst in jenen Jahren

---

* Hopkins, a.a.O.; S. 34

als Frau doch irgendwann erfolgreich zu sein, als von den Umständen dazu gezwungen zu werden. Jedenfalls ist Yoko fest entschlossen, ohne familiäre Unterstützung Karriere in der Kunstszene zu machen. Sie will sich um jeden Preis – auch um den Preis der eigenen Unversehrtheit – beweisen, dass sie es schafft. Dabei fordert sie das Äußerste von sich und lässt geheimen Emotionen freien Lauf, wie manche *Grapefruit*-Texte zeigen: »Use your blood to paint. Keep painting until you faint. (a) Keep painting until you die (b)«, schreibt sie im Frühjahr 1960. Und im Winter 1961 notiert sie unter dem Titel *City Piece*: »Walk all over the city with an empty baby carriage.« Unschwer sind hier die Abtreibungen als Auslöser zu erkennen. In *Blood Piece* zeigt sich der Wunsch, Grenzerfahrungen zu machen und als Künstlerin mit ihrer Kunst zu verschmelzen. Yokos Ziel ist es sehr früh, ein künstlerisch umfassendes Werk zu schaffen, das persönlich, innovativ und erfolgreich ist. Rückblickend lässt sich sagen: Sie hat ihr Ziel erreicht. Ihr Schaffen wird immer öfter gewürdigt und ausgezeichnet: Sie erhält 2009 den Goldenen Bären für ihr Lebenswerk auf der Biennale in Venedig und zuletzt den Oskar-Kokoschka-Preis 2012. Yoko – so scheint es – ist ihr Leben lang mit ihrer künstlerischen Arbeit verheiratet. Ihr gilt Yokos größte Leidenschaft.

Auf La Monte Young folgte in ihrem New Yorker Loft 1961 für kurze Zeit als neuer Liebhaber der 2010 in New York verstorbene japanische Maler und Architekt Shusaku Arakawa, der später u. a. mehrfach mit Grafiken auf der Documenta in Kassel und der Biennale von Venedig vertreten sein wird. Auch übernachtet Yoko oft bei der lebenslustigen Erica Abeel, einer Kommilitonin noch aus den Sarah-Lawrence-College-Zeiten. Der Kalte Krieg, die Angst vor der Atombombe oder die Kubakrise sind in jenen Jahren beherrschende Themen, die den Hang zum Hedonismus verstärken. In Abeels Wohnung finden regelmäßig Partys statt, und die Frauen sind hier im Zeichen der sich ankündigenden Emanzipation und der freien Liebe sexuell aktiv, forschend und neugierig und ergreifen die Initiative. Die Umkehrung der Verhältnisse macht ihnen Spaß. Heute noch lässt sich Yoko gerne mit

tiefem Dekolleté fotografieren. Sie ist eine sinnliche Frau und zeigt es offenherzig. Mit 72 Jahren sah man Yoko im Modeteil des *New York Magazine* in Hot Pants und mit High Heels. Auf Protestbriefe empörter Leser antwortet sie: »Gibt es eine Uniform, die Frauen über 50, 60 oder 70 tragen müssen?«
Dennoch spielt Erotik in Yokos künstlerischem Ausdruck eine untergeordnete Rolle. Sie wird immer wieder inszeniert, wie beispielsweise im letzten Video von 1980 mit John Lennon, wo sie sich beide vor der Kamera ausziehen und lieben, aber viel öfter noch wird sie verfremdet, wie in den Filmen *Fly* (Eintagsfliegen auf einer nackten Frau werden beobachtet) oder *Self Portrait* (John Lennons halb erigierter Penis spielt darin die Hauptrolle).

Seit jeher bricht Yoko Konventionen und bahnt sich auch heute geschickt als vermeintlich »alte Frau« ihren Weg durch den Medien- und Pop-Star-Rummel. Ihr Geburtsdatum ist kein Geheimnis, aber auf Journalistenfragen sagt sie gerne, ihr Alter sei variabel.

YOKO GOES GAGA

»Was für eine sagenhafte Band und Mutter, Yoko!«, twitterte Lady Gaga nach dem Gedenkkonzert am zweiten Oktober 2010 im Orpheum Theater in Los Angeles, kurz vor John Lennons 70. Geburtstag. Dieser Auftritt mit Gaga und Ono ist selbst auf dem Weg, legendär zu werden. Die 77-jährige Yoko Ono, wie so oft ganz in Schwarz gekleidet, mit knallroter Banderole um den Hut und über den Brillenrand blickend, »sang« im Duett mit der 24-jährigen Stefani Germanotta, genannt Lady Gaga, sie im hautengen und freizügig glitzernden Anzug (im Englischen elegant »see-through lace catsuit« genannt) drei Lieder, zwei von Yoko, eines von John Lennon: *It's Been Very Hard*, *The Sun Is Down* und am Ende mit allen

Musikern gemeinsam (unter ihnen u. a. auch Iggy Pop) *Give Peace a Chance*. Gemeinsam mit Sean Lennon und einer verjüngten Plastic Ono Band begeisterten sie das Publikum.

Wie so oft im Popbusiness, das wenige Frauen so gut kennen wie Yoko, führt auch hier die Verbindung von Jung und Alt zur Erweiterung der Publikumssparten: Gaga-Fans lernen die Fluxus-Übermutter kennen, Lennono-Fans beschäftigen sich jetzt oft erstmals mit dem neuen Star am Pophimmel. Für Lady Gaga war das Konzert zudem eine Möglichkeit zu zeigen, dass sie heute mit synthetischer Popmusik viel Geld verdient, aber in Wirklichkeit den Blues hat, improvisationsstark ist und Yokos manchmal monotonen Kompositionen variantenreich neues Leben einhauchen kann. *Hmm, it's been so hard, oh, it's been very hard, hmm, it's been very hard. I wanna know. I wanna know. Hard times are over. Ah, hard times are over.* Mehr Text braucht es nicht. Yokos erst 1992 in der Ono-Box veröffentlichte *It's Been Very Hard*-Klage aus der 1973er »*Feeling the Space*«-Session mit David Spinozza, Ken Ascher, Gordon Edwards, Jim Keltner und Arthur Jenkins gehört zu den besten Beispielen für die gelungene Verschmelzung von Yokos Vokalkunst mit Blues und Rock. Stöhnen, Schreien und Winseln werden von Yoko vorsichtig eingesetzt, der Band wird viel Raum gelassen. Auf dieser Grundlage lässt sich fabelhaft weiter improvisieren. Lady Gaga übernimmt den Gesangs-, Yoko den nonverbalen Kreischpart, und gemeinsam leiden sie zur Freude des Publikums über acht Minuten lang an den harten Zeiten.

Die Darbietung hat von Anfang an auch komische Elemente. Gaga sitzt am Piano, Yoko steht am Mikro, im Saal ist es noch dunkel und die Bühne nur spärlich erhellt, aber die Zuhörer kreischen schon erwartungsfroh, rufen »Lady Gaga!« oder »Yoko!« und diese Schreie gehen dann fließend in Gagas und Onos Song über. »Please don't quit me, baby ...«, beginnt Gaga den ursprünglichen Text erweiternd und Yoko wirft ein Stöhnen ein, das vom Publikum mit Wonne echot wird. »... because without you it's been so very hard.«

Und dieses Leiden wird mit Yokos sich steigernden Schmerzensschreien musikalisch umgesetzt. Gaga in Hochform traktiert die Tasten, schreit ein markerschütterndes »hard« mit erhobenem Arm in den Saal und die Plastic Ono Band übernimmt laut und dreckig die Vorgaben der beiden Damen. Inzwischen macht sich Gaga mit Leibesübungen bemerkbar. Am Ende des Gitarrensolos steht sie mit einem Bein auf der Klavierbank und streckt das andere Bein fast senkrecht in die Luft. Nachdem sie sich wieder hingesetzt hat und ein Solo spielt, steigt Yoko auf den Flügel und legt sich auf den Rücken. Ihr Kopf hängt über den Rand zum Publikum hin und so kreischt sie weiter, derweil Gaga auf der Bank hüpft, die Schultern schüttelt und umso heftiger auf die Tasten schlägt, so als wolle sie damit Yokos zierlichen Körper noch stärker zum Schwingen bringen. Als wäre der Flügel ein Bett, steigt nun auch Gaga hoch, legt sich neben Yoko, und so singen die beiden wie ein Liebespaar weiter. Am Ende dieser erstaunlichen Bühnenshow umarmen, kuscheln und küssen sich die beiden horizontal auf dem Instrument, und es ist schwer zu sagen, welche Rufe aus dem Publikum überwiegen, die Yoko- oder die Gaga-Schreie. Der Respekt für die alte »Hexe« ist jedenfalls groß.

Für Yoko eröffnete sich dank Gagas Auftritt die Möglichkeit, einer riesigen Fangemeinde zu zeigen, was sie musikalisch und stimmlich leistet, was John Lennon geschaffen hat und wie aktuell das heute noch ist. Damit die nötige mediale Aufmerksamkeit entsteht, äußerte Yoko nach dem Gig Sätze wie »Lady Gaga hat einen sehr hübschen Po«. Der war während des Konzerts in der Tat gut zu erkennen. Solches wird von Online- und Print-Klatschmedien gleichermaßen gerne aufgenommen und verbreitet. Zudem ist Yoko wirklich *die* Expertin für Hintern seit ihren *Bottoms*-Filmen aus den 1960er-Jahren, die dank Gagas Auftritt nun neu entdeckt werden. »John würde Lady Gaga lieben, weil sie eine wahrhaftige Künstlerin ist, weil sie keine Angst hat und weil sie bis an die Grenzen geht und darüber hinaus. Das mochten wir beide damals auch.«

Die Huffington Post kommentierte: »Ono und Gaga sind sich in vielerlei Hinsicht ähnlich. Beide sind Avantgarde-Künstlerinnen ihrer Zeit.«

Eingefädelt hatte das Ereignis der in den letzten Jahren immer umtriebigere Sean. Bereits am 10. Oktober 2009 sang Lady Gaga auf dem Human Rights Campaign National Dinner in Anwesenheit von Barack Obama solo an einem weißen Flügel variantenreich ihren Lieblingssong (»my most favorite song ever«), Johns *Imagine*.

Sean lud im Sommer 2010 Gaga ins Dakota Building ein. Wenig später brachte er ein Twitpic in Umlauf (inzwischen hat er es wieder gelöscht, aber es kursiert andernorts im Netz), auf dem Lady Gaga leicht bekleidet, mit Strapsen und lässig übereinandergeschlagenen Beinen am weißen Klavier sitzt, das mit dem *Imagine*-Clip von 1971 Kultstatus erlangte. Das Foto löste einen Proteststurm der Beatles-Fangemeinde aus. »Mit Gaga zu Hause bei Mutter. Sie klimpert auf dem weißen Klavier«, twitterte Sean zum Schnappschuss.

Empörten Fans (»Warum lässt du Lady Gaga auf Johns Klavier spielen?«) antwortete Sean: »Erstens schenkte John das Klavier meiner Mutter zum Geburtstag. Es gehört ihr. Zweitens war John nicht so verklemmt, wie du zu sein scheinst.« Und später: »Was sollen wir tun? Es in einen staubigen Raum sperren?«

Yoko ermuntert nach wie vor ihren Sohn und viele andere Musiker, Künstler und Medienschaffende, Johns Botschaften und Schöpfungen, Johns komplexes Erbe weiterzutragen, sich mit ihrem Exmann zu beschäftigen, ihn nicht museal erstarren zu lassen. Der Gaga-Ono-Auftritt ist nur ein Beispiel von vielen.

Parallel dazu treibt Yoko ihr eigenes Schaffen voran. Fünf Monate nach dem Gedenkkonzert für Johns 70. Geburtstag stieg Yokos Remix-Song *Move On Fast* an die Spitze der US-Dance-Charts: »Ich respektiere Lady Gaga sehr. Ich fühle mich ein bisschen schuldig dafür, dort oben an der Spitze der Hitparade zu stehen«, sagte Yoko. Schon zum siebten Mal landete sie mit Remixes ihrer Songs auf dem Podest der Dance-Charts. Je mehr Jahre vergehen, desto selbstbewusster wird

Yokos musikalischer Ausdruck. Es scheint, als höre sie die Stimme Johns, der ihr 1979 nach seinem Segeltörn auf die Bermudas begeistert am Telefon zurief: »Yoko, jetzt ist das Publikum reif für dich.« Er hatte in einer Disco die Debüt-Single der Band B-52's *Rock Lobster* gehört, auf der die Sängerin Cindy Wilson wiederholt yokoeske Schreie von sich gibt. Diese Schreie und das Gefühl, endlich von vielen Hörern verstanden werden zu können, waren mit ein Grund, warum John wieder begann, Songs zu komponieren, und Yoko dazu anregte, es ihm gleichzutun, was zum Album *Starting Over* führte. John ging davon aus, dass es nur eine Frage der Zeit sein könne, bis Yokos Solo-Songs auch chartfähig sein würden. 2010 erklärte der B-52's Gitarrist Keith Strickland, dass Cindy 30 Jahre davor tatsächlich von Yoko direkt beeinflusst worden war. Johns Ausruf: »Yoko, jetzt ist das Publikum reif für dich«, scheint prophetisch nachzuhallen. John behielt Recht, zumindest was die rockigen und poppigen Disco-Arrangements von Yokos Kompositionen betrifft. Und Yokos anspruchsvolle Vokalimprovisationen sind heute fester Bestandteil der Hochkultur. Sie verstören die Menge noch immer, entzücken dafür die Elite.

Das lässt sich beispielsweise anhand des Clips auf Youtube »Voice Piece For Soprano & Wish Tree at MoMa. Summer 2010 by Yoko Ono« beobachten. Von den 835 000 Betrachtern des Clips haben nur gut 1000 auf »gefällt mir«, aber rund 4500 auf »gefällt mir nicht« geklickt (Stand Juni 2012).

Bei dieser nicht angekündigten Darbietung im Museum of Modern Art in New York steht Yoko alleine am Mikro und schreit in verschiedenen Tonlagen und Rhythmen vor einigen Dutzend überraschten Museumsbesuchern. Danach hängt sie einen von ihr beschriebenen Zettel an den Wunschbaum: »I wish to thank the Universe and the Earth Planet for giving me so much. Thank you. Thank you. Thank you. Y.O. 2010.« So befördert Yoko unermüdlich und vielgleisig ihre künstlerische Karriere und ihr soziales Engagement und verbindet oft gekonnt beide Bereiche. Beispielsweise war Yoko kurz nach der Katastrophe in Fukushima federführend bei der Erstellung der Dop-

5 »Voice Piece«, die negativen Bewertungen überwiegen (2012).

pel-CD *Songs For Japan*, deren Reinerlös zugunsten des Japanischen Roten Kreuzes geht. Und selbstverständlich ist der erste Song Johns *Imagine*. Bei ihrer eigenen musikalischen Entwicklung weiß Yoko genau zwischen Anspruch und Kommerz zu unterscheiden, weshalb sie auch 2010 sagte: »Ich würde es nicht einen musikalischen Fortschritt nennen, was ich seit den 1960er-Jahren erlebt habe. Es ist eine Veränderung.«

Mit Ausnahme der jüngsten Dance-Charts-Hits hatte Yoko zwar nie den ganz großen kommerziellen Durchbruch, aber doch immer wieder beachtliche Erfolge, beispielsweise bei Erscheinen des Remix von *Yes, I'm A Witch*. Auf die Frage, ob sie sich Gedanken über die Reaktionen des Publikums mache, sagt Yoko: »Sollte ich jemals darüber nachdenken, könnte ich nichts mehr machen. Wie soll man im Voraus wissen, wie die Reaktionen des Publikums ausfallen werden? Hätten John und ich gewusst, wie hart man uns für die Bed-ins kritisieren würde, wären wir vielleicht eingeschüchtert zu Hause geblieben. Wenn ich eine Idee gut finde, dann starte ich durch, ich denke nicht noch einmal darüber nach.«*

YOKO ONE – ARBEITSWUT UND DEPRESSION

Yoko treibt 1961 mit Vehemenz alle sie interessierenden Kunstformen voran. Auch der Gesang gehört zu den Sparten, in denen sie sich beweisen will. Im April 1961 tritt sie erstmals öffentlich mit einer Vokalakrobatik auf, die bis heute ihr Markenzeichen geblieben ist und wofür sie von vielen Musikliebhabern abgelehnt wird. Im Village Gate in New York führt sie vor, was sie sich mit John Cage erarbeitet hat: der Einsatz der Stimme als Instrument. Auch hier gilt es, Publikumserwartungen nach Schönheit, Harmonie oder Melodie zu enttäuschen. Wenn ein Klischee als die Erfüllung von Erwartungen definiert werden kann, dann ist Yokos Singen das Anti-Klischee. Noch im 21. Jahrhundert vermögen Yokos Stimmexperimente nur wenige Menschen zu begeistern, denn sie klingen schräg und verursachen bei vielen Hörern eher Schmerzen als Freude. Beeindruckend ist allerdings die Bandbreite der erzeugten Geräusche: flüsternd, schluchzend, lachend und vor allem schreiend integriert Yoko seltsamste Klänge in ihre Darbietung, die man gemeinhin nicht als melodiös-musikalisch empfindet. Yoko steigerte ihre Technik, als sie im November als Headliner in der Carnegie Recital Hall auftrat. Das ist nicht der Hauptsaal, sondern ein Vortragsraum, der knapp 250 Zuschauern Platz bietet. Das Schreien mit hoher Emotionalität und stark übersteuerter Stimme wird Yokos Trademark. Es kann Schmerz

---

* Barbara Graustark, a.a.O.

ausdrücken, Schrecken, Angst, Wut oder Hunger. Und sie weiß spätestens seit ihrer Zeit auf dem Land 1945, dass das Schreien auch dazu dienen kann, andere einzuschüchtern oder Befehle zu erteilen. 1970 wird sie sich mit John Lennon beim Psychiater Arthur Janov aufgrund einer Schreitherapie noch intensiver damit beschäftigen. Yoko erwähnt im Zusammenhang mit ihrem Gesang danach das Schreien der Mutter beim Gebären ebenso wie das Schreien eines Neugeborenen.

Privat hatte sich der Druck 1961 auf Yoko erhöht. Toshi war zurück in Tokio, die Eltern Yokos wussten aber nicht, dass die Beziehung gescheitert war. Für die Miete des Lofts musste Yoko alleine aufkommen. Selbstverständlich ahnten aber Eisuke und Isoko, dass einiges nicht in Ordnung war mit ihrer Tochter. Weil sie sich inzwischen an ihren Schwiegersohn einigermaßen gewöhnt hatten, boten sie Yoko eine Wohnung in Tokio an, um dem jungen Paar eine Versöhnung zu ermöglichen. So nahm der Auftritt in der Carnegie Hall schicksalhafte Dimensionen an. Wieder einmal setzte sich Yoko stark unter Druck. Sollte das Konzert nicht zum künstlerischen Durchbruch führen, würde sie ihre gesamte Lebensplanung in Frage stellen müssen. Tokio winkte als ruhige, vertraute und entspannende Option in relativem Wohlstand. Andererseits wäre eine Rückkehr nach Tokio das Eingeständnis, mit dem Versuch gescheitert zu sein, als freie Künstlerin im Big Apple zu überleben.

Yoko kündigte für den Abend in der Carnegie Hall *Operas* an. Das erste Stück hieß *A Piece for Strawberries and Violin*, geschrieben vom John-Cage-Schüler David Tudor. Der Saal war längst nicht ausverkauft. Aber immerhin war diesmal ein Journalist der *New York Times* gekommen. Erstaunt – so schrieb er später – nahm er eine Schauspielerin wahr, die an einem gedeckten Tisch saß und sich immer wieder erhob und setzte. Rückwärtsgesprochene Wörter mischte sie mit dissonanten Geigenklängen. Das Stück enthielt immerhin so etwas wie eine Arie, die von Yoko mit ihrer typisch hohen Tremolo-Stimme gesungen wurde. Auf der Bühne steigerte sich die Heftigkeit des kleinen Schauspiels, in dem am Ende das Geschirr zertrümmert wurde und Yokos Stimme sich schreiend überschlug. Einmal mehr bot sie die ganze Palette antimusikalischer Mittel auf, um neue Geräusch- und Lärmfelder zu erkunden.

Das zweite Werk hieß *Grapefruit in the World of Park*. Der Titel war ihr schon im Sarah Lawrence College eingefallen. Ein Schauspieler las einen Text vor, in dem es darum ging, wie man eine Grapefruit schält, eine Zitrone auspresst und die Haare auf dem Kopf eines toten Kindes zählt: Absurdes und Provokation als Programm und als Denkanstoß.

Yoko sorgte dafür, dass auf der Bühne gedämpftes Licht herrschte, damit das Publikum angestrengt schauen musste. Dann ging das Halbdunkel in vollkommene Dunkelheit über. »Ich hoffte, dass man dann beginnt, Dinge zu sehen, die über Formen hinausgehen. Dass man Klänge hört, die man nur im Stillen hört. Dass man anfängt, die Umgebung anders wahrzunehmen, die Spannungen und die Menschen spürt. Mit solchen Geräuschen und Gefühlen wollte ich arbeiten: der Klang der Angst und der Dunkelheit. Die Furcht eines Kindes, wenn jemand hinter ihm steht. Deshalb bat ich einen Kollegen, sich für die Dauer der Performance hinter das Publikum zu stellen«, erinnert sich Yoko.*

Sie hatte eine Woche davor damit begonnen, die Schauspieler und Musiker aus der Fluxus-Szene anzuweisen. Das Ziel war kompromisslose Kunst als multimediale Darbietung. Die Irritation umfasste auch die Mitglieder des Teams, denn keiner wusste vom anderen, welche Anweisungen Yoko ihm gegeben hatte. Ein wesentlicher Bestandteil war das möglichst geräuschlose Bewegen der Akteure. So sollten die Zuschauer auf die gestörte Stille achten. Später trugen manche mit Mikrofonen behängte Schauspieler schwere Kisten. Auch hier: Geräusche knapp über der Geräuschlosigkeit. »Einer war wohl Asthmatiker – es war fantastisch.« Die Atmung wurde schwerer und lau-

---

* Yoko Ono im Gespräch mit Robert Palmer im Booklet zur *Onobox*

ter. Schließlich war das Keuchen, Schnaufen, Schreien, Röcheln und Würgen der Schauspieler zu hören. Auch eine Klospülung hinter der Bühne wurde mehrfach betätigt. Kaum hörbar für das Publikum und doch präsent. Yoko hatte nach den Proben in die Regieanweisung geschrieben: »flush toilet«. Später wurden Geräusche von Klospülungen auf Happenings oft eingesetzt, und es besteht durchaus die Möglichkeit, dass Yoko die erste war, die damit arbeitete. Aber all das überzeugte den Kritiker der *New York Times* nicht. Er verfasste nur wenige enttäuschte Zeilen und schrieb sogar Yoko One statt Yoko Ono.
Yoko war wütend und traurig, Selbstzweifel gewannen die Überhand. Sollte ihre Familie Recht behalten? Durften Frauen gar nicht erst versuchen, in einer von Männern dominierten Avantgarde-Kunstwelt Fuß zu fassen? War ihr Aufstand gegen die Moralvorstellungen der Familie zwecklos? Mussten Frauen, die sich vom traditionellen japanischen Frauenbild abwandten, zwangsläufig scheitern? Yoko reagierte mit einer Mischung aus Depression und Arbeitswut, eine Phase, in der weitere Texte für das Buch *Grapefruit* entstanden.

YOKO, TONY UND KYOKO

Yokos Eltern rieten ihr in dieser Situation erneut, nach Tokio zurückzukehren, wo schon Toshi auf sie wartete. Schließlich waren die beiden noch verheiratet. Die Eltern boten Yoko immer noch die Wohnung an. Doch bei den wenigen Treffen zwischen Eltern und Tochter zeigten sich tiefe Gräben und unüberwindbare Generationenkonflikte. Yoko nahm immer stärker die westliche Kultur an und verabschiedete sich von für sie veralteten japanischen Konventionen. Trotzdem hielt sie es in New York nicht mehr aus. Der letzte Ausschlag für Yokos Rückkehr in die Heimat ergab sich eher zufällig. John Cage und Peggy Guggenheim hatten für den Sommer 1962 Angebote bekommen, in Japan aufzutreten. Tokio begann sich immer mehr dem westlichen Way of Life zu öffnen und viele waren neugierig, was die USA an neuen Strömungen zu bieten hatten. Yoko begleitete die beiden und setzte die Aufführungs- und Ausstellungspraxis fort, die sie in New York erarbeitet hatte. Hinzu kamen neue, stärker japanisch beeinflusste Performances.

Schon der erste Auftritt in der renommierten Sogetsu Hall wurde für Yoko jedoch eine herbe Enttäuschung. Es war zwar viel Publikum da – einerseits, weil es durch den klingenden Namen von John Cage angelockt worden war, andererseits weil Toshi für seine Frau die Werbetrommel rührte und alle seine neuen Freunde in der japanischen Avantgarde-Kunst mobilisierte –, aber dessen Ratlosigkeit angesichts von Yokos *Opern* war groß. Hinzu kam, dass sich die anwesenden TV-Teams brüskiert fühlten, weil Yoko wie schon in der Carnegie Recital Hall mit dem Licht spielte. Yoko erklärte, dass sie, von den halbgeschlossenen Augen Buddhas inspiriert, die Zuschauer aufforderte, erst im Halbdunkel und dann ganz im Dunkel zu sitzen. So sollte das Publikum auf Zeichen und auf Vibrationen warten. Die Wahrnehmungsfähigkeit sollte gestärkt werden. Aber die Geduld der Kameraleute war nach kurzer Zeit erschöpft, die zuständigen Redakteure berichteten entweder gar nicht oder nur negativ von dem Event. Yoko litt unter den Verrissen. Sie fühlte sich missverstanden und ignoriert. Schlimm war auch die Berichterstattung eines amerikanischen Journalisten, der behauptete, Yoko habe ihre Ideen von John Cage geklaut. Es half nichts, dass John Cage und Yoko genau wussten, dass dem nicht so war. Es half nichts, dass Cage ihr und Toshi eines seiner berühmtesten Stücke widmete, die von ihm so genannte »verschwundene Musik«: *0.00*. Sie wurde am 24. Oktober 1962 in Tokio uraufgeführt und stellt das Nachfolgestück des legendären *4,33* dar, vier Minuten und 33 Sekunden Stille statt Musik. Natürlich waren Parallelen in den Werken vorhanden, aber die Beeinflussung war gegenseitig. John Cage, der sich auch mit Zen-Buddhismus beschäftigte, widmete Yoko ein besonderes Gedicht:

Coolest guY
wOman
living haiKu
dOing
vOice
Never
befOre

Das war eine große Ehre, doch Yoko kam nicht zur Ruhe: Toshi hatte sich seit seiner Rückkehr sehr gut in die Tokioter Künstlerszene integriert, seine Arbeit wurde anerkannt, und das Netzwerk der Kreativen war eng. So traf es Yoko besonders hart, dass manch ein Verriss ihrer Arbeit ausgerechnet von Toshis Freunden kam. Sie selbst wollte oder konnte sich nicht in diese Kreise integrieren, sondern zog es vor, sich in der Wohnung im elften Stock eines Wolkenkratzers zurückzuziehen, die ihre Eltern ihr und Toshi zu Verfügung stellten. Vielleicht lag es auch daran, finanziell wieder am elterlichen Tropf zu hängen, vielleicht auch an der fehlenden Liebe für Toshi, dass die Depressionen schlimmer wurden. Die Mischung aus beruflicher Erfolglosigkeit und privater Orientierungslosigkeit führte jedenfalls zu einem suizidalen Verhalten. In der japanischen Kultur werden Freitodgedanken bei scheinbar ausweglosen Situationen eher akzeptiert als im Westen.

»Wir wurden gemeinsam zu Partys eingeladen. Aber ich fand es falsch, mich in seine bestehenden Kontakte zu anderen Künstlern einzumischen, zumal es für mich kein Vergnügen gewesen wäre, mich mit Leuten zu unterhalten, die mich nicht verstehen. Also sagte ich ihm, er solle alleine gehen. Ich würde ins Theater oder ins Kino gehen, um in seiner Abwesenheit die Zeit totzuschlagen. Ich war sehr einsam«, erinnert sich Yoko in *Just me!*

In jener Zeit schien ihr Egoismus in Beziehungsfragen nicht mehr aufzugehen. Der geduldige und vermutlich vergleichsweise treue Toshi schien nun von einer inneren Stabilität zu profitieren, die ihr fehlte.

Flatterhaft, wie sie in New York gewesen war, kam sie in Liebesdingen in Tokio nicht mehr klar. Die euphorisierende Wirkung der mehreren Liebhaber rasch nacheinander in den USA – manchmal manche gleichzeitig – war verpufft. Der schnelle Sex und die vielen Partnerwechsel hatten wie eine Droge gewirkt: Nach dem kurzen High folgte das lang Low. Die Ernüchterung stellte sich mit der Erkenntnis in Tokio ein, dass es ihr damit nicht gelungen war, eine aufrichtige und langanhaltende Liebe zu finden, aus der sie jetzt Kraft hätte schöpfen können. »Ich unternahm Verschiedenes, um der Einsamkeit zu entkommen. Ich kaufte beispielsweise Blumen und schenkte sie Passanten oder legte sie auf den Gehsteig und beobachtete, was dann geschah. Ich nannte das ein ›Blumen Event‹. In unserer Wohnung wachte ich manchmal nachts auf und ging zum offenen Balkonfenster. Toshi musste mich zurückziehen. Das geschah mehrfach. Er drängte mich, zu einem Arzt zu gehen. Dann nahm ich eine Überdosis Schlaftabletten. Ich hatte das Gefühl, dass ich schon immer sterben wollte.« Yoko erwachte im Klinikbett einer Psychiatrie, wo sie über mehrere Wochen stark betäubt blieb. Toshi besuchte sie regelmäßig, war aber ratlos, wie er etwas zur Genesung seiner Frau beitragen könnte.

Zwischen Yoko Ono und ihrem dritten Mann John Lennon beträgt der Altersunterschied sieben Jahre, zwischen Yoko und ihrem zweiten Mann Anthony Cox etwa fünf Jahre. Offenbar ergab sich aus der persönlichen Krise 1962 in Tokio die Erkenntnis, dass Yoko mit jüngeren Männern besser klarkommt. In New York war Tony Cox Yoko schon begegnet, als er in La Monte Youngs Band Saxophon spielte. Die energiegeladene und einfallsreiche japanische Künstlerin muss dem jungen Künstler gefallen haben. Tony hatte an der Cooper Union for the Advancement of Science and Art studiert und war unter Kommilitonen und im Freundeskreis unangenehm als Hochstapler und durch Kleinkriminalität, Drogenkonsum und -handel aufgefallen. Er hatte jedoch ein reges und aufrichtiges Interesse am Zen-Buddhismus und an der japanischen Kultur, lernte die Sprache und reiste im Sommer 1962 nach Tokio.

Von Toshi erfuhr Tony, dass sich Yoko in der Psychiatrie befand. Der Amerikaner bot seine Hilfe an und gab sich in der Klinik als Yokos New Yorker Arzt aus. Tony erinnert sich: »Sie befand sich unter starkem Medikamenteneinfluss. Sie konnte kaum sprechen. Ich hatte mich kundig gemacht und herausgefunden, dass sie eine viel zu hohe Dosis bekam. Toshi fragte mich, ob ich ihm helfen könnte, sie herauszuholen.«*

Daraufhin wandte Tony den Journalisten-Trick an. Im Gespräch mit der Klinikleitung drohte er, einen Artikel in New York über die Art der Behandlung Yokos zu schreiben. Sie sei in den USA eine bekannte Künstlerin, und das Interesse an dem Fall werde groß sein. Wenig später wurde Yoko entlassen.

Tony erfuhr danach bei einem Essen zu dritt mit Yoko und Toshi, dass ihre Ehe zerrüttet war und nur noch auf Druck von Yokos Eltern fortgeführt werde. In der Tat hielten die Onos Toshi mittlerweile für jemanden, der ihrer Tochter Halt geben konnte. Eine Zeitlang lebten Yoko, Toshi und Tony zu dritt in der Wohnung. Aber dann kam es zum Eklat, offenbar auch wegen Geldstreitigkeiten, und Toshi verließ die Ono-Wohnung für immer. Die eigentliche Ursache war eine andere. Denn als es Yoko besser ging, bekam sie immer stärkere Sehnsucht nach New York und sie begann eine folgenreiche Affäre mit Tony. »Es ist nicht meine Art, so zu tun, als geschehe nichts, wenn es in Wirklichkeit geschieht. Das war der Hauptgrund, warum Toshi und ich uns trennten.«

Den endgültigen Ausschlag gab dann Yokos Schwangerschaft: Yoko wollte zunächst abtreiben, aber der junge Vater in spe Tony wollte das Kind behalten. Die Ärzte machten Yoko und Tony klar, dass nach ihren Abtreibungen ein weiterer Abort gefährlicher sein könnte, als das Kind auszutragen. Yoko wollte nicht Mutter werden. Und schon gar nicht Hausfrau. Trotzdem stimmte sie letztlich zu. Und Tony schien ihr der richtige Mann zu sein, um es in New York

---

* Hopkins, a.a.O.; S. 98

erneut zu versuchen. So heirateten Yoko und Tony etwas überstürzt am 28. November 1962. Die Heirat wurde jedoch annulliert, weil Yoko noch nicht rechtskräftig von Toshi geschieden worden war, und schließlich am 6. Juni 1963 noch einmal vollzogen und damit legalisiert. Yoko war klar, dass Tony als Schwiegersohn für ihre Eltern noch viel weniger in Frage kam als davor Toshi, an den sie sich inzwischen gewöhnt hatten. Es war, als würde Yoko ein weiteres Mal mit dieser Heirat das Protestpotenzial nutzen, um sich wieder von den Eltern zu lösen.

Als Isoko und Eisuke im Dezember 1962 von der heimlichen Hochzeit erfuhren, warfen sie Yoko und Tony sofort aus der Wohnung. Das ungleiche Paar zog in ein günstiges Studentenquartier um und hielt sich mit Gelegenheitsjobs über Wasser. Yoko und Tony arbeiteten als Komparsen fürs Kino, synchronisierten japanische Filme oder unterrichteten Englisch. Yoko bekam den Auftrag, die Musik zu einem experimentellen Sexfilm mit dem Titel *Ai (Love)* zu komponieren. Darauf sind etwa zehn Minuten lang zwei nackte Körper zu sehen, die offensichtlich kopulieren. Die Aufnahmen gehen aber oft so nahe an die Haut, dass es meistens unmöglich ist, die entsprechenden Körperstellen zu erkennen. Auf den Großaufnahmen sind nur sich reibende und sich bewegende Hautflächen sichtbar. Yokos Musik folgte den minimalistischen Vorbildern, die sie in New York so oft live gehört hatte.

Yoko findet sich als schwangere Frau hässlich und traut sich im Frühsommer 1963 kaum noch auf die Straße. Im Juni hatte John F. Kennedy in Berlin gesagt: »Ich bin ein Berliner«, im August hielt Martin Luther King seine Rede »I have a dream« und im November wird Kennedy in Dallas erschossen. Ingmar Bergman sorgt mit *Das Schweigen* wegen Sexszenen für einen Skandal, der Kassettenrecorder wird erfunden und John Lennons Komposition *Please Please Me* erreicht als erster Song der Beatles Platz eins der englischen Charts. Am 8. August 1963 kommt Yokos Tochter Kyoko zur Welt.

Yoko nimmt bald nach der Geburt Kyokos wieder Kontakt zu Künstlern auf. Sie lernt Dan Richter kennen, ein junger amerikanischer Schauspieler, der 1968 für Stanley Kubrick in »2001« den Affen mimen und 1972 im Tittenhurst Park mit John und Yoko *Imagine* drehen wird. Zudem hält sich für einige Zeit Nam June Paik in Tokio auf, mit dem sich Yoko regelmäßig austauscht. Paik hat im Gespräch mit Jerry Hopkins ausführlich von seinen Begegnungen mit Yoko 1963 erzählt. Bemerkenswert ist die Anekdote im Zusammenhang mit Hideoshi Toyotami. Yoko sagte Paik, sie sei die Reinkarnation von Toyotami. Der Koreaner Paik hat keine Ahnung, wer das ist. Yoko erklärt ihm, Toyotami sei der bedeutendste Mann in der japanischen Geschichte, weil er im 16. Jahrhundert das Land geeint habe. Er sei immer sehr stark und immer siegreich gewesen. Yoko habe auf der Hand dieselbe lange Lebenslinie wie Toyotami. Manche Japaner würden sie sich mit dem Messer extra länger ritzen, aber ihre sei echt. Und eines Tages werde sie eine Herrscherin sein wie Toyotami. Paik scheint sehr beeindruckt von Yokos Vortrag und wertet ihn als Zeichen, dass Yoko wieder neues Selbstvertrauen gewinnt. Die Gemütsschwankungen werden im Lauf von Yokos langem Leben jedenfalls immer geringer. Je älter sie wird, desto stärker hängt sie am Leben. An ihrem 70. Geburtstag sagte sie, sie wolle hundert Jahre alt werden. Es gibt im Internet leicht auffindbare Fotos von Yoko und Tony auch mit der kleinen Kyoko oder bei ersten Bag-Events, mit denen sie die Wirkung von Verhüllung und Enthüllung testen. Freunde beschreiben das Paar zu Beginn als ausgeglichen, doch mit der Zeit habe sich herauskristallisiert, dass Tony mehr und mehr die Funktion des künstlerischen Assistenten für Yokos Projekte übernahm. Tony war ein einfallsreicher und rhetorisch begabter junger Mann, der die Gabe besaß, Menschen für seine Ideen zu gewinnen. Zudem war er musikalisch und kunstinteressiert. Beide einte ihre Leidenschaft für Experimente, die erotische Bindung schien aber schon 1964 abgenommen zu haben. Als Tonys Freund Al Wunderlick die beiden in Tokio besuchte, fand er ein oft sehr heftig streitendes Ehepaar vor, das allerdings künstlerisch gemeinsam vorankommen wollte. So erstellten Yoko und Tony eine druckreife Vorlage von *Grapefruit*, und am 4. Juli 1964 hatte das Paar 500 Exemplare in seiner Wohnung. Nun galt es, sie unter die Leute zu bringen. Sie gingen mit einer erweiterten Show auf Japan-Tour; Yoko fand mehr Zustimmung als bei ihrem ersten Versuch, ihre Landsleute mit neuen Fluxus-Events vertraut zu machen. Nach dem Ende der Tour und ihrer Rückkehr nach Tokio herrschte aber wieder dicke Luft.

»Sie lebten immer noch zusammen«, erinnert sich Wunderlick im Gespräch mit Hopkins, »aber sie tolerierten einander nur. Tony achtete darauf, immer wieder außer Haus zu sein, um Streit zu vermeiden. Ich wohnte woanders und traf immer öfter Yoko. Es war schwierig, weil Yoko mir sagte, dass mit ihnen alles vorbei sei. Aber Tony liebte sie immer noch, und ich war sein bester Freund. Ich hatte das Gefühl, dass sie mich benutzte, um ihn zu verletzen. Also verließ ich die beiden.«

GRAPEFRUIT

Ein Schlüssel zum Verständnis von Yoko Onos großer künstlerischer Vielfalt und origineller Denkweise liegt in ihrem Buch *Grapefruit*. Es versammelt in der Erstausgabe die verstreuten Texte und Bilder, die sie bei verschiedensten Veranstaltungen, u. a. in ihrer Zeit in New York bis 1962 bei ihren Ausstellungen in der Maciunas AG-Gallery ausstellte und vorführte. Es erschien am 4. Juli 1964 bei Wunternaum, einem Selbstverlag Yokos, in Tokio in einer Auflage von nur 500 Exemplaren in englischer Sprache. Es wurde damals jedoch weder in Japan noch in den USA besprochen, wo Yoko und Tony selbst versuchten das Buch unter die Leute zu bringen.
Als Yoko 1964 zurück nach New York zog, ging sie als erstes mit *Grapefruit* unter dem Arm in ihre Lieblingsbuchhandlungen und

bot es in Kommission an. Vor seinem Erscheinen kostete das Buch 3 US-Dollar, nach dem Erscheinen 6. Die meisten nahmen einige Exemplare, doch sie verkauften das Buch nur selten und meistens nur auf direkte Empfehlung. Die Literatur- und Kunstkritiker schwiegen, was Yoko hart traf. Nichtbeachtung war schwerer zu ertragen als ein Verriss.

Wer heute ein solches Exemplar von *Grapefruit* besitzt, kann sich glücklich schätzen. In den vergangenen Jahrzehnten entwickelte es sich vom Ladenhüter zum Longseller; die Originalausgabe von 1964 ist antiquarisch nicht mehr erhältlich. Im April 2010 stellte die Zeitschrift *Book Patrol* fest, dass keine Exemplare der Erstauflage auf dem Buchmarkt angeboten werden und der Wert demnach nicht geschätzt werden kann. In den vergangenen 35 Jahren wurde in den USA kein Exemplar über die bekannten (Online-)Antiquariate verkauft. Weltweit sind nur vier Exemplare in öffentlichen Institutionen verzeichnet: Im MoMA in New York, in der University of California in San Diego, in der Northwestern University in Chicago und in der Library of Congress in Washington, D.C. Die verbleibenden Exemplare tauchen auf Auktionen nicht auf und werden von ihren Besitzern offenbar wie Schätze gehütet. *Grapefruit*, dieses frühe und wichtige Beispiel für die in den 1960er-Jahren aufkommende Fluxus-Konzeptkunst, wurde bei Erscheinen nicht gewürdigt, heute dafür umso mehr.

Yoko ist selbst Sammlerin antiquarischer Bücher: »Mein Vater hat mich beeinflusst. Und John Lennon liebte und sammelte auch alte Bücher. Er war ein begeisterter Leser, was nicht sehr bekannt ist«, sagte Yoko anlässlich der New York Antiquarian Book Fair im Frühjahr 2010, auf der sie mehrere Bücher kaufte. »In Asien ist Kalligrafie eine weit entwickelte visuelle Kunst. Daher komme ich. Zudem haben mich in *Grapefruit* die Form des Haikus und Zen beeinflusst.« Die *Grapefruit*-Ausgabe von 1970 enthält ein Vorwort von John Lennon sowie Texte und Zeichnungen Yokos, die nach 1964 entstanden waren. Die bislang aktuellste Ausgabe von *Grapefruit* ist im Jahr

2000 bei Simon & Schuster in New York mit einem neuen Vorwort Yokos erschienen und wird immer wieder nachgedruckt. Der vollständige Titel lautet: »*Grapefruit. A Book of Instruction and Drawings by Yoko Ono. Introduction by John Lennon. With a New Introduction by the Author*. Schon das Vorsatzblatt ist witzig, macht neugierig und weist den Weg in Yokos Gedankenwelt: »Synopsis«, also »Inhalt« steht da in Yokos kleiner und klarer Handschrift, die sich durch einzeln gesetzte Buchstaben auszeichnet. Yoko verbindet die Buchstaben nicht immer miteinander, sondern schreibt sie akkurat mit Zwischenräumen. Das erinnert an ihre Sprechweise, die von Pausen geprägt ist. Man könnte es für Stottern halten. Yoko lässt (sich) Zeit, lässt Luft – die Luft, die allen gehört, wie sie u. a. in ihrer Ausstellung *Between The Sky And My Head* nicht müde wird zu betonen –, lässt Freiräume zum Nachdenken. Unter dem Wort »Synopsis« hat sie ein großes und leeres Rechteck gezeichnet. Ein Pfeil zeigt darauf und daneben stehen die drei Worte: »Write your own«, »Schreib deine eigene Inhaltsangabe«. Auch an ein kleines Exlibris hat sie gedacht: Name, Gewicht, Geschlecht, Hautfarbe.

Das Buch beginnt mit einer abstrakten, pointilistischen Zeichnung. Darunter steht: »Open this bottle«. Eine Flasche als Metapher für dieses Buch oder für Glück, Sinn und Verstand. Vielleicht stellt die Zeichnung einen weiblichen Torso dar. Körperformen in der Flasche. Wolken. Eine Sonne. Ein Notenschlüssel. Jeder Betrachter wird eigene Motive darin finden. Es ist eine Einladung, sich auf die Künstlerin und auf dieses Buch einzulassen. Es folgt ein lustiger, kaum zu übersetzender, weil lennonesquer Text von Yoko aus dem Jahr 2000, der sich wie John Lennons Prosa-Debüt *In seiner eigenen Schreibe / In His Own Write*, das im März 1964 erschien und ein internationaler Bestseller war, auf Jabberwocky stützt. Es geht um das Paar Kind und Keen, um Kreativität und Zufriedenheit, Glück und Stolz: »Together, they roved and laughed forever after. Who could frame them. Hi! y.o. '00«, endet das kleine Märchen und erinnert dabei an Johns *Jock and Yono*, einer improvisierten Geschichte, die Gemein-

samkeit, Verbundenheit und Liebe betont. So mit Zuversicht und positivem Denken ausgestattet, tauchen die Leser in eine originelle Welt voller Poesie und Weisheit, geführt von John, der vier kurze einleitende Texte schreibt:
Hi! Mein Name ist John Lennon. / Ich möchte Dich mit Yoko Ono bekannt machen.
Darauf folgt eine Anleitung, die in Form und Inhalt von Yoko beeinflusst ist:
John Lennon als junge Wolke / Ein Theaterstück / Erste Szene: Öffne und schließe Johns Kopf. / Zweite Szene: Öffne und schließe die Köpfe anderer Menschen. / Dritte Szene: Öffne und schließe den Himmel. / Frühling 1968.
Das ist ein frühes Dokument der Annäherung Johns an Yoko. Er ist sofort offen für ihre Denk- und Schreibweise. Er nimmt Yokos Gefühlswelt von Anbeginn an dankbar an. Er freut sich über ihre mentale Stärke und über ihre Originalität und vergisst sich gerne dabei selbst, lässt die eigenen Zweifel hinter sich, um mit Yoko zu verschmelzen, um sich ihre Experimentierfreude anzueignen. Johns nächster kurzer Text lautet:
Wo willst du die Ewigkeit verbringen? – Als Stein in Wales.
Dieses Frage-Antwort-Spiel als Auftakt ist atypisch für *Grapefruit*, zeigt jedoch einerseits die Verbundenheit Johns zu Yoko, betont andererseits Johns Individualität, der sich gegen New York, London oder Liverpool, aber für die Ferienlandschaft seiner Kindheit entschieden hat. Es ist durchaus denkbar, dass dieser Zweizeiler als Antwort auf einen Text Yokos entstanden ist, in dem sie einen Ort ihrer Kindheit in Japan nennt.
Ohnehin sind viele Anregungen für *Grapefruit* nur indirekt erkennbar. Ein Grundstein bildet John Cages Wirken, insbesondere *Chance Music*, die Yoko dank Toshi früh kennengelernt hatte. Yoko hatte sich in jenem betont avantgardistischen Ambiente auch deshalb besonders wohl gefühlt, weil Cage & Co. sich mit orientalischen Traditionen als Ausdruck ihrer gegenkulturellen Gesinnung beschäftigten.

Hier konnte sich Yoko nicht nur aufgrund ihrer Herkunft, sondern auch dank ihres zenbuddhistischen Hintergrunds einbringen. Yoko bezeichnet sich selbst als »spiritual hybrid«, als geistige Bündelung und Mischung aus westlichen und östlichen Erfahrungen. Bei der Titelfindung für ihr Buch nahm Yoko fälschlicherweise an, die Grapefruit sei eine Kreuzung aus Orange und Zitrone. Aber der Aspekt der Kreuzung stimmt, weshalb sie das Bild bis heute beibehält. *Grapefruit is a hybrid of lemon and orange. Snow is a hybrid of wish and lament. (…) A dream you dream alone may be a dream, but a dream two people dream together is reality. (…) It's sad that the air is the only thing we share. (…) Count all the words in the book instead of reading them.** Als »Erfinder« der so genannten »event scores«, der Anleitungen für Performances verschiedenster Art, gelten heute drei Künstler gleichberechtigt: George Brecht, La Monte Young und Yoko Ono mit *Grapefruit*. Alle begannen Ende der 1950er-Jahre, Partituren für Veranstaltungen zu verfassen und ihre Instruktionen für Aktionen, Anleitungen für Handlungen und Ideen und Vorschläge für künstlerische Initiativen in Textform festzuhalten. Wie Partituren können auch diese »event scores« von Menschen auf- und durchgeführt werden, die nicht die Urheber sind. Dementsprechend werden Interpretationen und Variationen von Yoko mitgedacht.

Das Buch *Grapefruit* bestand früher aus nur fünf, heute aber in der aktuellsten Ausgabe aus neun Teilen: Musik, Malerei, Event, Gedichte, Objekte, Film, Tanz, Architektur und ein neuntes Kapitel noch einmal über Filme. Die Neun war John Lennons Lieblingszahl, und an weiteren Stellen zeigt sich, wie viele versteckte und offene Hinweise auf John die Witwe in ihrem Wirken nach 1980 gibt. Die

---

* Grapefruit ist eine Mischung aus Zitrone und Orange. Schnee ist eine Mischung aus Wunsch und Klage. (…) Ein Traum, den du alleine träumst, ist ein Traum. Aber ein Traum, den zwei Menschen gemeinsam träumen, ist Wirklichkeit. (…) Es ist schade, dass Luft das Einzige ist, das wir teilen. (…) Zähle alle Wörter in diesem Buch, statt sie zu lesen.

fünf Kapitel der Erstausgabe waren fünf Künstlern gewidmet: John Cage, La Monte Young, Nam June Paik, Isamu Noguchi und Peggy Guggenheim. *Grapefruit* besteht in allen Fassungen hauptsächlich aus den oben definierten »event scores«, den Handlungsanweisungen, Partituren oder Plänen und Ratschlägen. Schon früh im ersten Kapitel *Musik* taucht *Imagine* in diesem Buch auf und wird im Folgenden noch oft von Yoko eingesetzt.

John Lennon las *Grapefruit* zum ersten Mal während seines Indien-Aufenthaltes mit den anderen drei Beatles beim Maharishi in Rishikesh Anfang 1968. Seither arbeitete Yokos poetischer Imperativ »Imagine« im Beatle, bis er es schließlich auf seinem zweiten, 1971 erschienenen Solo-Album zum Titelsong machte. Auf der Rückseite des Albumcovers von *Imagine* werden Yokos Verse aus *Grapefruit* zitiert: *Imagine the clouds dripping. Dig a hole in your garden to put them in. yoko '63.* Nachdem *Imagine* zu einem Welterfolg geworden war, betonte John oft, wie leid es ihm tue, Yoko nicht als Co-Autorin genannt zu haben. Den Fehler macht er später wieder wett, indem er nichts unversucht ließ, um Yokos Musik populär zu machen.

Auf dem *Imagine*-Cover hätten John und Yoko auch den ersten *Imagine*-Text in *Grapefruit* zitieren können. Überschrieben ist er mit *Drinking Peace for Orchestra*: *Imagine letting a goldfish swim across the sky ...* Diesen Text hat Yoko im Frühling 1963 geschrieben. Die surreale Vorstellung nimmt Johns Texte aus der psychedelischen Phase vorweg. *Stell dir einen Goldfisch vor, der durch den Himmel schwimmt. Lass ihn von West nach Ost schwimmen. Trink einen Liter Wasser.* Und dann wiederholt Yoko die ersten drei Sätze. Hier schon besteht Anlass zum Verweilen. Anlass, einen Blick in den Himmel zu werfen. Anlass, sich vorzustellen, wie unser Sättigungsgrad die Wahrnehmung verändert. Absurd, bizarr, infantil, witzig und doch fundamental wichtig als gewaltiger Steinbruch für viele Künstler, die sich danach bei *Grapefruit* bedient haben. Wie übrigens Yoko selbst auch. Als Beispiel möge *water talk* von 1967 in *Grapefruit* dienen, den Yoko fast identisch für den Refrain des Songs *We're all water* auf dem 1972er

Lennon-Ono-Album *Sometime in New York City* verwendet hat: *Wir sind alle Wasser aus verschiedenen Flüssen. Deshalb ist es so leicht, sich zu verstehen. Wir sind alle Wasser in diesem großen Ozean. Eines Tages verdampfen wir gemeinsam.* Der Kunstkritiker David Bourdon schrieb 1989 in der *New York Times*: »Yoko Ono besitzt eine lyrische, poetische Dimension, die sie von anderen Konzeptkünstlern abhebt.«

Lass uns an etwas denken. Lass uns alle gleichzeitig an dasselbe denken. Yoko glaubt an die Macht gleichzeitiger Gedanken und Handlungen. Analogen Flashmobs vergleichbar versucht sie sich Ende der 1950er-Jahre vorzustellen, was geschieht, wenn viele Menschen sich nach Absprache in dieselbe Richtung hin konzentrieren. Sie ist sich sicher, dass dadurch Veränderungen möglich sind. Das *Let's Piece 1* in *Grapefruit* stammt aus dem Frühling 1960. »… Sogar eine Telefonnummer ist schöner, wenn 200 Menschen an dieselbe Nummer im gleichen Moment denken«, schreibt sie einleitend und gibt dann die entsprechende Anweisung: »Lass 500 Menschen eine Minute lang zu einer vorgegebenen Zeit an dieselbe Telefonnummer denken.« So als sei ihr bewusst, dass die willkürliche Nummer durch Inhalte ersetzt werden kann, schreibt sie in ihrer zweiten Anleitung: »Lass alle Menschen in der Stadt 30 Sekunden lang gleichzeitig an das Wort ›Ja‹ denken. Oft wiederholen.« Und in der dritten und letzten Anleitung thematisiert sie das utopische Element: »Mach, dass die ganze Welt andauernd daran denkt.« Dieses frühe *Let's Piece 1* enthält im Kern viele der späteren Anleitungen und Visionen, insbesondere das graduelle Spiel von einer einfachen, konkreten und überschaubaren Aufforderung, die oft kindliche Elemente enthält, bis hin zu ausufernden, globalen, ja universellen Geboten, die manchmal absurd, manchmal naiv, manchmal geradezu ignorant wirken und damit für manche Menschen ärgerlich sind.

Ich erinnere mich beispielsweise an das Kopfschütteln von Dieter Moor, der für *3sat* die Biennale in Venedig kommentierte. Nachdem wir Yokos Performance gesehen hatten, sagte er: »Die spinnt doch.«

Yokos früheste Anweisung *Secret Piece* stammt aus dem Sommer 1953 und ist eine der schönsten konkret musikalischen Aufforderungen. Die erst 20-jährige Yoko notierte: »Entscheide dich für eine Note, die du spielen willst. Spiel mit folgender Begleitung: Wälder von fünf Uhr bis acht Uhr morgens im Sommer.« Und handschriftlich über den leeren Notenzeilen notierte sie: »Oder mit der Begleitung der Vögel, die im Morgengrauen singen.« Dieses Stück lässt sich als eine Erinnerung interpretieren, sich als Musiker zurückzunehmen. Reduktion. Bescheidenheit. Minimalismus. Der Mensch wortwörtlich als Eintöniger. Die Natur – immer da und daher natürliche Begleitung – soll ernst genommen werden, darf vielstimmig sein, entfaltet ihre Geräuschkulisse noch vor dem Wachwerden der Menschen. Yokos frühes Stück lässt sich als Plädoyer für die Annäherung von Kunst und Schöpfung, von Mensch und Natur lesen. Sinnlich, lyrisch und träumerisch lädt sie dazu ein, eigenes Wirken nicht zu ernst zu nehmen angesichts der Bedeutung der Wälder.

Die Verbindung von Musik bzw. Kunst und Natur ist immer wieder Gegenstand der *Grapefruit*-Texte. Im *Stein-Stück* fordert sie dazu auf, den Klang eines alternden Steines einzufangen. Später soll das Geräusch fallenden Schnees festgehalten werden oder der Klang der sich bewegenden Sterne. Die Tonbänder soll man sich danach nicht anhören, sondern verschenken oder zu einem geringen Preis verkaufen. Schnee ist ein häufig wiederkehrendes Motiv bei Yoko. So schlägt sie vor, Schneegeräusche einem Menschen zu schicken, den man liebt. Sie fordert dazu auf, im Schnee zu gehen, ohne Fußabdrücke zu hinterlassen, oder eine Hand im Schnee zu finden. Auf ihrem zweiten Album *Fly* von 1971 variierte sie das Thema in dem Song *Don't Worry Kyoko (Mummy's Only Looking for Her Hand in the Snow)*. Andernorts soll ein beliebiges Stück Holz auf verschiedene Weise mit den Händen geschlagen werden, um dadurch Geräusche zu erzeugen. Ein Stein, der etwa der eigenen Größe oder dem eigenen Gewicht entspricht, soll so lange gespalten werden, bis er zu Staub wird, mit dem dann verschiedenste Dinge unternommen werden können (den Staub an bestimmten Orten verstreuen, ihn Freunden schenken usw.).

Im *Whisper Piece* von 1961 verbindet Yoko die menschliche Stimme mit Bäumen und setzt ihre Gedanken fort, indem sie schreibt: »Flüstere. Bitte den Wind, dein Flüstern an das Ende der Welt zu tragen.« Wie meistens in *Grapefruit* wird daraufhin die Kernanweisung variiert: Man soll zu den Wolken flüstern und sie bitten, sich daran zu erinnern. Man soll all seine Geheimnisse einem Baum anvertrauen, daraus eine Gitarre bauen und sie einer Frau senden oder einen Stuhl bauen und ihn einem Mann senden.

An anderer Stelle in *Grapefruit* fordert Yoko dazu auf, ein Gemälde zu zerschneiden und es vom Wind zerstreuen zu lassen. Kunst und Natur verbindet sich auch in der Anleitung für eine weiße Leinwand mit Flasche. Diese soll so vor die Leinwand gehängt werden, dass die aufgehende Sonne auf die Flasche scheint, die wiederum Farben und Formen auf die Leinwand wirft. Zudem macht Yoko Vorschläge, womit man die Flasche füllen könnte, um den Reiz des Spiels zu erhöhen. Oder man solle ein Bild so malen, dass die Farbe nur unter einem bestimmten Licht und zu einem bestimmten, sehr kurzen Zeitraum des Tages richtig zum Vorschein kommt.

An anderer Stelle schlägt sie vor, Wassertropfen ein Loch durch einen Stein bohren zu lassen. Das Kunstwerk sei vollbracht, wenn das Loch entstanden ist, wobei sich Wasser durch Bier, Wein, Tinte, Blut usw. ersetzen und der Stein durch eine Schreibmaschine, Schuhe, Kleidung usw. ersetzen lassen. Das lebende und das damit auch vergängliche Kunstwerk beschäftigten Yoko seit früher Jugend, die verklingenden und flüchtigen Töne bzw. die nicht mit Noten fassbaren Geräusche ebenso wie Fragen nach Original und Kopie. In einer Anleitung von 1964 fordert Yoko dazu auf, Leute die eigenen Gemälde fotografieren oder kopieren zu lassen, um danach die Originale zu zerstören: »Destroy the originals.« Auch die Zerstörung variiert. Yoko schlägt vor, Kunstwerke beispielsweise einfach in den Müll zu werfen oder sie zu verbrennen, wobei die dabei entstehende Rauchentwicklung als ein eigenes Kunstwerk – ein besonders vergängliches – zu betrachten sei. Auf Gemälden solle man schlafen oder darauf treten oder andere darauf treten lassen, indem man das Gemälde auf dem Gehsteig liegen lässt. Dann aber schlägt sie vor, andere Gemälde zu gießen, als wären es Pflanzen.

Yoko äußert sich auch zur Malerei selbst. So könne man eine leere Leinwand an die Küchenwand hängen und sie mit allen Essensresten des Tages »bemalen«. Man könne aber für das Gemälde auch eine besondere Mahlzeit fertigstellen. Dabei ist ihre Beziehung zu Farben von höchster Subtilität: In *Grapefruit* schildert sie Zusammenhänge zwischen Farben und Gerüchen, Farben und Temperaturen, Farben und Oberflächenreizen. In *Color Piece* beschreibt sie eine namenlose Farbe, die es nicht von alleine gibt, die nicht einfach so existiert, sondern nur wenn sie zwischen zwei sich bewegenden Gegenständen zum Vorschein kommt. Farbe als nachhallender Eindruck nach dem Anblick ruheloser Objekte. Mit solchen Farben soll man die eigenen abwesenden Gedanken färben. Man soll lange Zeit abwesende Gedanken haben. Oder man soll den Klang eines atmenden Raumes zu verschiedenen Tageszeiten aufnehmen. Und der Geruch des Raumes soll in Flaschen gefüllt werden. Yoko spricht viele Sinne an und führt ihre Leser gerne zurück zu Ursprünglichem wie im *Beat Peace*, in dem es einfach nur heißt, man solle dem Herzschlag zuhören. Von hier aus geht Yoko weiter: Man solle dem Puls des Partners lauschen, indem man den Kopf auf seinen Bauch legt. Oft enthalten die Vorschläge meditative Elemente oder erinnern an Mantras: So soll man das erste Wort, das einem in den Sinn kommt, nehmen und es bis zum Morgengrauen wiederholen. Auch asketische Verhaltensweisen und sich selbst prüfende Übungen bekommen in *Grapefruit* viel Raum. In *Room Piece* wird man aufgefordert, den Raum eine Woche lang nicht zu verlassen und nichts außer Wasser zu sich zu nehmen. Am Ende der Woche soll jemand da sein, der einem etwas flüstert. Immer wieder wird das Alleinsein propagiert, das Schweigen, das Nicht-Schauen, um am Ende lediglich zu flüstern. Aber auch in der Zweisamkeit sind ähnliche Vorgänge möglich: Vier Stunden lang in der Dunkelheit neben jemandem stehen. Nicht nur die Dunkelheit, auch das Sich-Verstecken ist für Yoko von Anfang an im Zusammenhang mit Auftritten und Performances wichtig: »Versteck dich, wenn sich der Vorhang öffnet, und warte, bis alle dich verlassen haben. Komm dann raus und spiele.« Später heißt es: »Versteck dich, bis alle nach Hause gegangen sind. Versteck dich, bis alle dich vergessen haben. Versteck dich, bis alle gestorben sind. Auch die Kommunikation wird thematisiert: Schlaft durch zwei Wände voneinander getrennt und flüstert einander Dinge zu.« Diese und viele weitere Anleitungen haben das Ziel, Menschen einander näherzubringen. Hierzu gehört beispielsweise eine ebenfalls in *Grapefruit* beschriebene Aktion, bei der Yoko rund zehntausend Schnipsel eines von ihr geschaffenen Gemäldes an Freunde und Bekannte mit einem Begleitschreiben verschickt hat, in dem sie die Menschen beglückwünscht und ein Treffen ankündigt, bei dem alle zusammenkommen und das Gemälde wieder zusammenstellen sollen. Auch im eigenen Kopf sollen Gemälde komponiert werden, indem man beispielsweise drei Gemälde lange und aufmerksam betrachtet und danach vor seinem geistigen Auge mischt.

1962 variiert Yoko die Identitätsproblematik auf originelle Weise im *»Masken-Stück«*, das dazu auffordert, eine Maske herzustellen, die dann in vielen Einzelheiten so behandelt werden soll, als sei sie das eigene Gesicht. Und wenn jemand einen küssen möchte, soll er die Maske küssen. Mit unbändiger Experimentierfreude fordert sie zwei Jahre später im *Fallen-Stück* dazu auf, aus sich heraus zu gehen, sich beim Gehen auf der Straße zu betrachten, bewusst zu stolpern und zu fallen und das genau zu beobachten, so als geschehe alles in Zeitlupe, und auch die Leute zu beobachten, die einem beim Fallen zuschauen. Die Beobachter beobachten fast so, wie später in Niklas Luhmanns »Beobachtung zweiter Ordnung« ausgeführt wird. Das Beobachten der Beobachtung ist ein wiederkehrendes Thema in Yokos Werk. Vermutlich ohne tiefere Kenntnis soziologischer Theorien sucht sie oft einen intuitiven oder spielerischen Zugang zu gesellschaftlich relevanten Themen aus akademischen Kreisen, beispielsweise als sie 1969 den Essay-Titel Marshall McLuhans *The Medium is the Message* von 1967 umkehrt und *The Message is the Medium* postuliert. Manchmal definiert Yoko in *Grapefruit* die Adressaten ganz genau wie im *Reinigungsstück*, das sie für Menschen geschrieben hat, die »an der Komplexität ihres Geistes« oder an Schizophrenie leiden: »Baue einen Raum, in dem du nichts anderes tust als stehen und einen Stein halten, bis du nicht mehr kannst. Bald wirst du feststellen, dass deine Gedanken gereinigt sind bis hin zu dem Ausmaß, dass du nur noch an das Gewicht des Steines denkst.«

Oft sind Künstler selbst die Adressaten und oft geht ein extremes Selbstverständnis als Künstler damit einher wie im schon erwähnten *Blutstück*, in dem sie drei Vorschläge macht: »Nutze dein Blut, um zu malen. Male so lange, bis du schwach wirst. Oder male so lange, bis du stirbst.«

Die Stimmung in *Grapefruit* ist meistens von großer Friedfertigkeit und Kreativität bestimmt. Es gibt jedoch auch einzelne Anweisungen, die erstaunlich gewalttätig sind, u. a. das *Cannon Piece*, in dem man den eigenen Namen an ein Fenster schreiben soll, um sich danach eine Kanone, ein Maschinengewehr, Pfeile oder Steine besorgen und damit aus einiger Entfernung auf den eigenen Namen feuern (»fire«) soll. Und 1964 schreibt Yoko: »Töte alle Menschen, mit denen du geschlafen hast. Pack die Gebeine in eine Box und schick sie hinaus aufs Meer mit Blumen.« Solche Anweisungen erreichen ihr Ziel, sie irritieren, ja schockieren, sind jedoch Ausnahmen.

Aber es gibt eben auch die leicht lächerlich wirkenden *Pieces*. Da fordert Yoko auf, eine Woche lang zu lachen oder eine Woche lang zu husten. Sie fordert im Herbst 1961 dazu auf, gegen den Wind, gegen die Wand und gegen den Himmel zu schreien. Eine Komposition für Orchester sieht vor, dass alle Musiker in einer Nacht alle Sterne zählen sollen. Das Stück höre dann im Morgengrauen auf, und man könne es auch aufführen, indem man alle Fenster zählt.

Mit dem Kopf gegen die Wand schlagen, geräuschlos ein Gebäude durchqueren oder von oben nach unten begehen und viel originelle oder – je nach Standpunkt – absurde Ideen werden hier vorgeschlagen. Dazu gehört auch der Vorschlag, den Mond auf dem Wasser mit einem Kessel zu stehlen und das so lange zu wiederholen, bis es keinen Mond mehr auf dem Wasser gibt. Oder man soll die Sonne so lange anschauen, bis sie eckig wird. Diesen »event score« begleitet Yoko bei einer filmisch festgehaltenen Lesung aus dem Jahr 2009 (leicht auffindbar auf *Youtube* unter den Stichwörtern »Yoko Ono« und »Grapefruit« mit einer gen Himmel gerichteten Geste und den Worten »I did«. Erstaunlicherweise hat Yoko für diese sechseinhalb Minuten dauernde Rezitation einige der eher zweifelhaften Anweisungen ausgewählt. Witzig jedoch sind ihre offensichtlich improvisierten Kommentare, die gegen Ende des Films zunehmen. Manchmal muss sie selbst beim Lesen schmunzeln. Zu den wirklich seltsam klingenden Stücken gehört auch die Anweisung, einen Stein so hoch in die Luft zu werfen, dass er nicht mehr zurückfällt. Oder bei Tag einen leeren Sack mit Licht füllen und bei Dunkelheit nach Hause tragen und dort statt einer Lampe aufhängen. Oder es handelt sich um Vorschläge, die Anfang der 1960er-Jahre vielleicht noch originell klangen, heute aber angestaubt wirken, wenn es beispielsweise heißt, man solle dem Klang der sich drehenden Erde lauschen oder dem Klang des unterirdischen Wassers. Oder man soll ein Streichholz anzünden und es betrachten, bis es erlischt.
Es sind Anweisungen dieser Art, die den Leserhythmus brechen, die vielen Lesern die Lust rauben, sich intensiver mit diesen exotisch wirkenden, japanischen Intellektuellen zu beschäftigen. Schade, denn wer an Yokos Gedankenwelt das Interesse nicht verliert, wird bereichert ihr Yokoversum verlassen.
Es finden sich enthusiastische Rezensionen u. a. auf der US-Plattform von *amazon* oder auf *Youtube* von Lesern und Zuschauern, die begeistert davon berichten, *Grapefruit* als persönliche Bibel immer auf dem Nachttisch aufzubewahren, griffbereit, um immer wieder darin blät-

tern zu können, den eigenen Horizont zu erweitern, die Fantasie anzuregen und der Realität neue Seiten abzugewinnen.
Wie bereits erwähnt, gibt es in *Grapefruit Imagine*-Anweisungen. Um Yokos Beitrag an John Lennons Song zu unterstreichen, soll Yokos wiederkehrendes *Imagine* hier genannt werden:
»Imagine letting a goldfish swim across the sky. / Let it swim from the West to the East. / Drink a liter of water.«
Diese Anweisung stammt aus dem Frühjahr 1963 und versetzt ihre Leser augenblicklich in eine poetische Stimmung, die mit der dritten Zeile absichtlich stark gestört wird. Gerade diese Kontraste verleihen den »Grapefruit«-Texten ihre eigentümliche Stimmung.
Die zweite *Imagine*-Anweisung lautet:
»Imagine one thousand suns in the / sky at the same time. / Let them shine for one hour.«
Welches Lichtspektakel wird hier inszeniert! Welche Strahlkraft mit Worten heraufbeschworen! Zu viel des Guten, wird sich auch Yoko gedacht haben und fährt fort, man solle nun nach und nach die Sonnen in den Himmel verschmelzen lassen und sich dann ein Thunfisch-Sandwich zubereiten und essen. Auf diese Weise holt sie ihre Leser augenblicklich zurück in die Realität.
Die dritte *Imagine*-Anweisung ist die komplexeste. Sie erzählt von einem Gemälde, das im Kopf entstehen soll.
»Stell dir eine Blume vor, die aus hartem Material besteht, aus Gold, Silber, rostfreiem Stahl, Zinn usw. Stell sie dir so vor, dass du die vielen Blütenblätter der Blume zählen kannst. Stell dir nun vor, die Blätter würden nun plötzlich weich wie Baumwolle werden oder wie lebendes Fleisch. Rette nach drei Stunden eines dieser Blütenblätter und lege es in ein Buch.«
Auf dem Seitenrand neben dem gepressten Blütenblatt soll man nun den Namen und die Herkunft der Blume notieren. Dieser Vorgang, dieses Erschaffen eines Gemäldes in der eigenen Fantasie soll mindestens acht Stunden dauern. Ich glaube nicht, dass irgendein Leser dieser Anweisung sie auch jemals tatsächlich durchgeführt hat. Und

doch löst sie im Leser – und im Betrachter der neuen Blume? – Bilder aus und vielleicht die Sehnsucht nach einer Art schöpferischer Meditation.

Die vierte *Imagine*-Anweisung ist körperbetont.

»Stell dir deinen Körper vor, wie er sich rasch über die ganze Welt verbreitet, aber dünn wie ein Papiertaschentuch ist. Stell dir vor, ein Stück davon auszuschneiden. Schneide ein ebenso großes Stück Gummi in derselben Form aus und hänge es an die Wand neben dein Bett.«

Hier wird Yokos mutiger und experimenteller Umgang mit sich selbst deutlich. Das sind Anweisungen, die bei vielen Lesern lange Assoziationsketten auslösen können. Und die fünfte *Imagine*-Anweisung aus dem Frühjahr 1963 haben John und Yoko auf der Rückseite des *Imagine*-Albums abgedruckt.

Man kann die *Grapefruit*-Texte insgesamt als große Hör- und Sehschule verstehen, die die Leser sensibilisiert und die Gefühlswelt erweitert. Vor allem die eigenwilligen Meditationsübungen regen zum Nachdenken an, beispielsweise das *Uhr-Stück*, bei dem man die Uhr schlagen hören soll, um den Klang danach im Kopf exakt nachzuvollziehen. Beim *Sammler-Stück* soll man sich Geräusche vergegenwärtigen, die man im Verlauf einer Woche nicht beachtet hat. Beim *Geh-Stück* soll man jemandem folgen, gleichsam in dessen Fußstapfen treten, und zwar im Schlamm, im Schnee, auf Eis oder im Wasser und das jeweils möglichst geräuschlos. Beim *Karten-Stück* soll man einen (Stadt-) Plan zeichnen, um sich damit zu verlaufen, zu verirren. Beim *Spiegel-Stück* soll man statt in einen Spiegel in einen Menschen schauen.

Yoko möchte alle Sinne ansprechen und fordert beispielsweise dazu auf, ein leeres Adresskärtchen nicht mit dem eigenen Namen zu beschriften, sondern mit einem Geruch zu belegen. »Klaviertasten sind hart gewordene Blütenblätter. (...) Eine Wolke besteht aus folgenden Substanzen: Farbe, Musik, Geruch, Schlaf und Wasser. Manchmal regnet es andere Substanzen als Wasser, aber nur wenige

Menschen bemerken das. (...) Eine Linie ist ein kranker Kreis.« Diese und viele weitere Aperçus befinden sich in Yokos Fragebogen von 1966, den sie in *Grapefruit* integriert hat.

Manche Stücke zeigen einen engen und oft ernsten bis tragischen Zusammenhang zu Yokos Leben auf, beispielsweise das schon erwähnte *Stadt-Stück*: »Spaziere in der ganzen Stadt mit einem leeren Kinderwagen.« Auch Yokos zwiespältige Beziehung zu Geld und Reichtum kommt in *Grapefruit* zum Ausdruck, wenn sie beispielsweise 1956 dazu auffordert, den gesamten Schmuck mitten im Central Park liegen zu lassen. 1963 fordert sie dazu auf, sich für einen bestimmten Geldbetrag zu entscheiden und sich daraufhin einerseits vorzustellen, was man sich dafür kaufen kann und was nicht, beides soll man schriftlich notieren.

Ein einziges Mal in *Grapefruit* verwendet Yoko ein deutsches Wort und gerade damit berührt sie ein zentrales Motiv ihrer Arbeit: »Walk to the center of your Weltinnenraum. Leave a card.« Hier schwingt Rainer Maria Rilkes Wunsch nach Unabhängigkeit, nach Selbstschutz, nach einem aus einer persönlichen Krise zu schaffenden Schonraum mit. Denn jeder *Grapefruit*-Text lässt sich als Sehnsucht nach einer eigenen Weisheit, nach einer eigenen Gewissheit lesen. Yoko führt Rilke ironisch weiter, indem sie dazu auffordert – dort, im eigenen Weltinnenraum – eine Nachricht zu hinterlassen. Die Formulierung ihrer Wünsche beinhaltet schon den Ausdruck ihrer Unerreichbarkeit. Dem Aufbau einer Illusion folgt flugs deren Dekonstruktion. Später fordert Yoko dazu auf, Steine in alle Weltinnenräume zu legen und sie zu nummerieren oder einen Plan in seinem Weltinnenraum zu finden oder den Weltinnenraum zu lüften, seine Fenster zu öffnen. Das Thema Schneiden spielt schon sehr früh im Schaffen Yokos eine wichtige Rolle. Bereits 1961 macht sie in *Grapefruit* den Vorschlag, Gemälde, Fotografien und Texte in der Wohnung aufzuhängen und Gäste Stücke davon abschneiden zu lassen. Wer dann was mit nach Hause nimmt, wird en Detail ausdifferenziert. Damit kündigt sich eine von Yokos berühmtesten Performances an, das *Cut Piece*. Ein langer, manchmal qualvoller Lebensweg führt zu diesem heute noch das Publikum aufwühlenden Stück.

AUTODESTRUKTIVE KUNST

Nach dem Bruch mit ihren Eltern war Yoko gezwungen, sparsam zu sein. Bemerkenswert im Zusammenhang mit ihren zahlreichen kurzen Affären ist ein Blick auf ihr musikalisches Werk. Yoko war drei Mal verheiratet und hatte viele Liebhaber. Sie hat sehr viele Songs komponiert. Aber mit Ausnahme von der (oft verfremdeten) Trauer nach John Lennons Tod wird bei ihr selten Trennungsschmerz oder Liebeskummer thematisiert. Vergleicht man Yokos Songtexte mit denen Johns (*Jealous Guy* u. v. a.), so wird klar, wie gegensätzlich die Gefühlswelten der beiden Menschen waren, die gemeinsam zu einem der bedeutendsten Phänomene der Popkultur im 20. Jahrhundert wurden.

In Tonys Wohnung in New York lebt die Kleinfamilie Cox-Ono vereint ab November 1963 in bescheidensten Verhältnissen. Die Geldnot ist manchmal so groß, dass Yoko, Tony und Kyoko im Dreimonatsrhythmus umziehen müssen. Die erste Monatsmiete wird vor Einzug bezahlt und die zweite wird im Voraus beglichen. Den dritten Monat leben die Onos dann jeweils gratis, prellen die Miete und ziehen rechtzeitig aus in eine andere Wohnung, wo dasselbe Spiel von vorne beginnt. Als dank eines cleveren Einfalls doch einmal mehr Geld in der Kasse ist, leisten sie sich eine geräumige Dreizimmerwohnung. Da beide sehr unordentlich sind, leben sie zunächst nur in einem Raum, bis es dort so chaotisch ist, dass sie in den nächsten und schließlich in den dritten ziehen. Dann ziehen sie aus und hinterlassen eine Abfallhalde.

Es herrscht Bewegung in der Stadt. Zerstörung geht in Konstruktion über und umgekehrt. Im Oktober 1963 schreibt die *New York*

Times: »Wir werden eines Tages wahrscheinlich danach beurteilt, welche Werke wir zerstört, nicht danach, welche wir erbaut haben.« Der Artikel bezog sich auf den Abriss der altehrwürdigen Penn Station. Der Bahnhof im Westen Manhattans war ein 1910 erbautes architektonisches Meisterwerk im Beaux-Arts-Stil, das 1963 zerstört wurde und dadurch Stadtgespräch war. Über dem neuen, unterirdisch gebauten Bahnhof, der heute ständig überlastet ist und als Fehlplanung gilt, wurde der Madison Square Garden erbaut.

Kreatives Chaos herrscht nicht nur »zu Hause«, sondern auch in der künstlerischen Produktion. Yoko bedauert zeitweilig, so lange von der New Yorker Szene abwesend gewesen zu sein. Neidvoll sieht sie, wie es früheren Kollegen gelungen ist, sich als Künstler zu etablieren und gut davon zu leben. Genau das ist ihr Ziel. Tony verspricht ihr, dass er sie als ihr Manager groß rausbringen wird. Schließlich hat Yoko einige neue Ideen aus Tokio mitgebracht, u. a. das *Nail Piece* bzw. das Kunstwerk mit dem Titel *Painting to Hammer a Nail In*, ein rechteckiges und flaches Stück Holz, das an der Wand hängt. John wird es 1966 in der Indica Gallery zum Schmunzeln bringen, weil er einen Nagel mit dem Hammer hineinschlagen und dafür bezahlen soll. »That's all?«, fragt er. Nein.

Yoko bringt nach einem weiteren Japan-Aufenthalt auch ihre bis heute berühmteste Performance mit. Am 20. Juli 1964 hat sie sich in der Yamaichi Concert Hall in Kyoto erstmals die Kleider vom Leib schneiden lassen. Und Yokos Ideen sprudeln in New York weiter. Es ist ihr vollkommen egal, ob sie sich mit ihren radikalen Ansichten zur Kunst lächerlich macht. Sie zieht ihre Projekte gnadenlos durch. Wer sich darüber ärgert oder sie auslacht oder verachtet, ist selber schuld.

Unruhig beobachtet sie allerdings den wachsenden Erfolg Andy Warhols. Der verkauft zwar bei seiner ersten Einzelausstellung im August 1962 nur zwei Bilder, gewinnt aber danach rasch an Popularität. Wie ist es möglich, dass er mit seinen »*Campbell's Soup Cans*« und seinen ab 1962 in New York gegründeten Factorys so gut im Feuille-

ton ankommt? Dringt Warhol mit Aussagen wie »Da gibt es nichts zu erklären oder zu verstehen« geschickter in die Kunstbereiche vor, die eigentlich die Fluxus-Künstler besetzen wollen? Vereinnahmt die Pop-Art Yokos anspruchsvolles Avantgarde-Denken?
Fest steht: Warhols serielle Arbeitsweise, besonders seine Siebdruck-Desaster-Serie, die u. a. ein Pressefoto von Jackie Kennedy kurz nach der Ermordung John F. Kennedys bunt aufbläst, liefert den Kunstkritikern, die darin eher raffinierte Spiegelungen des manipulativen Charakters der Medien sehen als massentauglich-morbid-effekthascherische Motive, mehr Diskussionsstoff als Yokos Werke.

Überall entstehen neue, interessante Projekte. Gattungen wie der Comic werden plötzlich ernst genommen. Warhols Filme wie *Empire* mit Jonas Mekas an der Kamera, *Eat* mit Musik von La Monte Young oder *Blow Job* (alle sind 1964 entstanden) und später *Couch* oder *Chelsea Girls* werden gefeiert. Jackson Pollocks schon zehn Jahre alte *drip-paintings* sorgen für heftiger werdende Auseinandersetzungen in der Kunstwelt. (Selbst-) Zerstörerische Akte stoßen seit Gustav Metzgers *Manifest der autodestruktiven Kunst* von 1960 in der internationalen Kultur auf wachsendes Interesse – von Hermann Nitschs Wiener *Blutorgel* bis zur britischen Band The Who, die ihre Konzerte mit der Zerstörung von Instrumenten beenden, fallen dekonstruktivistische Ideen auf fruchtbaren Boden. Gleichzeitig setzen sich die Beatnik-Barden nicht zur Ruhe und beanspruchen ihren Anteil an der heraufdämmernden Jugendrevolte, allen voran William Burroughs und Allen Ginsberg. In Greenwich Village tingelten bis vor kurzem Leute wie Bob Dylan, die jetzt Stars sind und Millionen verdienen. Das Lokal Paradox ist immer noch in, hat allerdings die Menükarte auf makrobiotische Speisen umgestellt. An den Wänden hängen unverändert Yokos – unverkäufliche – Gemälde, und Tony Cox gilt in der Szene als der Experte für Japan und orientalische Weisheiten. Er und Yoko haben auch dafür gesorgt, dass die trendigen Buchläden *Grapefruit*-Exemplare auf Lager haben. Doch die Verkäufe bleiben enttäuschend.

»Fluxus war die extremste experimentelle Gruppe ihrer Zeit. Alle, die sich mit avantgardistischer Kunst beschäftigten, kannten uns, holten sich Ideen von uns und kommerzialisierten sie. Ihre Sachen verkauften sich, aber unsere waren zu verrückt, um sich zu verkaufen«, erklärte Yoko 1980 im Gespräch mit David Sheff. Die Situation damals war für Yoko problematisch wie eh und je. Allerdings hatte Yoko inzwischen Erfahrungen gesammelt und dazugelernt. Auch in ihren Kreisen durfte man verzweifelt sein, aber man sollte sich gut überlegen, wem man diese Verzweiflung zeigte. Sie flüchtete sich in Arbeit, derweil Tony sich um den Haushalt und Kyoko kümmerte. Ein Großteil des Arbeitstages verging damit, dass Yoko Bittbriefe an Galeristen, an Kunstkritiker oder an bekanntere Künstler schrieb. Die meisten Reaktionen waren ablehnend. Besonders heftig reagierte der einflussreiche Galerist Ivan Karp. Yoko machte ihm mehrfach Vorschläge, er solle aufstrebende Künstler wie Robert Rauschenberg oder Jasper Johns mit etablierten wie Marcel Duchamp und Max Ernst zusammenbringen. Gemeinsam könnte man Kreise auf eine Leinwand malen. So würde ein außerordentliches Kunstwerk entstehen. Sie könnte sich auch vorstellen, dass daraus ein gesellschaftlich weit verbreiteter Ritus würde und Hausfrauen beim Eintreten ihrer Gäste sie baten, ihrem Bild einen Kreis hinzuzufügen, bevor sie den Aperitif reichten. Zudem bot sie ihm ihre Nagelbrett-Idee an. Karp reagierte unwirsch auf Yokos Vorschläge. So einen Nonsens habe er noch nie gehört.

Beim kleinen Alternativ-Impresario Norman Seaman, den Yoko über Toshi 1960 kennengelernt hatte, fand sie jedoch offene Ohren. Seaman hatte schon 1950 angefangen, Künstler in New York als Agent zu vertreten und hatte Yoko 1961 ihren ersten Auftritt in der Carnegie Recital Hall ermöglicht. »Ich fand sie originell, auf ungewöhnliche Art wunderschön und etwas verrückt«[*], sagt Seaman und gab ihr 1965 eine zweite Chance. Über zehn Jahre später sollte übri-

---

[*] Gespräch mit Peter Duffy, zitiert in *The New Morning News* vom 2.10.2010

gens Seamans Neffe Fred Seaman von Yoko und John als persönlicher Assistent eingestellt werden, was Yoko nach Johns Tod bereute, denn Seaman entwendete nach dem Attentat unter anderem aus enttäuschter Liebe zu Yoko einige von Johns Manuskripten aus dem Dakota, woraufhin lange prozessiert wurde und Fred Seaman kritische und boshafte Erinnerungen an Yoko und John veröffentlichte.

Norman Seaman vermied es bis zur Jahrhundertwende, öffentlich über Yoko und John zu sprechen, obwohl seine Frau Seans Kindermädchen gewesen war und er selbst viele Jahre im Parterre des Dakota gewohnt und engen Kontakt mit Yoko und John gehabt hatte. Als er 2009 86-jährig starb, hatte er in einigen Interviews, u. a. mit dem New Yorker Journalisten Peter Duffy, erfolgreich das extrem negative Lennono-Bild des umstrittenen Biografen Albert Goldman korrigiert. Nicht Drogen, Neurosen und Apathie herrschten zwischen 1975 und 1980 bei Yoko, John und Sean, sondern eine hellwache, gesundheitsbewusste und neugierige Atmosphäre, in der es vor Kreativität knisterte.

Eine der interessantesten Anekdoten von Norman Seaman handelt von einem Streit mit einem Autofahrer in den 1960er-Jahren direkt vor der Carnegie Hall. Seaman wurde im Verlauf der Auseinandersetzung von zwei Pistolenkugeln schwer verletzt. Daraufhin wollte John genau von ihm wissen, wie es sich anfühlt, wenn die Geschosse in den Körper eindringen. Seltsamerweise deutete auch Yoko kurz vor dem Attentat im Song »Beautiful Boys« Johns Reisen gen Himmel und Hölle an: »Your mind has changed the world and you're now forty years old. You got all you can carry and still feel somehow empty. Don't ever be afraid to fly (…) Don't be afraid to go to hell and back. Don't be afraid to be afraid.«*

---

* Deine Gedanken haben die Welt verändert und jetzt bist du vierzig Jahre alt. Du hast alles bekommen, was du dir gewünscht hast, und fühlst dich doch noch irgendwie leer. Hab keine Angst zu fliegen (…) Hab keine Angst zur Hölle zu gehen und zurückzukommen. Hab keine Angst davor, Angst zu haben.

CUT PIECE

»Mit *Cut Piece* drückte ich mein Gefühlsdurcheinander und meinen Zorn aus«, sagte Yoko über ihre legendäre Performance, die sie erstmals 1964 in Japan und ein Jahr später in New York aufführte. Es folgten *Cut Piece*-Events am *Destruction in Art*-Symposium in London 1966 und mehr nostalgisch geprägt 2003 in Paris im Rahmen einer Aktion für den Frieden.

Beim *Cut Piece* sitzt oder kniet Yoko auf einer Bühne. Das Publikum wird aufgefordert, ihr die Kleider mit einer Schere vom Leib zu schneiden. Was geht in Yoko in diesen Momenten vor? Was passiert im Publikum? Es finden sich immer Freiwillige – meistens Männer –, die oft vorsichtig und langsam Stoffstücke von Yoko wegschneiden. Täter und Opfer haben eine Vereinbarung getroffen, dass die Performance in gegenseitigem Einvernehmen geschieht. Die Täter wurden vom Opfer zu ihren Taten ermuntert. Ein zerstörerischer Prozess nimmt seinen Lauf. Diese Performance gehört zu den Aspekten in Yokos Werk, die sich aktiv mit Gewalt beschäftigen. Die Klingen trennen den Menschen von seinen Hüllen. Der Vorgang ist menschenverachtend, aber ausdrücklich erlaubt, ja erwünscht. Das gleichsam künstlerisch kontrollierte und dabei destruktive Entkleiden weckt Emotionen in allen Beteiligten. Das macht die Besonderheit von *Cut Piece* aus: Es stellen sich Gedanken ein, die von Sadismus bis Masochismus, von Hass bis Mitleid, von Neugier bis Abscheu reichen. Wie stark diese Performance die Menschen aufrüttelt, lässt sich in der in New York gefilmten Aufführung sehen. Gegen Ende schneidet ein freundlich wirkender, junger Mann den Träger von Yokos Büstenhalter durch. Yoko zuckt kaum merklich zusammen, setzt aber ihre Unterwerfung fort. Macht sie damit auf eine weibliche Erfahrung aufmerksam, indem sie sie durch das artifizielle Arrangement verstärkt? Ist *Cut Piece* ein weiterer Ausdruck ihrer feministischen Haltung? Dieses Kunststück lässt sich jedenfalls nicht ohne weiteres für den Kampf der Frauen für Gleichberechtigung einsetzen. Die Aufführung stellt Fragen und regt zum Nachdenken an. Was bleibt von Yoko übrig, wenn sie nach all diesen Schnitten vollkommen nackt ist? Was könnte auf dem Weg dahin geschehen? Wie weit könnte das makabre Spiel gehen, bildete nicht ein Theater den Rahmen? Yoko fordert zum Handeln auf, sie agiert und evoziert damit Emotionen.

Der Film vom 21. März 1965 im »Raum Recital«, der heute »Raum Weill« heißt, im dritten Stock der Carnegie Hall, wo die USA-Premiere von Yokos *Cut Piece* stattfand, ist gut erhalten. Einige Tage davor war das erste größere Interview mit Yoko Ono überhaupt in der nicht sehr auflagenstarken Wochenzeitung *Villager* erschienen. »Sie sieht aus wie 22, ist aber 32 Jahre alt. Mit der Bezeichnung ›avantgardistisch‹ ist sie nicht ganz einverstanden. Und sie hat Mühe damit, dass ihre japanischen Kollegen sie für westlich orientiert halten und die amerikanischen Kollegen sie für zu japanisch-orientiert halten. Sie hält ihre Kunst für eine Mischung beider Kulturen.« Der Artikel hatte zur Folge, dass im Kunstteil der *New York Times* ein Beitrag erschien, in dem aus *Grapefruit* zitiert und auf die Veranstaltung hingewiesen wurde, allerdings vergaß man den Ort zu nennen und stellte Yoko als egozentrisch dar. Trotzdem war der Raum voll und die Performance ging noch wesentlich weiter als in Japan, da sie in New York am Ende auf dem Bühnenboden kniend tatsächlich nackt war und mit der einen Hand ihre Brüste und mit der anderen ihre Scham bedeckte. Das ist nur noch auf Fotos, nicht auf den heute zugänglichen Filmaufnahmen zu sehen.

»Das war eine furchteinflößende Erfahrung. Und es machte mich verlegen. Aber ich wollte es nicht anders. Ich sah es als eine Übung in der Zen-Tradition, wonach man das tun soll, das einem am unangenehmsten ist. Man soll erleben, wie man darauf reagiert und wie man damit klarkommt.«* Yoko wartete teilnahmslos wie in einer religiös-meditativen Trance und nahm scheinbar ungerührt, unbeweg-

---

* Munroe, a.a.O.; S. 112

lich und starr wie im Kabuki-Theater die Herabwürdigung hin. Yoko, die Künstlerin, ist das schweigende Objekt, das stumme Opfer, das dadurch im Sinne fernöstlicher Versenkungsmystik vielleicht auf spirituellem Weg eine größere Willensstärke erreicht. Yoko führte die bedrohliche Situation ohne Not selbst herbei und nahm in Kauf, dass die Live-Performance wegen der Publikumsbeteiligung außer Kontrolle geraten könnte. In der Tat wendet sich ein junger Mann mit der Schere in der Hand bei schon fortgeschrittener Performance zum Publikum und sagt lächelnd, »das dauert jetzt etwas länger«, worauf er sich sehr langsam, sehr sorgfältig und von allen Seiten daranmacht, mit vielen kleinen und behutsamen Schnitten Yokos Unterhemd zu entfernen. Wie die meisten anderen von Yokos *Instructions* ist *Cut Piece* mit der Aussage »Etwas schneiden« ein explizit partizipatives Stück, das heute noch Zuschauer irritiert: Was geschieht hier eigentlich? Welchen Anteil habe ich an der Performance, wenn ich ein Stück der Kleidung wegschneide? Wer fühlt sich unwohler, Täter oder Opfer? Gefällt mir das Stück überhaupt? Soll ich – wenn ich nicht auf die Bühne gehe – klatschen? Wie verhalten sich die anderen? Dieses merkwürdige Striptease-Stück ist vielschichtig, es beinhaltet Voyeurismus, Aggression, Sexualität, Gewalt und Selbstverletzung. Es lässt sich im Sinne weiblicher Emanzipation als Protest gegen Rollenklischees oder als Symbol femininer Ohnmacht interpretieren, indem eine Frau zum willenlosen Objekt degradiert wird. Aber es könnte auch der mit künstlerischen Motiven verbrämte Versuch sein, das Publikum zu schockieren und im Sinne von »Sex sells« Aufmerksamkeit zu erregen.

Ein Jahr später sorgt jemand für sehr viel mehr Unruhe: »Wir sind jetzt berühmter als Jesus (…) Ich weiß nicht, was zuerst verschwindet, Rock'n'Roll oder das Christentum«, sagt John Lennon am 4. März 1966 der britischen Journalistin Maureen Cleave. Es ist unklar, ob Yoko etwas von dieser eigentlich spielerisch-ironisch gemeinten, aber von US-amerikanischen Medien sehr ernst genommenen Provokation mitbekommen hat. Immer wieder wird kolportiert, Yoko habe

bis zu ihrer Ankunft in London im September 1966 keine Ahnung gehabt, wer die Beatles seien. Yoko selbst stellt es auch heute noch so dar. Aber es gibt andere Aussagen. Allan Kaprow ist ein durchaus glaubwürdiger Zeitzeuge. Der Aktionskünstler und Erfinder des Begriffs »Happening« war eng mit Yoko und Tony befreundet und erinnerte sich im Gespräch mit Hopkins: »Yoko sagte mir im Sommer 1966, dass sie sehr an den Beatles interessiert sei. Ich erinnere mich ganz genau. Sie sagte augenzwinkernd: ›Ich würde John Lennon gerne heiraten.‹«
Kaprow starb 2006. Die Wahrheit kennt nur Yoko.

VON NEW YORK NACH LONDON

Yoko, Tony und Kyoko lebten nahezu am Existenzminimum. Yoko hatte besonders viel Mühe mit der frei gewählten Armut. Yoko und Tony befanden sich am untersten Ende von New Yorks Künstlerszene. Aber sie waren kompromisslos und mit einem nahezu unerschütterlichen Glauben an ihre innovativen Werke ausgestattet. All ihre Bemühungen zeigen, wie sehr sie an ihre Kunst glaubten. Sie hätten ja Zugeständnisse machen können. Sie wussten genau, was sich gut verkaufte.

Yoko war erfüllt von einem Gefühl, etwas Bedeutendes zu tun, etwas Eigenes, nur ihr individuelles, manchmal absurd wirkendes Werk durchzusetzen. Misserfolge bedeuteten nicht, dass sie sich von Ideen trennte. Sie fuhr fort, ihr *Grapefruit*-Büchlein zu promoten. Und sie wiederholte ihre auf das große Publikum oft noch heute abstrus wirkenden Performances. Das Gefühl, dass es ihr damit gelingen könnte, persönliches in öffentliches Interesse zu verwandeln, es zu gestalten, so dass auch Dritte innehielten und sich damit beschäftigten, gab ihr die Kraft, weiterzumachen. Die finanzielle Situation wurde dadurch aber nicht besser.

Die jungen Eltern ließen sich alles Mögliche einfallen, um ihr Einkommen zu erhöhen. Yoko erstellte beispielsweise eine Verkaufsliste von Gegenständen. Darauf befand sich u. a. ihr Brief an den Galeristen Ivan Karp (das Typoskript ist in den aktuellen Ausgaben von *Grapefruit* enthalten) für 300 Dollar und dessen Antwort für zwei Cents. Auf »Ono's Sales List« wurde beispielsweise auch eine »Crying Machine« für 3000 Dollar angeboten. Der Tränen-Apparat würde für die Besitzer weinen, wenn man eine Münze einwirft. Die Not brachte Yoko und Tony auf immer neue Ideen. Es wurden Fluxus-Karten erfunden und verkauft, Anteilsscheine an Yokos Kunst veräußert, und Tony sprach ständig Mäzene an, die in die künstlerische Zukunft investieren sollten.

Ein kleiner finanzieller Durchbruch gelang, als die Verzweiflung am größten war. Yoko hielt es mit Tony auf engem Raum nicht mehr aus und war für eine Weile in eine günstige Studentenwohnung der Judson Memorial Church gezogen, die Akademikern und Künstlern aus der ganzen Welt offenstand. Während eines Brainstormings mit Tony entwickelten sie eine Test-Aufführung in Japan 1964 weiter, die sie *Bagism*-Idee genannt hatten. Yoko und Tony probten und erweiterten sie mehrfach im Lokal Paradox und krochen dann erstmals offiziell und öffentlich in den USA auf der Bühne der Carnegie Recital Hall am 21. März 1965 in einen Sack, bewegten sich darin eine Weile und verhielten sich abwechselnd reglos und kamen dann nach einer Weile wieder heraus. Der vielseitige Querdenker und Aktivist Paul Krassner hatte das Event finanziert. Der Lenny-Bruce-Protégé und Gründer der Youth International Party (Yippies) war 1963 durch das Plakat »FUCK COMMUNISM!« zu einem Star der alternativen Szene geworden.

»Im Paradox hatte ich Yoko und Tony kennengelernt. Im Hinterzimmer gab es diese winzige Bühne. Und die beiden krochen in große schwarze Säcke und vielleicht fickten sie darin oder auch nicht. Das war ein sehr seltsames Ereignis. Ich war fasziniert. Also gab ich ihr zweitausend Dollar, um in einem Sack zu ficken

oder auch nicht«, erinnert sich Krassner im Gespräch mit Hopkins.
Schon am 27. März wurde die Aktion in Recital-Raum wiederholt. Der Fantasie der Zuschauer waren keine Grenzen gesetzt, denn es sah manchmal so aus und hörte sich manchmal tatsächlich so an, als würden die beiden sich im Sack ausziehen und lieben und danach wieder im Verborgenen anziehen.
»Ich hatte ja immer Schwierigkeiten, mich mit Leuten zu unterhalten. Ich wusste nicht, wie ich ihnen erklären konnte, dass ich so schüchtern war. Wenn mich Leute besuchten, wünschte ich oft, ich könnte in einer Art großen Schachtel sein, in der mich niemand sehen konnte. Aber ich könnte durch zwei kleine Löcher die anderen sehen. Daraus entstand *Bag Piece*. Du kannst drin sein und hinausschauen, ohne gesehen zu werden.«
Das *Bag Piece* wurde zum bislang größten Erfolg Yokos in New York, bekam einige Aufmerksamkeit in den Medien und bescherte ihr zahlreiche weitere Auftrittsmöglichkeiten, bei denen sie manchmal ihre verschiedenen Darbietungen zu einem größeren Programm zusammenfasste. Am 27. Juni 1965 zeigten Yoko und Tony ihr *Bag Piece* in der Filmmakers Cinematheque, am 30. August und am ersten September nahmen sie am »First World Congress: Happenings« in St. Mary Of The Harbor teil, am 12. und 19. September führten sie das *Morning Piece to George Maciunas* auf und nahmen am 3. Oktober am *Perpetual Fluxfest* wieder in der Cinematheque teil.
Yoko und Tony nutzten die kleinen Erfolge, um Sponsoren für neue Projekte zu gewinnen. Auf die Frage, was sie tat, antwortete Yoko in jener Zeit, sie sei Produzentin. Auf die Nachfrage, was sie denn produziere, antwortete Yoko dann mit einer Gegenfrage: Was wünschen Sie? Yoko begann in dieser Zeit geschickt Nachfrage und Angebot zu kombinieren. Aus der näheren Umgebung kamen oft die besten Ideen. Anspruchsvolle Avantgarde-Kunst und kommerzielle Überlegungen schienen sich plötzlich gegenseitig nicht mehr auszuschließen. Yoko und Tony gründeten auch eine eigene kleine – allerdings

nur imaginäre – Galerie mit Briefkasten in Greenwich Village. Sie nannten sie »Is-Real« und nutzten sie v. a. für eigene Aktionen. Yoko entwarf Flugblätter und Fragebögen mit neuen Texten und Multiple-Choice-Passagen:

> Eine Linie ist ein
> ( ) kranker Kreis
> ( ) auseinandergefaltetes Wort
> ( ) aggressiver Punkt

Mit der verbesserten finanziellen Situation war auch der Humor zurückgekehrt. Und die Möglichkeit, sich das technische Equipment für Filmaufnahmen zu besorgen. Yoko und Tony verfolgten mit Interesse die zwar kommerziell eher erfolglosen, dafür aber viel beachteten Versuche Andy Warhols und anderer Filmemacher, mit ihren Experimentalfilmen das Lebensgefühl ihrer Generation auszudrücken, und wollten in diesem Bereich mitmischen. Maciunas hatte im Januar 1966 Yoko und Tony und einige andere Fluxuskünstler in Barbara und Peter Moores New Yorker Wohnung eingeladen. Die beiden Fotografen und Filmer experimentierten mit verschiedenen Kameras und luden die Anwesenden ein, eigene Ideen zu verwirklichen. So wählte Yoko zwei Ereignisse, die sie mit 2000 Bildern pro Sekunde filmte bzw. filmen ließ: ein brennendes Streichholz und ihr eigenes Augenzwinkern. Der Betrachter wird sich der Objekte bewusst und der Kamera, denn in Zeitlupe entfalteten ihre ersten beiden Filme einen Reiz, dem Yoko später noch oft nachgehen wird: Filmisch aufzeigen, was das menschliche Auge nicht sehen kann. Winziges Flattern an den Flammenrändern, ein normalerweise nicht wahrnehmbares Zucken des Augenlids. Das kontemplative Moment derartig verlangsamter Handlungen interessiert sie.

Wenig später entscheidet sie sich jedoch bei ihrem dritten Film für die gewöhnliche Geschwindigkeit von 24 Bildern pro Sekunde einer 16-Millimeter-Kamera. Ihre Idee gilt heute als Klassiker des Under-

6 »Bottoms«, Tony Cox, ein Model und Yoko bei Dreharbeiten (1967)

ground-Films und ist erstaunlich simpel: nackte Hintern in Bewegung, schlicht – *Bottoms*. Allerdings nahmen Yoko und Tony im offiziellen Titel auf ihre Ursprünge Rücksicht und titelten zunächst: *No. 4 (Fluxfilm #16«)*. Die Silbe Flux wurde auf Maciunas' Wunsch in alle Kunstgattungen eingeflochten. Stumm und in Schwarzweiß werden zwölf nackte Gesäße von Fluxusfreunden gezeigt, die Yoko und Tony für die Filmaufnahmen in ihre Wohnung eingeladen hatten. Der Film dauert nur fünf Minuten und dient als Vorlage für den später im selben Jahr in London gedrehten Tonfilm *No. 4 (Bottoms)*, der etwa 80 Minuten dauert und 365 nackte Hintern von anonym bleibenden Künstlern zeigt. Für jeden Tag im Jahr zwei wackelnde Backen.

Der Film löste einen Skandal aus und wurde verboten – zur Freude Yokos, die damit rasch an Bekanntheit gewann. Dass es dazu kam, ist einer Veranstaltung zu verdanken, dem *Destruction in Art*-Symposium in London vom 28. September 1966. Die Veranstalter waren bei ihren Recherchen in den USA auf die 33-jährige Yoko gestoßen und luden sie ein.

Yoko und Tony sagten sofort zu, sammelten einmal mehr Geld bei ihren Sponsoren und kamen mit Kyoko im Spätsommer in London an.

II
BOTTOMS, JOHN UND DIE BEATLES

OH, NO, ONO

Yokos und Tonys extremes Künstlerleben findet in London seine Fortsetzung. Allerdings fällt es ihnen hier leichter, das Publikum und die Medien zu beeindrucken. Sie geben sich als New Yorker Avantgarde-Stars aus. Die Neugier für Kunsttrends aus den USA ist in London groß. Tür und Tor werden ihnen geöffnet. Zunächst wohnen sie zu dritt mit Kyoko bei Mario Amaya, dem Herausgeber der Zeitschrift *Art And Artists*, der auch das Symposium mitorganisiert. Tony hatte ihm schon einen langen Artikel über sein und Yokos Verständnis von Kunst geschickt.

Anthony Fawcett, der später Yokos und Johns Assistent und künstlerischer Berater wird, schreibt regelmäßig für *AAA* und freut sich auf Yokos angekündigten Auftritt. »Wir mochten ihre ›Instructions‹. Das war eine Kunstform, die die Menschen zum Denken anregte.«

Trotz des vorauseilenden guten Rufs musste auch in London die Sponsorensuche fortgesetzt werden. Stellvertretend für viele andere sei hier der 1945 geborene schottische Singer-Songwriter Al Stewart genannt (sein größter Hit war 1976 *The Year of the Cat*) der – gerade 20 Jahre alt – Yoko und Tony kurz nach ihrer Ankunft in London kennenlernte. Tatsächlich gelang es den beiden, ihm seine letzten

100 Pfund zu entlocken, die dann für die Realisierung der Langfassung von *Bottoms* eingesetzt wurden.

Der Journalist und Autor Barry Miles war Co-Organisator des Symposiums. Zudem war er gemeinsam mit John Dunbar und Peter Asher Besitzer der Indica Gallery und der dazugehörigen Buchhandlung, an denen die Beatles finanziell beteiligt waren. Die Fab Four waren in jenen Jahren zwar selbst die wichtigsten Trendsetter in der Popkultur, aber in der Indica Gallery ließen sie sich ständig mit neuer internationaler Literatur versorgen und hielten sich so über neue Strömungen in Kunst und Kultur auf dem Laufenden. Barry hatte schon Lawrence Ferlinghetti oder Allen Ginsberg nach London geholt. Aber auch Gregory Corso und der Warhol-Clan waren Mitte der 1960er in London, weshalb sich Yoko vor ihrer Abreise über die interessantesten Orte in der swingenden Stadt informierte. Doch das wäre gar nicht nötig gewesen, denn nach ihrem Symposium-Auftritt wurde sie vom Publikum und den Medien gefeiert. Sie führte u. a. *Bag Piece* und *Cut Piece* auf und bat die Zuschauer am Ende, das erstbeste Wort zu schreien, das ihnen in den Sinn kam, und das fünf Minuten lang. Der Applaus war riesig, als sie die Bühne verließ.

Ab da öffneten sich ihr immer mehr Türen, knüpfte sie immer mehr Kontakte und bekam immer mehr Ausstellungsmöglichkeiten, u. a. in der Indica Gallery. Es soll Dan Richter gewesen sein, der Barry auf Yoko aufmerksam machte. Die Buchhandlung im Parterre war ausgezogen, und Yoko war die erste, die auf beiden Stockwerken ausstellen durfte. Es vergingen fünf Wochen zwischen dem Symposium und der Vernissage. Was am Vorabend der Eröffnung geschah, ist das wohl am häufigsten erzählte und am besten dokumentierte Ereignis der populären Gegenwartskultur.

Yoko Ono traf John Lennon erstmals am 9. November 1966. Beide Räume der Indica Gallery waren weiß gestrichen, die meisten zum Verkauf angebotenen Objekte waren weiß. Bemerkenswert ist ein komplett weißes Schachspiel.

7 Yoko und ihr weißes Schachspiel (1997)

Als John Lennon übernächtigt die Galerie betrat, stand die kleine Japanerin ganz in Schwarz gekleidet mitten in der strahlend weißen Umgebung und überwachte die Montage der letzten Gegenstände. Lennon wurde von Dunbar begrüßt und aufgefordert, sich die Ausstellung anzuschauen. John sah eine Schachtel, die mit »*Box of smile*« betitelt war, hob den Deckel und sah sein Gesicht in einem Spiegel. Er lächelte.

Wenig später stand er neben einer weiß gestrichenen Leiter. An der Decke hing ein schwarzes Bild mit einem weißen Punkt in der Mitte, daneben baumelte eine Lupe herab. John stieg hoch, nahm die Lupe und sah das Wort »YES« und war beeindruckt.

»Man kam sich ja vor wie ein Idiot. Alles, was man sehen konnte, war das Wort ›Yes‹. Damals bestand die ganze Avantgarde nur daraus, mit einem Hammer auf ein Piano einzudreschen und Skulpturen zu zerschlagen, einfach nur anti, anti, anti. Es war alles nur langweiliger, negativer Mist. Und nur dieses ›Yes‹ brachte mich dazu, in einer Galerie voller Äpfel und Nägel zu verweilen«, sagte John Andy Peebles kurz vor seiner Ermordung.

8 »Painting to Hammer a Nail In« (1997)

Als er wieder unten ankam, stand Yoko neben ihm und gab ihm eine Karte, auf der stand »Breathe«. John streckte die Zunge heraus und hechelte. »So?«, fragte er. Dunbar kam hinzu und stellte sie einander vor. Yoko schien John nicht zu erkennen.

John wandte sich dem »*Hammer a nail*«-Bild zu. »Haben Sie etwas dagegen, wenn ich den Nagel einschlage?«, fragte er.

Eigentlich wollte Yoko zur Eröffnung das Holz noch jungfräulich präsentieren. Sie verlangte zwei Shilling. John hatte wie üblich kein Geld dabei. »Ich gebe Ihnen zwei imaginäre Shilling und schlage einen imaginären Nagel ein.«

Er ging weiter, nahm einen Apfel von einem Sockel, sah das Preisschild – 200 Pfund –, nahm einen Bissen und stellte den Apfel zurück. Yoko und John bestätigten später, dass sie sich beide augenblicklich voneinander angezogen fühlten. Sie erkannten etwas von sich selbst im anderen. Und denselben Humor, wenn es um Ernsthaftigkeit in der Kunst ging.

»Er war witzig. Ich wusste nicht, was ich mit meinen Gefühlen für ihn anfangen sollte. Er war sehr sexy (...) Ich glaube, dass es innerhalb der Gruppe, in der ich mich befand – also der Avantgarde –, viele Typen gab, die äußerst interessant als Komponisten waren, aber ich spürte nicht, dass sie mir irgendetwas entgegenbrachten. John hatte diese Energie, diese Kraft. Und ich konnte das spüren.«

Yoko benennt hier einen wesentlichen Grund, warum Lennono zu dieser außergewöhnlichen Symbiose werden konnte: die emotionale und die kreative Kraft. Sie war bei Yoko und John im Übermaß vorhanden. »Sie entfachte diese Kreativität in mir. Es war nicht so, dass sie die Inspiration für die Songs war. Sie inspirierte *mich*«, formuliert es John treffend, den Menschen, nicht das Werk in den Mittelpunkt stellend. Laut Dunbar wusste Yoko wirklich nicht, mit wem sie gesprochen hatte. Wie immer bei so wichtigen Ereignissen gibt es zahlreiche Versionen, deren Authentizität nicht selten von den Protagonisten selbst verstärkt wird. So sagte John zwei Tage vor seinem Tod im Gespräch mit Andy Peebles: »Ich bekam diese Einladung in die Indica Gallery. Es sollte so ein Happening oder Event sein, bei dem ein japanisches Mädchen aus New York in einem Sack war. Ich dachte, na ja ... an Sex.« Und Paul erinnert sich im Gespräch mit Jonathan Green: »Mein Interesse an avantgardistischer Kunst führte dazu, dass ich Yoko John vorstellte (...) Yoko stand eines Tages bei mir vor der Tür und sagte: ›Hast du irgendwelche Originalnoten?‹ Sie arbeitete in New York mit John Cage zusammen, also war ich zunächst mal interessiert, weil ich ihn durch Miles und Dunbar und verschiedene andere Leute kannte. Trotzdem wollte ich ihr keine Noten geben, weil ich die immer aufhebe, deswegen war ich auch nicht besonders entgegenkommend – ich wollte ihr eben keine geben, so einfach war das. Also sagte ich: ›Ich habe einen Freund, der dir vielleicht helfen kann ...‹ Wenn ich das nicht getan hätte, vielleicht hätte es für die beiden nie diese wilde Zeit gegeben, wer weiß. Dann ist sie also zu John rübergegangen. Ich glaube, das war noch vor seiner Begegnung mit ihr in der Indica Gallery, die jetzt immer so hochgespielt wird.«

Doch weder Yoko noch John haben diese Version bestätigt.
Yoko betreibt keine Ursachenforschung, legt nur sehr viel Wert darauf, dass sie nicht die Jägerin mit fixem Beatles-Beuteschema war, als die sie oft dargestellt wird. »Er sah gut aus, und ich fand ihn nett und sensibel. Jedenfalls wusste ich nichts von diesem Macho-Trip, auf dem die Beatles angeblich waren.« Mit Yokos Eintritt in Johns Leben werden einfühlsame und zarte Kompositionen Johns häufiger: *Cry Baby Cry, Dear Prudence* und *Julia* sind alle in Indien entstanden, als John beim Maharishi meditierte und zugleich viel Post von Yoko bekam. Es war, als weckte Yoko die romantische Seite in John.

Dominant ist zunächst der künstlerische Aspekt. Yokos Missachtung jeglicher Erwartungshaltung des Publikums passt zu Johns Kunstverständnis. Schräge Scherze, Erniedrigung von Honoratioren oder seine »Krüppel-Gesten« sind nur die Vorläufer seiner Aktionen mit ihr: Bäume pflanzen, Experimentalmusik, Experimentalfilme, Bagism oder Bed-ins. Provokation verbindet Yoko mit John, die eine Performance dann für gelungen hält, wenn die Leute mehrheitlich den Raum verlassen, sich dann aber doch freut, wenn die Leute klatschen und sie in den Medien wahrgenommen wird. Mit John trieb Yoko das Bagism-Projekt voran und variierte es auf vielfältige Weise. »Total communication« rief John unter dem Sack in Wien im Hotel Sacher am 31. März 1969. Die gesamte Performance – alle Dialoge zwischen Yoko Ono, John Lennon und den Journalisten – ist hörenswert und als CD erhältlich.
Der Gegensatz zu Jeanne-Claude und Christo ist evident. Nicht Objekte werden verhüllt, die Künstler selbst hüllen sich in Säcke oder Tücher. Nicht nur die Formen von Gegenständen und die Gegenstände selbst bekommen damit eine neue Bedeutung, sondern auch die verborgenen Menschen – Yoko Ono und John Lennon. Was der Fotograf Man Ray bereits 1920 mit dem Verhüllen einer Nähmaschine erreicht – das Wecken der Aufmerksamkeit und Neugier der Betrachter –, gelingt Yoko und John in neuem Maße: Verwirrte

Medienvertreter interviewen die »Tücher« in der Hoffnung, die verborgenen Künstler zu erreichen.

Doch bis aus Ono und Lennon Lennono wurde, vergingen noch eineinhalb Jahre. Yoko und Tony blieben in London. Im Februar 1967 waren sie häufig im Feuilleton mit der Extended Version ihres heute legendären, aber vollkommen harmlosen Films *No. 4 Bottoms* vertreten. 1967 war Nacktheit in der Öffentlichkeit ein so großes Problem, dass die Aufführung des Films in Großbritannien zunächst verboten wurde. Erstmals tauchte im Zusammenhang mit Yoko die Schlagzeile »Oh, No, Ono« auf. Der spätere Beatles-Biograf Hunter Davis hatte sie geschrieben. Er war damals Klatschreporter in London, und Yoko hatte ihn zu den Dreharbeiten eingeladen. Bemerkenswert an »*Bottoms*« ist einerseits die Anweisung Yokos, dass die »Schauspieler« während der Aufnahme Gehbewegungen machen sollen, andererseits die Tatsache, dass die sich bewegenden nackten Hintern in Großaufnahme gefilmt werden, so dass nichts anderes auf der Leinwand sichtbar ist: eine hypnotisch wirkende Prozession von männlichen und weiblichen Backen, von makelloser oder pickeliger, von glatter oder behaarter Haut, von erotisch aufreizenden Schenkeln oder schlaffem Fleisch. Der Film hat keinen Soundtrack. Lediglich vereinzelte Gesprächsfetzen Yokos mit Tony und den Darstellern unterlegen akustisch die 80 Minuten seltsamer Meditation über anatomische Nuancen von Gesäßen.

Die Idee zu diesem Film hatte Yoko, als sie einer Putzfrau beim Bodenwischen zusah. »Ich fand die Bewegungen ihres Hinterns lustig. Menschliche Hintern haben eine linke und eine rechte Hälfte, ein Oben und ein Unten, und jeder Teil bewegt sich auf eigene Weise. Ich dachte, es könnte interessant sein, das in Nahaufnahme zu zeigen. Gewöhnliche Filme haben einen starren Hintergrund, und nur Teile des Bildes sind in Bewegung.«*

---

* Munroe, a.a.O.; S. 123

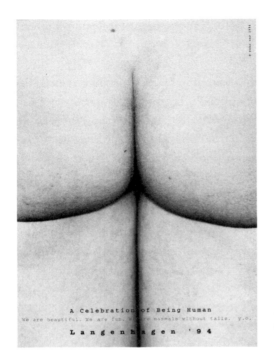

9 »Wir sind Säugetiere ohne Schwänze«, Ausstellungsplakat für Langenhagen (1994)

Yoko interpretiert ihr eigenes Projekt detailliert, erzählt mit Witz von der Zeitungsannonce: »Intelligent aussehende Hintern für Filmaufnahmen gesucht. Professoren von dumm aussehenden Hintern brauchen sich nicht zu bewerben.« Kaum merklich gehen Yokos Humor und Ironie in eine Umkehrung der Verhältnisse über, die von manchen Männern damals als Bedrohung empfunden wird. Schließlich filmt hier eine respektlose Frau männliche Gesäße – später auch Johns Penis –, wodurch Männer zu Objekten werden und Frauen voyeuristische Positionen einnehmen.

Yoko philosophiert auch über die nackten Hintern und der Korrelation zu den jeweiligen Menschen, über Schönheit und Hässlichkeit und über die Unverschämtheit, ihren Film zu verbieten: »Der Film ist absolut harmlos. Es gibt darin weder Gewalt noch Mord. Warum wird er verboten?« Yoko stellt zwischen ihrem Film und den

Kriegsbildern in Vietnam Bezüge her, wodurch *Bottoms* eine politische Dimension erhält und als Plädoyer für den Frieden interpretiert werden kann. Das ist ein Hinweis auf die bevorstehenden Friedensaktionen von Yoko und John. Aber bei aller Ernsthaftigkeit bewahrt sich Yoko den fluxuseigenen Humor: »Man wird wohl bei Ingmar Bergmans Filmen von bedeutungsvoller Bedeutung sprechen, bei Jean-Luc Godard von bedeutungsvoller Bedeutungslosigkeit, bei Antonioni von bedeutungsloser Bedeutung usw. Und dann wird man sich mit ›Bottoms‹ beschäftigen (…) Und ich hoffe, dass die Leute erkennen werden, dass die Sechziger nicht nur eine Ära großer Leistungen, sondern auch eine Zeit des Lachens waren. Dieser Film ist im Grunde wie eine auf nichts abzielende Petition, die die Leute mit ihren Ärschen unterschrieben haben.«

ICH HING IN DER LUFT

Yoko und Tony machen weiter von sich reden. Am Trafalgar Square bei der Nelsonsäule wickeln sie in Christo-Manier während eines *Wrapping Event* die Bronzelöwen ein, die der Bildhauer Sir Edwin Landseer 1867 entworfen hatte; in Belgien werden sie verhaftet, weil sie nackt in der Öffentlichkeit tanzen, und zwischendurch kommt es immer wieder zu mehr oder weniger zufälligen Begegnungen mit John. Es ist eine vorsichtige und langsame Annäherung.

Das Kunststudium in Liverpool hatte John vor zehn Jahren zwar nicht interessiert, aber Kunst blieb zeit seines Lebens eine zentrale Leidenschaft. Stuart Sutcliffe hatte John Lennon die Surrealisten und Dadaisten nähergebracht, ihm Duchamps *Pissoir* und die Grenzenlosigkeit künstlerischen Ausdrucks erklärt. Ablehnendes, irritiertes, verärgertes oder schockiertes Publikum minderte nicht den Wert von Kunstgegenständen. Manchmal sei das Gegenteil der Fall. Diese Lektion lernte Lennon schnell und gründlich. Sie wird sich vor allem in den unterhaltsamen Performances und Kunstausstellungen mit Yoko manifestieren, die teilweise filmisch festgehalten sind.

Auch auf dem Höhepunkt der Beatlemania versuchte der kreative Kopf der Band, den Humor zu bewahren. Aber er hat zusehends seine Mühe damit, weil der Tourneestress, das Komponieren und Aufnehmen sich zu einem auslaugenden Ritual verselbstständigt hatten, das keine Zeit zum Atemholen, zum Nachdenken ließ. Klaus Voormann berichtet davon, dass er seinen Freund bei Besuchen 1966 und 1967 oft tief depressiv vorfand.

Lennon selbst sagte im Gespräch mit Jann Wenner: »Es war schrecklich. Das ganze Geschäft ist schrecklich. Man musste sich selbst erniedrigen, um das darzustellen, wofür die Beatles standen, und das war mir zuwider. Ich hatte das nicht vorhergesehen. Es geschah einfach. Es geht langsam, Stück für Stück, bis dich der ganze Wahnsinn völlig umgibt, und man macht genau das, was man eigentlich nicht machen will, mit Leuten, mit denen man eigentlich nichts zu tun haben möchte.«

Das Ende der letzten Beatles-Tour, die Ahnung, dass nie wieder eine folgen würde, machte ihn nervös. Zum ersten Mal stellte er sich vor, wie eine Zukunft ohne die Band aussehen könnte. Er versucht sich als Schauspieler in Richard Lesters Antikriegsfilm *How I Won the War*, lernte Yoko kennen und tüftelte neun Monate mit seinen Gefährten im Studio für *Sgt. Pepper*, auf dessen Cover unter den 70 Persönlichkeiten, die die Musik der Beatles prägten, u. a. auch Karlheinz Stockhausen zu sehen ist. Da waren die kreativen Karten und die fantasievolle Aufmerksamkeit, die er von der unkonventionellen Japanerin bekam, mehr als eine willkommene Abwechslung. Er saß noch am *Pepper*-Album, als Yoko ihm *Grapefruit* in die Abbey Road Studios schickte.

Yoko hat immer wieder versucht, ihre Version der beginnenden Liebesgeschichte darzustellen und durchzusetzen: »Es existiert dieser Mythos, dass ich ihm *Grapefruit* geschickt hätte, dass ich ihn damit einfangen wollte. Es war nur ein gedrucktes, veröffentlichtes Buch.

Ich hatte einen orangefarbenen Karton mit vielen Ausgaben des Buches darin. Das waren Rezensionsexemplare für Kritiker. Dafür waren sie gedacht. John war nicht der Einzige, der es bekommen hat.« Als John Cage in London war, nahm Yoko das zum Anlass, Lennon zu kontaktieren. Cage wolle ein Buch über die Musik des 20. Jahrhunderts schreiben, das mit Strawinsky beginne und hoffentlich mit den Beatles – mit einem Beitrag Johns – ende. Im Winter 1967 lud John Yoko ins Studio ein, um sich für *Grapefruit* zu bedanken. Sie gingen spazieren und fanden heraus, dass er ihre Schreibe und sie seine mochte (sie hatte *In His Own Write* und *A Spaniard in the Works* gelesen). Allerdings gab er zu, wenig von klassischer Musik zu verstehen, und sie hielt nichts von Rock'n'Roll.

Als John sie fragte, wann er mehr von ihren Arbeiten zu sehen bekäme, sagte Yoko: »Wenn ich einen Sponsor finde.« Sie schilderte ihr Projekt *Half a Wind*. Ein Raum voller weiß gestrichener Alltagsgegenstände, aber von allen nur eine Hälfte. Sie scherzten noch eine Weile und dann sagte er ihr, sie solle am nächsten Tag sein Büro anrufen, sie bekäme 5000 Pfund. John erinnert sich:

»Es gab ein halbes Bett, ein halbes Zimmer, von allem die Hälfte, alles schön sauber halbiert und alles weiß angemalt. Ich schlug vor: ›Verkauf doch die andere Hälfte in Flaschen‹, denn ich hatte inzwischen kapiert, was sie da spielte; und das hat sie dann auch gemacht. Das war, noch bevor wir geheiratet hatten. Wir haben immer noch die Flaschen von der Ausstellung, es war meine erste. Sie stand unter dem Motto ›Yoko plus me‹, wir traten damit zum ersten Mal gemeinsam in Erscheinung. Ich habe mir die Ausstellung nicht einmal angesehen, ich war zu nervös.«

Doch für Yoko war es ein Erfolg. Seither verstärkte Yoko ihr Werben um John. Phasenweise schickte sie ihm täglich Karten mit *Dance Events* nach Hause, die John auch tatsächlich las und die ihn manchmal zum Schmunzeln brachten, manchmal traurig machten, manchmal ärgerten. Jedenfalls erhöhten sie ihre Präsenz in seinem Alltag, der von LSD-Trips und Studio-Arbeit geprägt war. Zudem rief sie mehrfach bei ihm privat an, und Cynthia meint, sie auch einmal in der Nähe des Hauses gesehen zu haben. John hatte Mühe, seiner Frau zu erklären, wer die kleine Japanerin war, die einmal überraschend zu ihm und Cynthia in den Rolls-Royce sprang. Er ließ sie nach Hause fahren und erklärte Yoko dann für leicht verrückt – die mit den Tanzkarten eben. Aber Cynthia schien schon gespürt zu haben, dass Yoko eine Anziehungskraft auf ihren Mann ausübte, die ganz besonderer Art war. Schließlich hatte John neben Brigitte Bardot noch Juliette Greco als weibliches Idealbild – und Yoko erinnerte mit ihren langen schwarzen Haaren an Juliette. Hinzu kam, dass sich Cynthia nach zwei für sie katastrophalen Versuchen mit LSD weigerte, noch einmal mit John Reisen ins Unbewusste zu unternehmen. Yoko hingegen war der neugierige und experimentelle Frauentyp, der sich nach Grenzerfahrungen sehnt.

Gleichzeitig verschärften sich die Spannungen zwischen Yoko und Tony, der sich mit der Assistentenrolle immer weniger zufriedengeben und immer als erster das Telefon abheben wollte. Er selbst verstand sich als gleichwertiger künstlerischer Partner Yokos. Doch sie wünschte sich einen Manager und Agenten. Da eröffneten sich mit John neue Perspektiven. Der Beatle würde nie ihr Manager sein, aber vielleicht ihr prominenter, kreativer und vermögender Liebhaber.

Im Winter 1968 verschlimmerte sich die Situation im Hause Cox. Im Februar trennten sich Yoko und Tony, der mit Kyoko in ihrer gemeinsamen Wohnung am Hannover Square blieb. Yoko zog in ein nahe gelegenes Hotel und plante einen großen Auftritt in der Royal Albert Hall mit einem der renommiertesten Saxophonisten: Ornette Coleman. Und schon wieder gelang Yoko eine Provokation. Da im Programmheft die Worte »Penis« und »Shit« vorkamen, wurde der Ticket-Verkauf zeitweilig gestoppt. Letztlich wohnten rund 1000 Leute einem besonderen Konzert bei, in dessen Verlauf Yoko den Schwerpunkt ihrer Gesangskunst auf unzweideutig laszive Geräusche legte.

Yoko ist jetzt künstlerisch in einer für sie vollkommen neuen und

ambivalenten Situation, die sie folgendermaßen empfindet: »Meine Avantgarde-Freunde ließen mich alle fallen, weil ich viel Aufsehen erregte und viele Besprechungen bekam. Da gab es beispielsweise ein Avantgarde-Künstlerpaar, das eine Party gab. Die Frau sagte mir, ihr Mann glaube, ich hätte mich verkauft. Deshalb luden sie mich nicht ein. Ich war in einem seltsamen Zwischenraum gefangen und hing in der Luft. Ich gehörte nicht mehr zur Welt der Avantgarde, aber ich war auch nicht wichtig genug für die Welt, der John angehörte.«*
Wohl kaum ein anderes Künstlerpaar wurde von Publizisten eingehender analysiert als John Lennon und Yoko Ono, aber niemand hat die Beziehung besser charakterisiert als John selbst: »Sollte man nicht besser vermeiden, dass Kinder in der Atmosphäre einer gespannten Beziehung aufwachsen? Meine Ehe mit Cyn war keineswegs glücklich, aber sie bestand aus einem ehelichen Leerlauf, in dem nichts passierte, aber den wir ständig aufrechterhielten. Du erhältst ihn aufrecht, bis du jemanden kennenlernst, der dich von heute auf morgen davon befreit. Mit Yoko habe ich tatsächlich die Liebe zum ersten Mal kennengelernt. Anfangs bestand unsere gegenseitige Anziehungskraft nur auf geistiger Basis, aber dann kam auch die körperliche hinzu. Für eine Gemeinschaft sind beide lebensnotwendig, aber ich habe nicht im Traum daran gedacht, je wieder zu heiraten. Jetzt erscheint mir der Gedanke daran ganz natürlich.«
Die Ereignisse überschlugen sich und nahmen für den Verlauf der nächsten sieben Jahre ein enormes Tempo auf: Da sich beide Partnerschaften von Yoko und John langsam auflösten, ergriff der frustrierte Indien-Heimkehrer im Mai 1968 die Initiative und lud in Abwesenheit Cynthias Yoko zu sich nach Hause ein. In einer Musik- und Liebesnacht nahm das Leben von »Lennono« eine neue Richtung. Aber nicht nur, was die Liebe betrifft. Nach der Enttäuschung beim Maharishi in Rishikesh schüttelte John den Glauben an Gurus aller Art ab und politisierte sich zusehends. *Insane, insane, insane:* Im wei-

---
* Yoko Ono: *Just me!*, S. 74

ßen Rollkragenpullover kurz nach dem Indien-Aufenthalt gab er den britischen TV-Journalisten sein berühmtes »Insane-Interview«, das seine Radikalisierung in jener Zeit bei gesellschaftskritischen Äußerungen zeigt.

»Unsere Gesellschaft wird von Verrückten geführt, die verrückte Ziele verfolgen. Das habe ich mit 16, mit zwölf und noch jünger behauptet. Aber ich habe es mein ganzes Leben lang auf verschiedene Weise ausgedrückt. Jetzt kann ich es in Worte fassen. Wir werden von Wahnsinnigen regiert, die Wahnsinniges wollen. Ich glaube, dass unsere Regierungen geisteskrank sind. Ich mache mich strafbar dafür, dass ich das sage, und das ist das Geisteskranke daran«, sagte John im TV-Interview am 6. Juni 1968 mit dem Schauspieler Victor Spinetti von der National Theatre Company anlässlich der Aufführung des Theaterstücks *In His Own Write*.

Es war das erste Mal, dass John so offensiv, radikal und direkt die Obrigkeit attackierte. Und es ist nicht auszuschließen, dass sich hier schon erste Einflüsse Yokos bemerkbar machten. Fortan setzte er jedenfalls seine Prominenz verstärkt für gesellschaftliche Veränderungen ein, was nicht ohne gravierende Folgen für Yoko und John blieb.

YOKOS RACHE

Yoko hatte sehr viel Hohn und Spott zu ertragen. Nebst der eindeutig rassistischen Äußerungen und diskriminierenden Verhaltensweisen aus dem Umfeld Johns, fanden die Medien beispielsweise Spaß daran, ihren Namen zu verballhornen. Manche nannten sie »Okay Yoni« nach dem indischen Wort für Vagina aus dem Kamasutra.

Im Dezember 1985, kurz vor Johns fünftem Todestag, wurde im amerikanischen und britischen Fernsehen der Film *John and Yoko: A Love Story* gesendet. Er ist heute eine Rarität, war damals jedoch ein

Straßenfeger und erhielt eine ausführliche Vorabkritik in der *New York Times*:
»Die Drei-Stunden-Präsentation auf NBC heute Nacht ab 20 Uhr könnte man gut und gerne auch ›Yokos Rache‹ nennen. Der Einfluss von Yoko Ono auf John Lennon und die Beatles, die berühmteste Musikgruppe des Jahrhunderts, wird schon seit geraumer Zeit diskutiert. Manche der wenig schmeichelhaften Meinungen finden sich in aktuellen Büchern wie dem Bestseller ›The Love You Make‹ von Peter Brown und Steven Gaines. Jetzt aber konnte Yoko Ono bei dieser ›offiziellen‹ Fernsehbiografie ihre Kontrolle ausüben, waren doch die Produzenten auf sie angewiesen, um die Songrechte zu erhalten. Das Ergebnis zeigt selbstredend eine positive, ja engelhafte Frau Ono eingebettet in ein Szenario, das das Positive betont.« Die Story dümple vor sich hin und sei langweilig, und die Musik stelle das Beste an diesem Film dar, mäkelt die *NYT*.
Das mag stimmen, falls man Yokos und Johns gemeinsame Jahre als ereignisarm empfindet. Es hätte andere dramaturgische Möglichkeiten gegeben, ein spannendes Biopic der gemeinsamen Jahre von Yoko und John zu drehen. Und selbstverständlich hätte man die negativen Aspekte wie den zeitweilig exzessiven Drogenkonsum stärker betonen können. Ein erster Drehbuchautor wurde von Yoko abgelehnt, weil er zu kritisch – oder zu realistisch – ihre Jahre mit John schilderte. Trotzdem hat auch die *NYT* nichts an den Fakten zu kritisieren, die hier ausgebreitet werden. Der Film flitze von einem wichtigen Ereignis zum nächsten. Auch spätere Detailanalysen konnten nur winzige Abweichungen von der Realität feststellen, bei denen man voraussetzen darf, dass sie dem akribisch genau arbeitenden Drehbuchautor und Regisseur Sandor Stern bekannt waren und er nur aus dramaturgischen Gründen Kompromisse einging. Die *NYT* lobt immerhin auch noch die Darsteller, und so bietet dieser Film eine gute Grundlage, um sich der großen Lovestory von Yoko und John zu nähern. Bemerkenswert dabei ist die Mitarbeit Yokos an dem Film, weshalb man ihn als eine von ihr autorisierte Filmbiografie und v. a. ihren

eigenen Text, den ihre Darstellerin im Film spricht, als authentisch betrachten kann. Was die Schauspielerin Kim Mayori, dieses wunderbare Yoko-Double, im Film sagt, entspricht exakt den Ansichten Yokos.

Der Film beginnt am 19. August 1966, Schauplatz ist Memphis, Tennessee. Mitglieder des Ku-Klux-Klans demonstrieren gemeinsam mit Zivilisten gegen die Beatles. »Jesus not John« steht auf den Plakaten. Brian Epstein liest den Journalisten Johns Entschuldigung vor und diskutiert danach mit John über dessen Aussage, die Beatles seien größer als Jesus. Als während des Songs *Help* ein Feuerwerkskörper auf die Bühne fliegt und explodiert, schaut sich John besorgt um. Schließlich gab es schon zahlreiche Morddrohungen.

Szenenwechsel nach New York. Yoko werden vom Publikum die Kleider vom Leib geschnitten. Verlegenes Räuspern im Publikum. Bei einer Party bemerkt ein Kritiker zu Yoko: »Ihre Musik steht der von John Cage diametral gegenüber.«

»O ja, das stimmt. Er hat mir viel beigebracht, und ich betrachte ihn als guten Freund. Aber ich glaube, dass kein neuer musikalischer Sound mehr gefunden werden kann. Die Zukunft der zeitgenössischen Musik gehört dem Fantasievollen. Er muss aus dem Vorhandenen schöpfen.«

Tony Cox unterbricht das Gespräch und berichtet von einer Einladung nach London zum Symposium über »die Zerstörung der Kunst«. Yoko ist begeistert.

Szenenwechsel zu den Beatles: Vor Journalisten äußern sie sich auf zwar alberne, aber doch entschiedene Weise gegen den Krieg in Vietnam. Epstein kommt hinzu und bittet sie, solche Äußerungen zu unterlassen. Das Showbusiness müsse von der Politik getrennt werden.

London, 9. November 1966: Die erste Begegnung Yokos mit John, die Szene mit dem Einschlagen des imaginären Nagels und mit dem realen Biss in den Apfel wird betont. Das biblische Motiv wirkt

komisch, ärgert sich doch Yoko sehr über Johns unflätiges Verhalten. »Hey, was fällt Ihnen ein, Sie Kunstbanause. Wenn Sie Hunger haben, dann besorgen Sie sich doch einen Apfel.«
John wirkt etwas eingeschüchtert. Yokos Neugier ist geweckt, nachdem der Galerist John Dunbar ihr erklärt hat, er sei einer von den Beatles. Yoko kauft sich in einer Buchhandlung Johns Buch *In His Own Write* und liest Tony belustigt eine erotische Passage daraus vor. Szenenwechsel: John liest im Studio schmunzelnd *Grapefruit*, derweil Paul den Song *Sergeant Pepper* probt. Danach liest er Brian Epstein einige »Instructions« vor. »Die Kleine ist verrückt«, sagt er und fährt fort: »Sie ist ein absoluter Freak, aber sie hat etwas auf dem Kasten.« Szenenwechsel: John sitzt zu Hause auf dem Sofa, Cynthia strickt und im Fernsehen wird berichtet, dass Yokos Film mit den 365 nackten Hintern verboten wird. John sieht die wütende Yoko auf dem Bildschirm und lacht: »Wie oft finden Sie schon ein Motiv, das graphisch interessant ist und obendrein noch amüsant«, verteidigt Yoko zornig ihren Film gegenüber dem BBC-Reporter.
Schnitt: Yoko fragt nach einer Partitur Johns für das Buchprojekt von John Cage. Weil sie im Abbey-Road-Studio nur Texte ausgehändigt bekommt, unterbricht sie eine Session, spricht John an und fragt ihn nach den Noten.
»Alle im Kopf«, sagt er. Wenig später machen die beiden einen Spaziergang. Sie lobt sein Buch.
»Sie waren auf der Kunstakademie?«
»Ja, aber ich habe das Studium für den Rock'n'Roll aufgegeben.«
»Betrachten Sie die Musik nicht als Teil dieser Kunst?«
»Es ist etwas anderes. In der Kunst gibt es keine Hitparade.«
Auf der Flucht vor Fans finden sie in der Wohnung eines Roadies Unterschlupf. »Mach das Bett fertig«, flüstert ihm John hinter Yokos Rücken zu. Als John dann eine anzügliche Bemerkung macht und Yoko sieht, wie das Bett hergerichtet wird, will sie sofort gehen. An der Tür kommt es zum Gespräch über die geplante Ausstellung *Half a Wind*.

Schnitt: Brian Epsteins Tod wird mit einer aufwändig gedrehten Begräbnisszene in einer Synagoge gewürdigt, wonach John Yoko in ihrer Wohnung besucht. Er fragt sie, warum sie auch die vielen schlechten Kritiken aufhebt.
»Weil ich an allen Meinungen interessiert bin. Haben Sie eigentlich bemerkt, dass alle Kritiken von Männern geschrieben wurden? Die Welt der Kunst ist eine Welt der Männer. Sowohl Kritiker als auch Künstler. In London ist es noch schlimmer als in New York. Aber am allerschlimmsten ist es in Tokio. In Tokio ist es noch üblich, dass die Frau zehn Schritte hinter dem Mann hergeht. Das ist so lächerlich, wirklich.«
Danach stellen Yoko und John fest, dass ihre Kinder beide vier Jahre alt sind. John sieht das Originalfamilienfoto von Yoko als etwa Dreijährige mit ihren Eltern. »Hey, Ihre Mutter ist ja eine richtige Schönheit. Und Sie haben sich auch nicht sehr verändert. In Ihren Augen ist damals wie heute keine Furcht zu entdecken. Und damals wie heute sind Sie sehr klein«, scherzt John. Danach kommen sie auf ihre unterschiedliche Herkunft zu sprechen. Yoko aus reichem Haus, John aus zerrütteten Familienverhältnissen: »Liverpooler Arbeiterklasse. Meine Mutter war im Kino Platzanweiserin und mein Vater Seemann. Er verschwand nach meiner Geburt.« Yoko erfährt, dass sein geliebter Onkel George starb, als John vierzehn war, und dass seine Mutter drei Jahre später tödlich verunfallte. Danach sprechen sie über die musikalischen Wurzeln und nach einer Pointe sagt John: »Ich liebe Ihr Lächeln. Aber das zeigen Sie nicht oft.« Am Ende des Gesprächs lädt John sie nach Indien ein.
Aber Yoko winkt ab. Sie habe noch eine Ausstellung für Paris vorzubereiten. Sie versprechen sich zu schreiben. »Verlier dein Lächeln nicht«, sagt John zum Abschied.
Nach einem wortlosen Indien-Intermezzo, in dem John Yokos Briefe liest – sie enthalten Anweisungen wie *Atme* oder *Schau in den Himmel, sieh die Wolke und denk an mich* –, ruft John Yoko an: »Ich bin wieder in London. Der Maharishi hatte keine Antworten mehr für

mich. Deine Briefe haben Sehnsucht in mir geweckt. Du hast eine echte Macke. Weißt du das?«

Nach der ersten Liebesnacht führen sie Trennungsgespräche mit ihren Partnern.

»Können wir noch einmal darüber reden? Du hattest doch früher auch Verhältnisse«, bittet Cynthia.

»Wozu? Ich habe mich bereits entschieden.«

Yokos Gespräch mit Tony ist schwieriger: »Ich möchte, dass Kyoko bei mir bleibt«, sagt er.

»Wieso? Wir können sie doch teilen.«

»Weißt du genau, wo du leben wirst?«

Yoko schüttelt traurig den Kopf.

»Dann ist es besser, sie bleibt bei mir.«

»Gut, vorerst«, willigt Yoko unter Tränen ein.

Coventry, 15. Juni 1968. Yoko und John liefern sich mit einem Kirchenvertreter ein heftiges Wortgefecht, weil er ihnen das Pflanzen der Eichen auf geweihtem Boden verbieten will. »Verzeihen Sie, aber Sie müssen die Haltung der Kirche verstehen. Sie sind beide mit einem anderen Partner verheiratet.«

John: »Aber wir wollen doch nur zwei Eichen pflanzen für den Frieden, als Symbol dafür, dass sich Ost und West näher kommen. Ist Ihre Kirche gegen den Frieden?«

Der Priester: »Natürlich nicht. Allerdings hat die Kirche gewisse Moralvorstellungen.«

Yoko: »Ihre Kirche hat im Verlauf der Geschichte an vielen Kunstrichtungen Anstoß genommen. Ein Großteil der Kunst würde nicht existieren, wenn man auf Sie gehört hätte.«

Priester: »Wir reden hier aber nicht über Kunst.«

Yoko sehr erregt: »Ich bin aber der Meinung, wir reden über Kunst.«

Priester: »Nicht im klassischen Sinn.«

Yoko: »Meine Kunst ist in jedem Land der Welt ausgestellt worden. Was wissen Sie eigentlich über Kunst. Können Sie überhaupt mitreden?«

Priester: »Unter Kunst verstehe ich Skulpturen oder …«
Yoko: »Wir geben Ihnen eine Skulptur. Sie werden sehen. Die Eichen wachsen zu einer Skulptur.«
Priester: »Das ist nicht dasselbe.«
Yoko: »Hören Sie, hängen Sie sich ans Telefon. Rufen Sie jeden Bildhauer im Land an. Rufen Sie in Amerika an oder in Japan. Rufen Sie Henry Moore an. Ich gebe Ihnen seine Nummer. Los, rufen Sie an, verdammt nochmal, und fragen Sie ihn, ob das, was wir machen, Kunst ist oder nicht!«
Danach pflanzen Yoko und John die Eichen außerhalb der Kirchenmauern.
Szenewechsel: Besucher von Johns erster eigener Ausstellung, die Yokos Handschrift trägt, führt zu Unverständnis beim Publikum und zu herablassenden Äußerungen: »Yoko Ono, was ist das? Chinesisch oder japanisch?«
»Irgendetwas Asiatisches. Von denen kann man ja keinen Geschmack erwarten.«
John wird wütend und diskutiert später mit Yoko über Rassismus: »Rassismus kennt keine nationalen Grenzen. Der begegnet dir überall«, versucht Yoko ihn zu besänftigen.
Doch er erinnert sich wütend an die Zeiten, in denen er mit seinen Jungs in London als Liverpoodles verspottet wurde. Dann teilt Yoko ihm mit, sie sei schwanger. Sie fallen sich glücklich in die Arme.
Szenenwechsel: *Revolution Number 9* ist zu hören und zwischen John und George Martin entsteht eine Diskussion über Musik. Später kommt Paul hinzu. John macht klar, dass sie Apple gegründet haben, um das zu tun, was sie tun wollen. Wenn experimentelle Songs nicht möglich seien, könnten sie doch gleich als Buchhalter arbeiten.
Szenenwechsel: Die Polizei stürmt Yokos und Johns Wohnung und sucht nach Drogen. Der Anwalt rät John, sich schuldig zu bekennen und Yoko rauszuhalten, weil sie als Japanerin bei einem Schuldbekenntnis aus England ausgewiesen werden würde. Die ganze Aufregung macht Yoko zu schaffen. In der Klinik besteht John darauf, mit

10 Yoko, John und Paul bei der Premiere des Films »Yellow Submarine« (1968)

ihr das Zimmer zu teilen. Aus dem Fernsehen erfahren sie Neuigkeiten von ihren Scheidungen. Eine Straßenszene zeigt einen Zeitungsleser und die Schlagzeile: *EMI says no to naked cover*. Zurück in der Klinik teilt der Arzt mit, dass Yoko das Kind verlieren wird. Es sei nur eine Frage der Zeit. Daraufhin nimmt John die Herztöne des Ungeborenen auf, die plötzlich abbrechen. Tränen.
Szenenwechsel zu den Twickenham-Studios. Paul singt *Let It Be*, Yoko und John tanzen zwischen den Instrumenten, dann streiten sich Paul und George, woraufhin der Benjamin der Fab Four seinen Gitarrenkoffer packt. Szenenwechsel, Krisensitzung: Yoko, Linda, John und Paul sind sich einig, dass es jemanden braucht, um Apple zu sanieren. Paul schlägt seinen Schwiegervater vor. »Alles in der Familie halten, was?«,

giftet John und erzählt von Allen Klein und davon, dass auch George und Ringo für Klein sind. Auftritt Yoko vor akademischem Publikum. Sie singt einen gleichbleibend hohen Ton. John kommt hinzu und erzeugt Rückkoppelungseffekte mit der Stromgitarre. Danach – in Johns weißem Rolls-Royce – macht sich John über das Publikum lustig, das schockiert war von ihrem »Rock'n'Roll-Ureinwohnerblues«. Anlässlich von Kriegsbildern im Autofernseher entsteht ein Gespräch über die Aufgaben von Künstlern: »Ich kann das nicht mit ansehen. Meinst du, deine Augen sind offen, nur weil du es dir ansiehst? Du bist ein berühmter Mann. Die Menschen hören auf dich. Und? Was hast du ihnen zu sagen? *I wanna hold your hand*. Es ist ein guter Song. Aber er sagt nichts über eine Welt, die auseinanderbricht. Vielleicht sollten wir uns beide eine Aussage überlegen. Wir leben beide in dieser Welt und wir sind beide Künstler. Künstler sollten am Weltgeschehen teilnehmen.« John stellt Yoko seiner Tante Mimi vor.

Schnitt: Die Hochzeit ganz in Weiß findet statt. Weil der Ring zu weit ist, malt John ihr einen Ring auf den Finger.

Szenenwechsel zum ersten Bed-in in Amsterdam. »Ich finde es gar nicht schlimm, wenn die Leute über uns lachen. Es ist gut, zu lachen. Diejenigen, die Kriege machen, wissen nicht, was Lachen ist«, sagt Yoko. 1. Juni 1969 in Montreal: Yoko und John und viele andere singen *Give Peace a Chance*.

Szenenwechsel: fröhliche Stimmung im Auto. John fährt durch die idyllische ländliche Landschaft Schottlands und singt mit Yoko, Kyoko und Julian. Plötzlich verliert er die Kontrolle über den Wagen. Im Krankenhaus macht sich die verletzte Yoko Sorgen: »Tony wird sich ärgern. Es war so wunderschön und jetzt ist es vorbei.«

Szenenwechsel: Yoko ist wieder schwanger. »Im Dezember kommt das Baby. Wir müssen aufhören, dieses Zeug zu nehmen. Wir müssen unsere Körper von Grund auf reinigen«, woraufhin eine Sequenz mit dem Song *Cold Turkey* folgt. Danach besprechen sich die Fab Four im Apple-Büro. Paul regt Konzerte und ein neues Album an.

Die drei anderen sind skeptisch. Und dann sagt John: »Ich will raus. Ich möchte, dass wir uns trennen. Offiziell geht es weiter wie bisher, aber ich bin draußen.« Musikalisch unterlegt wird die nachfolgende Verzweiflung Johns mit dem Song *Isolation*, was chronologisch nicht stimmt, aber die bedrückte Stimmung verstärkt, zumal Yoko ihre zweite Fehlgeburt erleidet. Am Ende der Klinikszene versucht John sie aufzumuntern: »Es ist alles in Ordnung. Wir haben uns ja noch. Ich liebe diese zarte kleine Hand. Und diese zarte kleine Person. Hey, weißt du was, früher war ich mal völlig verrückt nach Brigitte Bardot. Mich hatte ihr blondes Haar fasziniert und jedes Mädchen, mit dem ich ausging, musste blonde Haare haben. Cynthia ließ sich sogar ihre Haare für mich bleichen. Und jetzt sitze ich hier und bin völlig verrückt nach einer kleinen Asiatin mit rabenschwarzem Haar. Was meinst du, würdest du deine Haare färben? Blond? Für mich?« Trotz der Trauer bringt er damit Yoko zum Lachen, ein Lachen, das gleich wieder in Tränen übergeht.

Szenenwechsel: Yoko und John vor einem riesigen Plakat mit der Aufschrift: »WAR IS OVER IF YOU WANT IT – Happy Birthday from John and Yoko«. Danach in schneller Folge Zeitungsschlagzeilen: »John and Yoko meet Canadian Prime Minister«, »Police raid Lennon Art Show«, »John and Yoko sit in for peace«, »Paul is quitting the Beatles«.

Daraufhin ein erboster John: »Ich habe sechs Monate lang den Mund gehalten, um den äußeren Schein zu wahren. Und er benutzt es als Reklame für sein neues Album. Ich hätte es genauso machen können mit *Cold Turkey* oder *Live Peace in Toronto!*« Daraufhin zertrümmert er das Mobiliar, und Yoko gelingt es nur mit Mühe, ihn zu beruhigen. »Es ist vorbei. Es gibt keine Beatles mehr.«

Schnitt: Der Song *God* ertönt: »I don't believe in Beatles. I just believe in me, in Yoko and me.«

Tokio, März 1971. Yoko stellt John ihrer Familie vor. Nach einigem Zögern scheint John der erste Gatte Yokos zu sein, den ihre Eltern von Anfang an akzeptieren.

Mallorca, April 1971. »Im Scheidungsurteil steht, dass Yoko ihre Tochter jederzeit sehen kann. Aber Tony verhindert das ständig. Er hat alle Tricks angewandt, um Yoko von Kyoko fernzuhalten. Es scheint ganz so, als ob er unseren Lebensstil missbilligt«, erklärt Allen Klein. Daraufhin holen Yoko und John Kyoko in einem unbeaufsichtigten Moment vom Spielplatz ab und bringen sie zu sich. Aber wenig später taucht die Polizei auf. Kyoko wird Tony zurückgegeben, nachdem der Hauptkommissar mit Kyoko gesprochen und sie sich für ihren Vater entschieden hat.

Yoko ist niedergeschlagen: »Sie hasst mich.« John erinnert sich an seine Kindheit, als er sich zwischen Vater und Mutter entscheiden musste. Er macht Yoko Mut: »Ihre Entscheidung hat keine Bedeutung. Sie ist noch ein kleines Kind. Ich weiß genau, wie sie fühlt. Mir ist es genauso gegangen. Ich war fünf Jahre alt. Mein Vater und ich gingen nach Blackpool. Wir haben eine wunderbare Zeit verbracht. Nur mein Vater und ich. Und bevor ich es merkte, stand ich plötzlich zwischen meiner Mutter und ihm und er überließ mir diese Wahl. Ich habe denjenigen gewählt, mit dem ich zuletzt Spaß und die schönste Zeit verbracht hatte. Aber dann merkte ich, was ich meiner Mutter angetan hatte, und blieb bei ihr. Also bilde dir nicht ein, dass Kyoko dich hasst. Hör niemals auf zu versuchen, sie zurückzubekommen.«

New York, Juni 1971. Yoko zeigt John die Orte ihrer Jugend und ihm gefällt es. Wenig später übermittelt Allen Klein John die Einladung, bei Georges Concert for Bangladesh mitzuspielen. Als sich herausstellt, dass die Einladung nicht für Yoko gilt, wird er wütend: »Wann begreifen diese Leute endlich, dass John und Yoko ein einziges Wort ist.«

Und Yoko ist verzweifelt: »Ich war einmal Yoko Ono, die Künstlerin. Yoko Ono, die Frau und vor allem der Mensch. Das alles ist in England verloren gegangen. Ich bin nur noch die Japanerin, die John Lennon seiner Frau ausgespannt hat. Ich bin nur noch die Frau, die die Beatles gespalten hat und John Lennon in einen Exzentriker verwandelt hat. So fühle ich mich jedenfalls. Das werden sie mir niemals

vergeben oder vergessen.« Danach schlägt John vor, für eine Weile in New York zu leben. Yoko ist überglücklich.
Szenenwechsel, Ann Arbor, Michigan, 10. Dezember 1971: Auf einem Transparent steht »Free John Sinclair«. Jerry Rubin fordert den Rücktritt von Nixon und Yoko und John singen ihren Song *John Sinclair*.
Apollo Theater, New York, 17. Dezember 1971. Yoko und John singen *Attica State*. Und im Publikum sitzt immer ein Mann, der für das Innenministerium der USA arbeitet und alles auf Tonband aufnimmt. Houston, Texas, 18. Dezember 1971. Vor Gericht wird um das Besuchsrecht von Kyoko verhandelt. Von dem Kind fehlt allerdings jede Spur und Tony, der beschuldigt wird, sie zu verstecken, muss für einige Tage ins Gefängnis. Yoko und John wird empfohlen, sich in New York in höchstmöglicher Instanz das Sorgerecht zusprechen zu lassen. Wenig später entscheidet das Gericht tatsächlich zu Gunsten Yokos. Trotzdem fehlt von Kyoko jede Spur. Auch mehrere von Yoko und John beauftragte Privatdetektive können sie nicht finden. Derweil fühlen sich John und Yoko beschattet und verfolgt. Ihr Telefon wird abgehört. Es folgt Post von der Einwanderungsbehörde. Sie sollen des Landes verwiesen werden. Ihr Anwalt empfiehlt ihnen, keine weiteren politischen Aktionen zu unternehmen, um die Einwanderungsbehörden nicht zu verärgern. Ob sie vom FBI beschattet werden, will der Anwalt klären lassen. Inzwischen distanziert sich Richard Nixon in einer Fernsehansprache vom Fall Watergate.
Schnitt: Madison Square Garden, New York, 30. August 1972. Yoko und John treten wieder auf und singen gegen den Krieg und gegen Nixon. »20 000 Menschen kommen zusammen und singen und diese blöden Kritiker schreiben nur über die Beatles«, ärgert sich John bei der Zeitungslektüre danach. Er klagt über schlechte Verkäufe und Verrisse, egal, was er tue. Auch seine Verfolgungsängste steigern sich. Derweil nimmt Yoko im Studio neue eigene Songs auf. Aber John ist am Mischpult nicht bei der Sache, wirft einem Tontechniker mangelndes politisches Bewusstsein vor. Er wirkt zunehmend zynisch.

Dann kommt die Nachricht, dass Nixon für weitere vier Jahre gewählt wurde. John randaliert angetrunken bei einer »Wahlparty« mit Jerry Rubin und demütigt Yoko, indem er mit einer Frau im Nebenzimmer schläft. Die beiden sind so laut, dass Jerry Rubin peinlich berührt den Fernsehton höher dreht. Diese Szene zeigt, wie tolerant die echte Yoko Ono ist, die ihre Zustimmung zu diesem Film gab.

Yoko singt im Studio ihren Song *Death Of Samantha*. Yoko und John ziehen ins Dakota Building ein. Sie spielt in einer Stimmung zwischen Nostalgie und Verzweiflung Klavier, er sieht mit einem Gesichtsausdruck zwischen Langeweile und Abgestumpftheit fern und trinkt Bier.

Yoko ergreift die Initiative: »Ich finde, du solltest für eine Zeitlang weggehen. Wir sollten uns für eine Weile trennen. Wir brauchen Abstand voneinander. (…) Ich kann nicht sagen, wie lange. Ich will nur eine Trennung. (…) Doch, ich liebe dich. Aber wir erdrücken uns gegenseitig. Wir kleben seit dieser Nacht in Kenwood wie siamesische Zwillinge aneinander. Es geht mir nicht um Sex. Es geht mir ums freie Atmen, um Luftveränderung, um Horizonterweiterung. Für uns beide. Die Welt wird uns niemals als Partner akzeptieren. Egal, was wir versuchen. Vielleicht müssen wir getrennt sein, um frei atmen zu können. Zieh nach Los Angeles. Da gibt es auch eine Musikszene. Und das Wetter ist schön. Ich werde May mitschicken. Du kommst schon zurecht. Gib uns eine Chance.«

Los Angeles, Oktober 1973. John trifft mit May Pang am Flughafen ein, wo er von Elliot Mintz empfangen wird. »Ihr seid beide meine Freunde. Bitte mich nie, ein Geheimnis vor Yoko zu bewahren«, sagt Elliot und John findet das fair. Während der folgenden 18 Monate ist Elliot der Kontaktmann zwischen Yoko und John. Er hält sie über seine Entwicklung auf dem Laufenden. Es folgen wilde Sessions im Studio u. a. mit Ringo, mit Harry Nielsson, Keith Moon oder Elton John und mit viel Alkohol und Drogen. Immer mit von der Partie ist Phil Spector, der eines Tages mit seiner Pistole in die Studio-Decke schießt, um sich Gehör zu verschaffen. Derweil sitzt Yoko in

New York alleine in meditativer Stimmung am Klavier. Sie erfährt, dass John trotz der vielen Partys und Saufgelage kreativ ist und viel arbeitet. Sie komponiert einen neuen Song und John wünscht ihr telefonisch, er möge ein Hit werden. Manchmal ruft er sie verkatert an und bittet sie, nach Hause kommen zu dürfen. Doch sie lehnt ab. Im Studio nimmt er mit Elton John *Whatever Gets You Through the Night* auf. Elton wettet mit John, dass der Song Nummer eins wird. Wenn er gewinnt, soll John Stargast in Eltons Live Show sein. John willigt ein. Später trifft er Yoko zum Tee im Dakota und sie sagt: »Ich weiß, dass Apple immer noch in Schwierigkeiten steckt, dass George und Ringo Allen Klein verklagen, dass Northern Songs dich verklagt und du die US-Regierung. (…) Ich habe Briefe aus aller Welt bekommen von Leuten, die schwören, dass sie Kyoko gesehen haben. Ich habe Detektive hingeschickt, aber sie haben sie nicht gefunden. Sie raten mir, die Suche aufzugeben. (…) Wir sind beide freie Menschen. Es gibt keine Verpflichtungen zwischen uns. Es hat mir gutgetan. Ich habe geschrieben. Bin aufgetreten. Auch in Japan. (…) Wir beide können zusammen nichts erreichen. Und daran hat sich nichts geändert. Weil sich die Welt nicht geändert hat. (…) Ich werde dich immer lieben.« Weil die Single *Whatever Gets You Through the Night* tatsächlich eine Nummer eins wird, tritt John am 28. November 1974 mit Elton im Madison Square Garden auf. Yoko sitzt im Publikum, doch John weiß es nicht. Um Yoko herum tobt das Publikum. Sie bleibt sitzen, lächelt gerührt und verliebt. Elton hatte sie eingeladen, wohl ahnend, dass sich Yoko und John bei einer solchen Begegnung wieder näherkommen könnten. Am 8. Oktober 1975 kommt Sean auf die Welt. Es ist auch Johns Geburtstag und zudem erfahren sie von ihrem Anwalt, dass John die ständige Aufenthaltserlaubnis für die USA bekommen hat. Das Glück setzt sich fort. John will sich um Sean kümmern. Er weiß um die Versäumnisse bei seinem ersten Sohn Julian. John bittet Yoko, sich um die Geschäfte zu kümmern. Er möchte keinen neuen Manager einstellen, er könne diesen Leuten nicht vertrauen und er sei sicher, dass Yoko mit den Problemen

fertigwerde. John wechselt Windeln, backt Brot und Yoko wedelt bei Konferenzen den Zigarrenrauch von Geschäftsleuten beiseite. Das Bild der romantischen Kleinfamilie, die zeitweise auch Julian integriert, wird nur durch einen Anruf Kyokos getrübt, die sich für Weihnachten ankündigt, dann aber nicht kommt, was Yoko in Verzweiflung stürzt. Als John im Urlaub New Wave hört und meint, dass Yoko schon längst solche Musik gemacht hat, fordert er Yoko auf, gemeinsam ein neues Album aufzunehmen. Im Studio singt Yoko *Kiss Kiss Kiss* und John und Sean tanzen Pogo dazu. Nach der Studio-Aufnahme von *Walking On Thin Ice* schmieden sie Zukunftspläne. Schließlich hält Yoko einen kurzen Monolog:
»Ungefähr zu der Zeit, als wir uns kennenlernten, bin ich zu einer Handleserin gegangen, die sagte: ›Du bist wie ein sehr schneller Wind, der ruhelos um die ganze Welt rast. Du hast keine Wurzeln, aber du hast jemanden getroffen, der wie ein Fels in der Welt steht. Und wenn du dich mit diesem Felsen verbindest, dann wirst du dich verwirklichen können.‹ Vielen Dank für meine Wurzeln. Ich liebe dich.«
Der Film endet mit dem Attentat.
Die weibliche Hauptdarstellerin Kim Mayori ist zehn Jahre älter als der männliche Lennon-Darsteller Mark McGann und doch wirkt die Film-Yoko nicht älter als der Film-John – wie im richtigen Leben.

TWO VIRGINS

Der Realität ist komplexer und schwieriger und besteht aus vielen interessanten, spannenden und wundervollen Momenten: Am 11. Februar 1968 beispielsweise wohnt Yoko erstmals einer Beatles-Aufnahme bei. Die Fab Four treffen sich ein letztes Mal vor ihrer Abreise nach Indien, um ein Video für *Lady Madonna* aufzunehmen. Um Zeit zu sparen, spielen sie aber nicht *Lady Madonna* vor den laufenden Kameras, sondern nehmen Johns Komposition *Hey Bulldog* an einem Tag auf, die zuvor *Hey Bullfrog* und noch früher *She Can Talk To Me* hieß. Es ist gut möglich, dass John damit schon Yoko meinte. Und sie muss sich köstlich amüsiert haben, diese millionenschweren Musikgenies im Studio rumalbern, bellen und heulen zu sehen. Und John schreit immer wieder einen ganzen Tag lang den Refrain: »You can talk to me! If you're lonely you can talk to me!« Yoko soll interessiert das hochmoderne Equipment studiert und nach dem Ende der Session zu John gesagt haben: »Warum spielt ihr diesen simplen Vierviertel-Beat ununterbrochen den ganzen Song lang? Warum machst du nicht etwas Komplexeres?«

Damit löste sie in John Überlegungen aus, die zu vielen weiteren und gewagteren Experimenten führen werden. Diese Episode ist ein Beispiel für die vielfach übersehene Geduld und die Langsamkeit, mit der Yoko und John sich anfangs umkreisen.

Yoko selbst wurde nicht müde, ihre Sicht zur Entstehung der Beziehung darzustellen: »Ich wusste nicht mal, wo er wohnte. Das ist nicht meine Art, die Dinge auf diese Weise zu regeln. Und außerdem war ich nicht so versessen darauf, mit ihm Kontakt aufzunehmen. Die Sache ist die, dass die Leute heutzutage diese Geschichten über uns lesen und denken, wie toll das war. Frauen schicken mir Briefe, in denen sie schreiben: ›Oh, es ist so toll zu wissen, dass du so energisch warst‹ und ›Danke, dass du das für John getan hast‹ und all diese Sachen. Aber ich ging nach Paris, nachdem wir uns kennengelernt hatten, und sagte, dass ich nicht nach London zurückkehren würde. Ich wollte zu der Zeit keine Beziehung, weil ich Freiheit für meine Arbeit brauchte. Und mir gefällt der Gedanke nicht, dass ich der Grund dafür bin, dass Frauen denken, einem Mann nachstellen zu müssen, um an ihn heranzukommen. Ich meine das wirklich ernst! Ich stelle niemandem nach!«, sagte sie im Jahr 2001.

Das klingt glaubwürdig. Folgende Episode ereignete sich kurz nach Eröffnung der Ausstellung *Half a wind*: John machte – wie im Film gezeigt – Yoko ein unzweideutiges und pragmatisches Angebot, mit

ihm ins Bett zu gehen. Es entsprach seinem Vorgehen bei Groupies. Yoko lehnte ab. Yokos Gefühlslage nach ihrer Entscheidung, nach Paris zu gehen, schilderte sie noch einmal 2003: »Ich dachte: ›Ich werde nie wieder zurück nach London gehen.‹ Ich hatte bereits diese Gefühle für John – unsere Gefühle füreinander gingen bereits in eine gefährliche Richtung. Ich dachte nur: ›Das war's.‹ Ich muss es durch eine Art animalischen Instinkt gewusst haben, dass irgendwas ernsthaft falsch lief. Diese unglaublichen Attacken, die ich von der ganzen Welt einstecken musste – natürlich konnte ich mir zu dem Zeitpunkt nicht vorstellen, dass dies geschehen würde. Ich wusste, dass wir damals schon ziemlich heiß aufeinander waren. Für mich war es sehr leicht, einfach wegzulaufen. So war es schon immer. Wahrscheinlich weil es mein Instinkt ist, mich selbst zu beschützen, damit mich nichts zerstören kann. Und dann ging er nach Indien. Ich war in Paris. Und das Schicksal ließ Ornette Coleman bei einer Ausstellung erscheinen, die ich in Paris organisiert hatte. Die Ausstellung bestand aus Musik und Aktionskunst. Coleman sagte, dass er in der Albert Hall ein Konzert geben wollte, und fragte mich, ob ich mitkommen und dort auftreten würde. Und als ich zurück nach London fuhr, betrat ich meine Wohnung – mein damaliger Mann Tony wohnte woanders. Als ich die Tür öffnete, sah ich den Stapel von Briefen, die John mir aus Indien geschickt hatte. Da hatte es mich endgültig erwischt.«*
Lennonologen warten übrigens vergeblich auf die Veröffentlichung dieses Briefwechsels.
Unfinished Music No. 1. Two Virgins heißt die erste Schallplatte, die John ohne Beteiligung von Paul und George veröffentlichte. Und es war auch Yokos erste Schallplattenaufnahme. Sie entstand in der berühmten ersten Liebesnacht im Mai 1968 in London. Yoko und John experimentierten in seinem Heimstudio im Haus Kenwood in Weybridge. Cynthia war im Urlaub in Griechenland, weshalb John endlich problemlos Yoko zu sich einladen konnte.

---

* Yoko Ono: *Just me!*, S. 88

Kontraste des Zeitgeschehens: In Paris werden Barrikaden errichtet, und das Gaullistische Frankreich droht ins Chaos zu stürzen. In Griechenland herrscht (noch bis 1974) die Militärdiktatur, gegen die in London demonstriert wird, an der Spitze Melina Mercouri. Yoko und John, beide besessene Zeitungsleser und Newsjunkies, wissen um die politischen Verhältnisse. Die beiden experimentierten unter LSD-Einfluss mit mehreren Instrumenten und mit Tonbändern vermutlich in der Nacht vom 19. auf den 20. Mai und lieben sich zum ersten Mal bei Tagesanbruch.
Spätestens jetzt beginnt für Yoko die wichtigste Liebesbeziehung ihres Lebens.

Unfinished Music No. 1. Two Virgins ist eine Aneinanderreihung von Geräuschen und Klängen, die keine Struktur erkennen lässt. Es fehlen durchgängige Rhythmen und Melodien, es fehlen Songtexte, es fehlen Musikstücke im herkömmlichen Sinne. Es handelt sich um avantgardistische, experimentelle Musik, die heute noch, über 40 Jahre nach ihrer Entstehung, oft Kopfschütteln auslöst und Verständnislosigkeit, zumal diese Platte sehr viel weniger Käufer fand als das Weiße Album und ganz ohne gewöhnliche Unterhaltungsmusik auskommt. Kritiker haben nach wie vor Mühe, Erhellendes und Konstruktives zu *Unfinished Music* zu sagen. Auf manchen Ausgaben der Platte werden zwölf Titel angegeben (*Two Virgins* durchnummeriert bis No. 10) sowie *Together* und *Hushabye Hushabye* als jeweils zweite Tracks auf jeder Seite.

Das Album beginnt mit Vogelgezwitscher und Johns Pfeifen, mit lieblichen und nachhallenden Klängen, unterbrochen von elektronischen Störgeräuschen, begleitet von starkem Rauschen, ein Knattern und eine quietschende Tür da, ein Hämmern und Gesprächsfetzen dort (»Hey there, is that you?«, fragt Yoko. Später sagt John: »It's just me Hilda, I'm home for tea«), da klimpert ein Piano, dort stöhnt eine E-Gitarre, hier werden kurz andere Musikstücke – beschleunigt und verlangsamt – eingeblendet und drüben dröhnt eine Kirchenorgel,

Radiosendungen werden kurz und willkürlich eingeblendet, Trompetenstöße, Trommelschläge und irgendwie klingt es so, als ließe man Kinder Musik machen: atonal, unzusammenhängend, ziellos – aber aus einem Guss. Das Woodstock-Album-Cover mit den nackten Kindern beim Schlagzeug fällt einem ein. Und so fühlen sich wohl John und Yoko – wie Kinder improvisierend in neuen Klangwelten, abseits von Kunstfertigkeit, abseits von jeglicher Erwartungshaltung des Publikums.

Für Yoko ist das die Fortsetzung ihrer experimentellen Arbeit, für John die Befreiung vom Beatles-Korsett der schönen Melodien. Bei Minute 4:44 ist erstmals Yokos Schreien auf Vinyl zu hören. Es ist eine Premiere, nämlich der Auftakt zu vielen weiteren Veröffentlichungen mit dem typischen Kreischen, das jeweils durch verschiedenste Soundteppiche erzeugt von verschiedensten Musikern seit den frühen 1960er-Jahren bis heute unterlegt wird. Später steigt auch John in das Geschrei ein. Bei Minute acht deutet sich ein Zusammenspiel der beiden an, das aber bald wieder aufgelöst wird. Wortfetzen, ein Zurufen, bruchstückhafte Kommunikation, manchmal ein Lärm-Crescendo, dann wieder das Abflauen, manchmal paukenschlagartige Explosionen, dann ein plötzliches, fast vollkommenes Verstummen. Yoko demonstriert hier schon das breite Spektrum ihrer Vokalkunst, die vom menschlichen zum animalischen (hier mit Schwerpunkt Katzen) reicht und wieder zurück. John ermuntert sie auf der B-Seite mit den gut verständlichen Worten: »That's right dear, spit it out.«

1997 sagte Yoko zu *Two Virgins*: »John machte diese scratch-artigen Sachen mit dem Radio fast so, als wäre er ein Vorläufer in Sachen scratch. Ich nahm eine Zeitung, die herumlag, und las eine Schlagzeile. Ich zeigte ihm, dass ich damit einen Song machen kann. Ich wollte ihm zeigen, dass er nicht eingezwängt sein muss, um einen Song zu machen.«

Für Yoko war der Umgang mit unfertiger Musik gute Gewohnheit. Ihr stand ein argumentatives Instrumentarium zur Verfügung, das

11 »Two Virgins«, Yoko und John nackt auf dem Cover von Rolling Stone (1968)

noch heute nur Minderheiten interessiert: Yoko geht davon aus, dass unfertige Musik tatsächlich unfertig ist. Der Hörer kann also Dinge hinzufügen, entfernen, umstellen oder sonst wie ändern bzw. sich neue Klänge hinzudenken. Das Unfertige im Hörer, nicht das Unfertige auf der Platte, sei das Wesentliche. Die Aufnahme selbst sei nur dazu da, im Hörer Dinge zu stimulieren, die vorhanden, aber stumm sind.

Aber das Album ist noch weit mehr. *Two Virgins* ist u. a. eines der prominentesten Tonkunstwerke der Avantgarde und ein Dokument der Popmusik, das zwei Individualisten, zwei kreative Freigeister kurz vor ihrer Symbiose zeigt. Der Titel *Unfinished Music* sollte über einer Reihe weiterer Alben des Duos stehen, mit denen sie eine akustische Chronik ihres gemeinsamen Lebens erstellen wollten, ein Werk, das ihre Zweisamkeit für die Öffentlichkeit dokumentiert.

Das viel beachtete Cover, auf dem John und Yoko nackt zu sehen sind, hat das Album berühmter gemacht als die darauf enthaltene unfertige Musik. Die Aktfotos – es existieren weit mehr als die beiden für den Umschlag verwendeten – entstanden im Oktober 1968 in der Wohnung von Ringo Starr, wo Yoko und John vorübergehend lebten. Ob sie mit Selbstauslöser geknipst wurden, bleibt bis heute offen. Der Fotograf Tom Hanley, Lennono-Vertrauter und verantwortlich für viele Porträts der beiden in jener Zeit, versicherte mir, dass Peter Brown bei der Aktfotosession anwesend gewesen sei und die Bilder gemacht habe. Yoko und John hätten Peter gebeten, sich ebenfalls auszuziehen, weil sie sich sonst unwohl fühlten, wonach das einzige wirkliche Foto mit Selbstauslöser entstanden sei, auf dem alle drei nackt zu sehen sind.

Anfang der 1970er-Jahre steuerte Elliot Mintz eine Anekdote bei. Sie befanden sich zu dritt an einem einsamen Pool. Als Yoko und John sich umständlich mit Handtüchern umwickelten, um ihre nassen Badesachen auszuziehen, lachte Elliot überrascht. John antwortete: »You know, I'm british.« Schelmische Schamhaftigkeit im kleinen Kreis, nachdem alle Welt ihre Genitalien gesehen hatte, ein naives Manifest der sexuellen Revolution, ein Abschütteln von Konventionen – nicht nur im Musikgeschäft.

Auf der Rückseite des Albums befinden sich Zitate aus der Genesis, u. a.: »Und sie waren beide nackt, der Mann und seine Frau, und sie schämten sich nicht.« Je stärker die Widerstände aus dem Umfeld von Lennono wurden, desto trotziger boxten die beiden ihr Vorhaben durch. Hierbei war Yoko die treibende Kraft, was den Mut zur Nacktheit betraf, John derjenige, das Cover gegen die Widerstände seiner Freunde und der Plattenfirmen durchzusetzen. Die beiden ließen nicht locker, bis das Album von anderen Firmen als EMI und Capitol in Großbritannien und in den USA veröffentlicht wurde. Aber die Radiostationen spielten es nicht, auch nicht auszugsweise; viele Plattenläden weigerten sich, das Album vorrätig zu halten, und Zeitungen und Zeitschriften veröffentlichten keine Anzeigen für das

Album, auch nicht für jene Auflage, die mit braunem Packpapier umwickelt ausgeliefert wurde, das – stilisiert – die auch noch heute lieferbare CD ziert – mit Ausschnitten, so dass zunächst nur Yokos und Johns Köpfe zu sehen sind.

Das Album war kein Verkaufserfolg (immerhin Platz 124 in den US-Billboard Charts), sorgte jedoch für unzählige kontroverse Diskussionen über das neue Pop-Paar John und Yoko, das sich damit vielen Zwängen des Showbusiness entledigt hatte und frei war, das eigene Leben und die Welt in nicht kommerzielle Kunst zu verwandeln.

Wenige Tage nach Yokos und Johns erster Liebesnacht, am 30. Mai, starten die Aufnahmen zum so genannten *White Album* der Beatles mit dem Song *Revolution*, der später zweigeteilt wird in einen konventionellen Song und dem experimentellen *Revolution 9*, dem mit über acht Minuten längsten Beatles-Stück überhaupt.

Revolution 9 war damals nicht nur für Beatles-Fans, sondern für die Mehrheit der Hörer von Unterhaltungsmusik eine Provokation. Die negativen Kritiken überschlugen sich. Auf *Revolution 9* ist mehrfach Yoko zu hören. Das Stück markiert den Beginn der Legende von Yoko als Ursache der Trennung der Beatles.

Dank der Prominenz der Band, die – angeblich – dahinter steht, hat es dieses Geräuschstück als eines der wenigen der Avantgarde-Musik überhaupt geschafft, über Jahrzehnte hinweg Ohrwurmqualitäten zu erlangen. Das sonore »Number nine …« zieht sich durch einen in allen Einzelheiten von Beatles-Exegeten analysierten Lärmteppich, der abwechslungsreich die Hörer stimuliert und durch das Wiedererkennen nicht mehr nur als lästig und störend empfunden wird, sondern als ein angenehmes akustisches Erlebnis, das schöne Assoziationen, Erinnerungen und besondere Stimmungen (auch politischer, revolutionärer, gewalttätiger Art – passend zu 1968) wecken kann, zumal es eingebettet ist in eines der interessantesten Doppelalben der Popmusikgeschichte.

Revolution 9 ist heute Avantgarde-Nostalgie. Damals war es v. a. Yokos Werk zur musikalischen Weiterentwicklung ihres Liebhabers, der für ihren Geschmack zu stark von den Konventionen der Rock- und Popmusik abhängig war. Für John war es ein weiterer Schritt, um sich aus dem Bannkreis der Beatles zu befreien. Yoko hatte in New York schon gefunden, was John in London suchte.

Nicht die Beatles, sondern Yoko Ono, John Lennon und George Harrison tüftelten inspiriert von Karlheinz Stockhausen und John Cage ohne Paul, Ringo und George Martin mit Tonbandschleifen viele Stunden an der *Revolution 9*-Klangcollage, deren Vorbild wenige Tage zuvor in Johns Landhaus Kenwood in Weybridge entstanden war.

Was oft übersehen wird: *Unfinished Music No. 1. Two Virgins* erschien nach vielen Widerständen der Plattenfirmen kurz nach dem *Weißen Album*, entstand aber davor.

YOKO ONO UND DIE BEATLES

Die Popkultur der 1960er-Jahre ist ohne Beatles undenkbar. »Und so entstand in den letzten vierzig Jahren aus den Beatles so etwas wie eine globale Übereinkunft (...) Es gibt nicht viele von diesen universalen kulturellen Vereinbarungen«, schrieb der *Spiegel* 2010. Warum sich die Fab Four 1970 trennten, wurde fast ebenso oft analysiert wie ihr Erfolg. Im 21. Jahrhundert lautet die Frage aber nicht mehr, *ob* Yoko Ono der Trennungsgrund war, sondern lediglich, *wie groß* ihr Anteil am Ende der erfolgreichsten und einflussreichsten Band der Rockgeschichte ist. Verfolgt man die Texte chronologisch, die sich damit beschäftigen, fällt auf, dass im Laufe der Jahrzehnte die Einschätzungen objektiver werden. Yoko gilt heute nicht mehr als der kleine japanische Spaltpilz, sondern eher als Retterin des psychisch labilen Beatles-Gründers und als Katalysator einer Entwicklung, die schon vor ihrem Auftauchen in London angefangen hatte. Es gibt sehr viele und gut dokumentierte Ursachen für das Auseinanderdrif-

ten der vier Liverpooler Freunde. Vergegenwärtigt man sich die von Yoko unabhängigen Differenzen zwischen John, Paul, George und Ringo, so wird deutlich, wie sehr Yokos Rolle kurz nach dem Ende der Beatles überbewertet wurde. Hier seien nur einige der wichtigsten Beatles-Probleme genannt, bevor Yokos Part beleuchtet wird.
Im August 1967 stirbt Beatles-Manager Brian Epstein. Danach ist bei den Fab Four nichts mehr wie zuvor. Brian hatte die Jungs aus Liverpool instinktsicher durch den Marketingtrubel gelenkt und von Erfolg zu Erfolg geführt. Er war ein besonnener und kluger Ratgeber und Freund, der den Terminkalender gestaltete, inhaltlich mitredete und zugleich die Bilanzen nie aus den Augen verlor. Die Beatles können Brian Epsteins Rolle nach 1967 nicht neu besetzen.
Zwar versucht sich Paul verstärkt als treibende Kraft, vor allem was musikalische Projekte betrifft, aber dadurch verändert sich die Dynamik im Gefüge. Denn es ist ein großer Unterschied, ob eine Autoritätsperson von außen die Karriere vier junger Musiker plant oder einer aus der Gruppe selbst das tun möchte. Brian Epsteins Tod war der Anfang vom Ende der Beatles. Denn John verliert nicht nur seinen Manager, er verliert auch einen sehr guten Freund. Hinzu kommt der Wegfall der manchmal fast auch väterlichen Fürsorge Brians für seine Jungs. Wer nach Gründen für das Ende der Beatles sucht, wird in der komplexen Beziehung der Band zu ihrem Manager und ihrem abrupten Ende fündig. Ebenso wichtig ist Johns Jesus-Vergleich und wenig später die vielfach beschriebene und interpretierte Frage der Nachfolge, um das wachsende organisatorische und finanzielle Apple-Chaos zu beheben. John bevorzugt den von Mick Jagger empfohlenen Manager Allen Klein, Paul seinen Schwiegervater in spe Lee Eastman. Diese beiden Motive für die Trennung sind hinlänglich bekannt. Als weiterer wesentlicher Trennungsgrund sind die von Album zu Album immer deutlicher werdenden musikalischen Differenzen zwischen John und Paul von Bedeutung. Lange vor Yokos Auftauchen zeichnen sich auf *Rubber Soul* und *Revolver* die unterschiedlichen Sound-Charaktere immer stärker ab – meist

weich-melodiös-poetisch bei Paul, meist hart-experimentell-autobiografisch bei John – was in Pauls *Ob-La-Di, Ob-La-Da* kulminiert. Kein anderer Song hat das Image der Beatles als ernsthafte Band stärker beschädigt. Keinen anderen Song Pauls hat John stärker abgelehnt.

Noch ein Trennungsgrund, der ebenfalls nichts mit Yoko zu tun hat, bildet die musikalische Entwicklung George Harrisons. Seine Songwriter-Qualitäten steigern sich seit der Veröffentlichung von *Don't Bother Me*, seiner ersten Eigenkomposition auf dem Album *With the Beatles* (1963) langsam, aber stetig. Sie gipfeln in den beiden herausragenden Songs auf *Abbey Road* (*Here Comes the Sun*, *Something*) und wenig später in seinem ersten und bis heute erfolgreichsten (dreifach) Solo-Album eines Ex-Beatle *All Things Must Pass*. Eine Menge Ideen und viele Lieder hatten sich bis dahin aufgestaut, weil John und Paul über Jahre hinweg nur ganz wenig Material von George auf den Beatles-Alben akzeptierten. George spürte sehr früh, dass er sich abseits der Band viel besser verwirklichen könnte als mit den Fab Four. Innerlich hatte er längst gekündigt, als er während der *Let It Be*-Sessions schrieb: »Heute die Beatles verlassen.«

Aber der Benjamin hatte nicht die Autorität, das Quartett zu sprengen. Also versuchte er zumindest seit dem *White Album* Gastmusiker zu integrieren, um die Spannungen zu reduzieren. »Das ist wie bei einer sich streitenden Familie. Wenn man Gäste einlädt, benehmen sich alle anständiger«, sagte George. So spielte Eric Clapton auf dem *White Album*, und Billy Preston prägte mit seinem Gospel-Piano die Stimmung auf den beiden letzten Beatles-Alben. Beide Musiker kamen auf Einladung Georges zu den Beatles.

Ein fünfter und wenig beachteter Grund für die Beatles-Trennung ist Johns Neigung zur bildenden Kunst und zur Literatur. Vielfach wird übersehen, dass er noch gar nicht so lange wusste, ob er Künstler oder Musiker werden wollte. Seine Entscheidung für die Musik war bei Brian Epsteins Tod keine acht Jahre alt. Als Jugendlicher ging er nicht etwa an ein Konservatorium, sondern auf die Kunstakademie. In seinen beiden Prosabänden sind viele Zeichnungen enthalten, die von seiner Lust an der Malerei zeugen. Es muss nicht immer Musik sein, wusste John schon lange, bevor er Yoko kennenlernte. Und schließlich gab es da noch die vielen Reibereien unter den langsam der Spätadoleszenz entwachsenden Stars, die sich in so heftigen Affronts Luft machten, dass jeder einzelne Krach andere, weniger gefestigte Freundschaften gesprengt hätte.

Erwähnenswert ist etwa Johns Übergabe der unvollendeten *Let It Be*-Aufnahmen an Phil Spector, ohne die drei anderen darüber zu informieren. John bat Phil, das Beste daraus zu machen, und Pauls Ärger war maßlos, als er davon erfuhr. Jahrzehnte später erschien Pauls Wunsch-Abmischung auf dem Album *Let It Be – Naked*. Sie stellt allerdings keine überzeugende Verbesserung dar.

Die Freundschaft der vier Jungs aus Liverpool hatte lange gehalten und viele Stürme überstanden. Aber sie wäre auch ohne Yoko zu Ende gegangen. Yoko kann allenfalls als Katalysator für die Trennung gesehen werden, wobei die anfänglich bösen Kommentare mancher Augenzeugen von anderen Augenzeugen – u. a. Klaus Voormann – nicht bestätigt wurden. Ende der 1960er-, Anfang der 1970er-Jahre berichteten viele Medien oft unter Berufung auf Lennono-Session-Musiker besonders negativ über Yoko. Dabei wiederholen sich die diskriminierenden Motive: Die angeblich hässliche, nie lächelnde Yoko nimmt den Briten ihren sensiblen Beatle weg. Der Zweite Weltkrieg liegt erst fünfundzwanzig Jahre zurück. Ausgerechnet eine Japanerin, Vertreterin der alten Feinde, dringt in die Beatlemania ein, holt John heraus und verwandelt ihn erst in einen Performance-Künstler, in einen Friedensaktivisten und dann in einen Hausmann. Rollentausch: Yoko kümmert sich um die Finanzen, John backt Brot und wechselt Windeln.

Der Argwohn der Medien beginnt im Frühsommer 1968 mit den ersten gemeinsamen Fototerminen von Yoko und John und dauert über die 1980er-Jahre hinaus. Heute noch werden die negativen Stimmen kolportiert u. a. in Julian Dawsons Biografie über den Pianisten Nicky

Hopkins. Dawson zitiert Nickys Exfrau, die auf Yokos Aberglaube anspielt: »Yoko mochte ihn nicht. Sie erklärte, er habe die falschen Zahlen und sei Schnee von gestern, aber Lennon liebte Nickys Art zu spielen (…) Tatsache ist, dass John von Yoko kontrolliert wurde.« Wenn Yoko ihren John in musikalischen Dingen wirklich kontrollierte, dann muss die Frage erlaubt sein, warum Nicky sich so oft und wunderbar auf Johns Solo-Alben als Pianist entfalten konnte. Nicky spielt seine unverkennbaren Soli u. a. auf *Jealous Guy*, *Crippled Inside*, *Old Dirt Road* oder *#9 Dream*. Im gleichen Jahr wie Dawsons Hopkins' Biografie erschien auch Howard Sounes' McCartney-Biografie. Sounes zitiert darin jahrzehntealte Aussagen des Toningenieurs Geoff Emerick zu den *White Album*-Sessions, der seit *Revolver* an jedem Beatles-Album mitgearbeitet hatte. Auf dieser Grundlage vergleicht Sounes Yoko mit den anderen Beatles-Frauen jener Zeit: Die von Yoko verdrängte Cynthia sei fügsam gewesen und habe sich stets im Hintergrund gehalten. Auch Ringos Mo und Georges Pattie hätten nie den Anspruch erhoben, in beruflichen Dingen mitzureden. In ihrem Bekenntnisbuch *Wonderful Tonight* schreibt Pattie Boyd: »Die Spannungen erreichten im September 1969 ihren Höhepunkt. Wie so oft kam John mit Yoko unangekündigt nach Kinfauns und verkündete, er wolle die Beatles verlassen. Ich dachte, Yoko steckte dahinter, weil sie ihn in eine andere Richtung drängen wollte.«
Pauls Jane Asher – so Sounes weiter – habe konsequent ihre eigene Karriere als Schauspielerin verfolgt und sich nie in die Arbeit ihres Mannes eingemischt. Was bislang nicht einmal Brian Epstein durfte – sich im Studio während der Arbeit der Fab Four aufhalten –, wurde Yoko ad hoc und für alle Zeit gestattet. Damit sei ein ungeschriebenes Gesetz gebrochen worden, so Sounes, denn fortan sitzt Yoko mit den Jungs zwischen Mikrofonständern und Schallwänden und singt im Hintergrund u. a. schon bei *Revolution* mit.
Die neue Situation sorgte für Irritationen, die auch von Yoko und John kommentiert wurden, anfangs heftig und zornig, aber schon 1972 schreibt John: »Das war das Ende der Beatles. Nicht weil Yoko

die Beatles zerstört hat, sondern weil sie mir gezeigt hat, was es hieß, ein ›Elvis-Beatle‹ zu sein und von Speichelleckern und Sklaven umgeben zu sein, die nur daran interessiert waren, dass alles so blieb, wie es war. Sie war wie das Kind in dem Märchen, das sagt, dass der Kaiser gar keine Kleider anhat. Bisher hatte keiner gewagt, mir das zu sagen.« John, der Provokateur, wusste instinktiv, dass er mit Yoko alle, sogar seine engsten Freunde provozieren konnte. Yoko war für ihn ein Glückstreffer. Einerseits war sie die große Liebe seines Lebens inklusive Mutterliebe. Andererseits war sie wie ein Instrument zur Verwirklichung seiner Ego-PR inklusive Inspirationsquelle für neue kreative Aktivitäten.

Als John während der *White Album*-Aufnahmen vorgeschlagen haben soll, Yoko solle statt Paul den Hintergrundgesang übernehmen, sei es zu einer ersten harten, indirekt von Yoko provozierten Konfrontation zwischen John und Paul gekommen: »McCartney starrte John ungläubig an und verließ dann empört den Raum«, so Toningenieur Geoff Emerick. Yoko sei dann auch im Regieraum ein und aus gegangen, habe dem Produzenten George Martin kundgetan, was ihr besonders gefiel und was weniger, oder *Revolution* solle etwas schneller gespielt werden und ähnliche weitere Anregungen.

McCartney-Biograf Howard Sounes folgert daraus, Yoko habe eine Grenze überschritten, weil John es zugelassen habe, dass »diese merkwürdige kleine Frau« sich in die Arbeit von Musikern einmischte, für die bislang das Motto gegolten habe: »Vier Freunde gegen den Rest der Welt«. Das sei ein schwerer Vertrauensbruch gewesen:

»Es hat einfach alles verdorben. Yoko sorgte für eine Verbitterung im Studio, die alle entzweite. George nannte sie Hexe; Ringo hasste sie; Paul begriff nicht, warum jemand seine Frau zur Arbeit mitbringen konnte. Die Haltung gegenüber Yoko war nicht frei von Sexismus und Fremdenfeindlichkeit. Es fielen unfreundliche Bemerkungen über die ›Japsenfrau‹«, so der Beatles-Freund aus Liverpooler Tagen und spätere Apple-Records-CEO Tony Bramwell, der im Gespräch mit Sounes heute noch Yoko die Schuld an der Auflösung der Band gibt.

In diesem Zusammenhang ist es jedoch bemerkenswert zu sehen, wie in kurzer Zeit ein Gewöhnungsprozess einsetzte, wie Paul während der *Let It Be*-Aufnahmen Linda mit ins Studio nahm und wie fröhlich, ja begeistert alle waren, als John und Yoko zu den Proben von *I Me Mine* einen Walzer hinlegten, was beispielsweise in Friedhelm Rathjens Buch *Von Get Back zu Let It Be – Der Anfang vom Ende der Beatles* beschrieben wird.

Johns Lost Weekend-Geliebte May Pang (später mehr zu ihrer Rolle Yoko und John gegenüber) sieht die Dinge naturgemäß anders als boshafte Yoko-Kritiker wie Bramwell: »Wenn John zu irgendwas eine ausgeprägte Meinung hatte, gingen die Rollläden runter, und was Yoko sagte, war sowieso verkehrt.« Pang betont mehrfach in ihren Memoiren die Dominanz und Selbstbestimmung Johns Yoko gegenüber. Damit dürfte sie den tatsächlichen Verhältnissen in der Beziehung Yoko und John näher kommen als die Yoko-Skeptiker, allen voran Peter Brown, der in seinem Buch *The Love You Make – An Inside Story of the Beatles* ein besonders negatives Bild Yokos zeichnet. Schon in der Einleitung schildert er ausführlich Erpressungsversuche Yokos bis hin zu Selbstmorddrohungen, beispielsweise um John davon abzuhalten, seinen Sohn Julian zu besuchen. Im weiteren Verlauf wird diese Aussage noch bekräftigt und ausgeführt, als Quelle dient jedoch nur Cynthia, die das in ihren eigenen Memoiren nicht bestätigt.

Unter den harten Yoko-Kritikern gab es auch welche, die behaupteten, John sei Ende der 1960er wegen Yoko heroinsüchtig geworden. Niemand dürfte so genau über dieses Thema Bescheid wissen wie Keith Richards. In seiner Autobiografie *Life* aus dem Jahr 2010 erinnert er sich an die vielen Besuche, die ihm Yoko und John abstatteten. »Wir waren viel zusammen. Der Punkt bei John war, dass er trotz seines vielgepriesenen Draufgängertums mein Tempo nicht mitgehen konnte (…) Ein paar Downer, ein paar Upper, Koks und Heroin (…) Yoko, die sich im Hintergrund hielt, sagte immer: ›Er sollte das wirklich nicht tun.‹ Und ich: ›Klar, aber ich zwing ihn ja nicht.‹ Und er kam immer wieder und wollte mehr.«

Bei aller Experimentierfreude Yokos: Sie kommt aus einem intakten Elternhaus, ihr Überlebenswille wuchs von Krise zu Krise. In dieses Bild passt Richards' Schilderung der mütterlich-besorgten Yoko. 1970 sagte John: »Es machte einfach keinen Spaß. Ich habe es mir nie gespritzt. Wir haben es geschnupft, wenn es uns wirklich schlecht ging. Alle haben es uns so schwer gemacht, und man hat mir und Yoko so viel an den Kopf geworfen, besonders Yoko. Wir haben Heroin genommen wegen dem, was die Beatles und andere uns angetan haben. Aber wir sind davon losgekommen.«
Und Yoko erinnert sich 1997: »Er ist ein Rebell, ich bin ein Rebell, und wenn alle sagen: ›Niemand kommt vom Methadon los‹, dann schaffen wir es natürlich. Und es war das Schwerste, das ich je getan habe. Ich bin mir sicher, dass das auch für John galt. Also haben wir nie zurückgeschaut. Danach konnten wir von nichts mehr abhängig werden.«
Yoko und John bildeten eine symbiotische Beziehung. Äußerlich näherten sie sich immer weiter an. Zeitweise sahen sie fast aus wie Zwillinge. Es scheint müßig, danach zu fragen, wer mehr Einfluss auf den anderen ausübte. Manchmal setzte Yoko mit weiblichem Geschick ihre Interessen durch, manchmal wies John mit Machogehabe den Weg. Alle bislang veröffentlichten Film- und Tonaufnahmen, auf denen Yoko und John gemeinsam zu sehen und zu hören sind, sprechen allerdings für eine John-Dominanz: John hört immer gerne Yokos Meinung, aber dann setzt er seinen Kopf durch, klopft er den Takt, gibt den Ton vor. Yoko hatte immer große Mühe, sich zu artikulieren. John hingegen plauderte für sein Leben gern und war enorm schlagfertig und witzig, weshalb Yoko bei allen gemeinsamen Interviews vergleichsweise wenig zu Wort kommt. Die einzige dokumentierte Ausnahme bildet das so genannte »Dentist Interview«, das der niederländische Journalist und Soziologe Abram De Swaan am 12. Dezember 1968 im Warteraum eines Zahnarztes führte. Die erste Hälfte des gut halbstündigen Gesprächs findet nur mit Yoko statt. Danach kommt John hinzu und wirkt apathisch. Er spricht langsam

und kraftlos, was auf Drogenkonsum und die zahnärztliche Behandlung zurückzuführen ist. Das gibt Yoko die Möglichkeit, auch in Johns Anwesenheit ausnahmsweise viel zu reden.

Yoko drängt sich im Allgemeinen selten vor, und John muss bei gemeinsamen Auftritten freiwillig pausieren, damit sie überhaupt etwas sagen kann. Ohne Johns Zustimmung konnte sich Yoko in der Öffentlichkeit weniger entfalten als vor der gemeinsamen Zeit. Auch die spätere Zähmung Johns nach dem exaltierten Lost Weekend zum gesundheitsbewussten Hausmann wäre ohne die Bereitschaft Johns unmöglich gewesen. »Yoko hat John gerettet«, sagt Klaus Voormann. Und das tat sie auf einfühlsame Weise in verschiedenen Lebensabschnitten, was von vielen Nahestehenden bestätigt wird. Auch deshalb rückten spätestens nach Johns Tod Paul, George und Ringo nahe mit Yoko zusammen. Heute sind Paul und Ringo eng mit Yoko befreundet.

LENNONO IST KUNST

Im Juni 1968 zeigten sich Yoko und John gemeinsam in der Öffentlichkeit, mal in einem Restaurant, mal in den Apple-Büros. Am 15. Juni pflanzten Yoko und John auf Einladung des schon befreundeten Kunstkritikers Anthony Fawcett im Rahmen der National Culture Exhibition vor der Kathedrale von Coventry zwei Eicheln und nannten die Aktion eine »lebende Konzept-Kunst-Skulptur«. Sie setzten die Eicheln in Ost-West-Richtung ein, eng nebeneinander. Sie stehen für Yoko und John, die ihrerseits den westlichen und den östlichen Kulturkreis repräsentieren. Die von einer runden Bank umgebenen Eichen sollten Symbol der Liebe zweier Menschen und ein Zeichen für die friedliche Vereinigung von östlicher und westlicher Welt sein. Diese Performance ist die erste Aktion für den Frieden von Yoko und John, viele weitere werden folgen. Die Eicheln selbst wurden von Souvenirjägern eine Woche nach der Eröffnung ausgegraben und gestohlen. Danach wurden neue gesetzt und bewacht. Die runde weiße Bank schenkte Yoko 2005 der Stadt Coventry, und im Mai 2010 fand eine Ausstellung in der Kathedrale über Yoko und John statt.

Seit ihrem Outing schien es, als erhöhten sich die Intensität und die Geschwindigkeit, mit der das Pop-Superpaar agierte. Am 1. Juli wurde Johns erste eigene Ausstellung in der Robert-Fraser-Galerie in London eröffnet. Unter dem Titel »You Are Here – To Yoko from John, With Love« stiegen 365 weiße Luftballons in die Luft, an denen kleine Zettel hingen, die die Finder aufforderten, John zu schreiben. »Hier«, das konnte durch diese Aktion – dazu gehörten auch Buttons – plötzlich überall sein, wo Johns Satz gelesen wurde. Sammelbüchsen für wohltätige Zwecke wurden in der Galerie ausgestellt, und ein weißes, großes und rundes Segeltuch, in dessen Mitte John »you are here« geschrieben hatte. Tatsächlich wurden über 100 Anhänger zurückgeschickt. Auf denen standen dann aber oft unfreundliche Dinge geschrieben: Beschwerden über seine langen Haare, seinen Reichtum und über Yoko.

»Ich glaube, dass ich mir damit das Image verdorben habe. Die Leute wollen mich einfach nicht anders sehen als vorher. Ich soll liebenswert sein. Das bin ich aber nie gewesen«, sagte John dazu. Die Aktion war seine Idee, doch trug sie Yokos Handschrift, ab sofort verzichteten beide bei all ihren Events auf den Fluxus-Hinweis. John hatte auch Sammelbüchsen aufgestellt und einen weißen Hut mit der Aufschrift »For the artist« und eine Vase mit Ansteckern, auf denen »You are here« stand.

»Die Leute hatten wohl etwas mehr erwartet. Irgendjemand hat geschrieben: ›Das ist keine Pop-Art, das ist Lollypop-Art.‹ Nun, das war schön. Ich dachte, es wäre als Kompliment gedacht gewesen. Die Ausstellung war Johns Idee gewesen. Viele Leute meinen, dass jeder verrückte Einfall von mir stammen müsste. In Wirklichkeit hatte John ständig verrückte Ideen. Nur hat er sie nie umgesetzt. Er behielt sie für sich. In zwanzig Minuten konnte er zwanzig verschiedene Ideen haben. Und wenn er mir davon erzählte, sagte ich ihm: ›Die Idee ist gut, warum führst du sie nicht einfach aus?‹ Ihm kam es einfach nicht in den Sinn, seine Ideen sichtbar zu machen. Es ist ganz einfach so: Tut man etwas, dann bekommt man auch eine Reaktion. Und dann hat es sich gelohnt.«

In dieser Phase neuer künstlerischer Selbstdarstellung verlässt John Cynthia und seinen Sohn Julian. Yoko zog mit John nach Stationen bei Paul und George in eine leerstehende Wohnung von Ringo Starr am Montagu Square. Am 24. August treten Yoko und John in der David Frost Show auf. Ausführlich erklären die beiden mit viel Witz und spielerischer Lust an der Kunst unfertige Skulpturen (eine kaputte Tasse und eine Tube Leim daneben): »Wir sind alle Kunst«, sagt John, und Yoko ergänzt: »Das, was hier gezeigt wird, ist nicht nur Kunst, das ist der Vorgang, der Prozess der Kunst.« Danach wird unterhaltsam über Johns »You Are Here«-Ausstellung gesprochen, die der Anlass des Fernsehauftritts ist. Und Yoko und John beweisen dabei, dass sie auch in der Lage sind, über sich selbst zu lachen. Vielleicht ist diese Aufzeichnung vor Live-Publikum, die es heute als DVD im Handel gibt, die authentischste Möglichkeit, Yokos Kunstbegriff zu verstehen. Zwar redet die meiste Zeit John, aber er vermittelt Yokos Ideen sehr anschaulich.

Brian Jones und Keith Richards waren schon 1967 wegen Drogenmissbrauchs medienträchtig mit der britischen Justiz in Konflikt geraten. George Harrison war einem Zugriff nur knapp entgangen. Yoko und John rauchten 1968 Gras, nahmen LSD und schnupften Heroin. Aber die Gefahr, erwischt zu werden, war ihnen bewusst, und sie unternahmen alles, um Ringos Wohnung schon beim Einzug gründlich zu säubern, zumal ihr Vormieter Jimi Hendrix gewesen war, und sie danach sauber zu halten. Doch sie waren nicht umsichtig genug.

Im Oktober wurden Yoko und John wegen Besitzes von 219 Gramm Haschisch verhaftet. Gegen das Paar wurde zudem eine Geldstrafe wegen Behinderung der Justiz verhängt. Vom Gericht wurden sie gegen Kaution aus der Untersuchungshaft entlassen. »Alles, was man im Leben macht, ist ein Event«, sagte Yoko. Dementsprechend war auch dieses Ereignis letztlich gute PR, zumal die Verhaftungen bei den Rolling Stones dazu geführt hatten, dass deren Image bei den Jugendlichen nicht litt, je öfter sie Probleme mit der Justiz wegen Drogenmissbrauchs hatten – ganz im Gegenteil. Yoko und John frönten bei aller Medienpräsenz einer Art Cocooning – so wie sie es ab 1975 auf sehr viel gesündere Weise wieder taten – und freuten sich auf Nachwuchs.

Am 25. Oktober berichteten die Medien, Yoko (Tonys Gattin) sei schwanger und John (Cynthias Gatte) sei der Vater. Die Wellen der Empörung schlugen immer höher. Das Apple-Management wurde von Hassbriefen gegen Yoko überschwemmt. Es bestand kurzfristig der Plan, die rassistischen Beschimpfungen zu veröffentlichen. Yoko und John sahen sich einer ungeahnten feindlichen Stimmung gegenüber. Sie flüchteten sich mit Hilfe von Rauschmitteln in Traumwelten, bastelten an neuen Friedensinitiativen und wandelten die negativen Erfahrungen in Kunst und Musik um. Die Ressentiments und Vorurteile bestehen bis heute. Nach der Jahrhundertwende sagte sie: »Gegen mich richteten sich mindestens drei verschieden Arten von Anfeindungen: die antiasiatische, die antifeministische und die antikapitalistische. Das sind Klischees nach dem Motto: Schaut den alten Drachen an, die reiche Frau und Witwe! Aber da muss man durch. Ich betrachte das ganze Leben als Lernprozess. Die Völker in Amerika sind vermischt, auch wenn es noch Konflikte gibt (…) Ich fühle mich als Japanerin, Chinesin, Koreanerin, Amerikanerin, New Yorkerin, Engländerin und auch als Deutsche. Wohin ich auch gehe, dort ist mein Land.«

Am 8. November 1968 wurden John und Cynthia geschieden. Das Urteil wurde nicht angefochten, und Cynthia bekam eine Abfindung, über deren Höhe aufgeregt spekuliert wurde.

Am 11. November erschien *Unfinished Music No. 1: Two Virgins*. Die öffentliche Aufregung über dieses verletzliche und private Manifest der Liebe, eine internationale Schlagzeile zwischen Klatsch und Kultur, für die heute kein Pendant denkbar ist, war enorm. Nur wenige Journalisten blieben angesichts der beiden Nackten auf dem Cover und der Aneinanderreihung von Geräuschen auf dem Album so entspannt wie Jonathan Cott vom Magazin *Rolling Stone*: Er schrieb über Yokos und Johns Versuch der Selbstverwirklichung und verglich das Album mit Cage, Bartok und Ravel.

Im Jahr 1968 werden Stanley Kubricks Film »2001. Odyssee im Weltraum« unter Mitwirkung Dan Richters und das Musical *Hair* uraufgeführt. Die Protestdemonstrationen nicht nur in London erreichen Höhepunkte. Die Widerstände gegen den Vietnamkrieg nehmen zu. Auch in der drittgrößten Industriemacht der Welt, in Japan, kommt es zu heftigen Studentenunruhen. Ebenfalls im Oktober stirbt Marcel Duchamp in Frankreich. Yoko und John navigieren in ihrem auf Youtube auffindbaren »The Dentist Interview« genannten Gespräch zum Jahresende geschickt durch das Zeitgeschehen. Auch wenn John zugedröhnt wirkt, ist hier spürbar, wie sich das Duo mental für bevorstehende Aktionen vorbereitet. »George Maciunas ist der Gründer von Fluxus. Er ist ein Purist (…) Und ich bin mit Fluxus verbunden. Aber ich bin kein Mitglied bei Fluxus. Ich bin nirgends Mitglied. Ich bin nur ich selbst. Ich respektiere George Maciunas aber sehr«, sagt Yoko im Dentist-Interview und fährt fort: »Jetzt kennen mehr Menschen meinen Namen. Nicht wegen meiner Arbeit, sondern wegen meiner Beziehung zu John Lennon (…) Ich war schon immer ein Freak. Auch heute wissen die Journalisten nicht, was sie von mir halten und wie sie über mich schreiben sollen (…) Was immer du über mich denkst, das bin ich. Das ist die Wahrheit«, sagt Yoko ernst lächelnd dem niederländischen Interviewer Abram De Swaan. »John und ich haben einen ganz unterschiedlichen Background. Er kommt aus Liverpool und aus dem Pop-Bereich. Ich

12 John und Yoko im Büro in Tittenhurst Park (1969)

hingegen hatte nie Interesse an Pop. Als ich ihn das erste Mal traf, kannte ich nicht einmal den Namen John Lennon. Ich kannte nur den Namen Beatles. Und ich kannte Ringo. Den kann man sich leicht merken. Aber ich las nie Zeitschriften über Popmusik und sah auch keine Popmusik im Fernsehen.«

Bemerkenswert zu diesem Zeitpunkt sind Yokos allgemeine Aussagen zur Kunst: »Wir leben im Zeitalter der ›instant communication‹. Kommunikation ist Kunst und Kunst ist Kommunikation (…) Ich glaube an diese Sache ›das Medium ist eine Botschaft‹. Wir sind uns bewusst, dass wir kommunizieren. Aber nicht als außergewöhnliche Menschen. Unabhängig davon, welche Menschen etwas machen, egal ob ein Milchmann oder sonst irgendjemand auf der Welt: Wenn sie husten oder niesen beeinflusst das die ganze Welt. Wenn man etwas Kleines macht, dann auch. Denn wir sind alle gemeinsam auf dieser Welt (…) Das Vorhandensein von Luft ist eine Tatsache. Und Luft ist überall miteinander verbunden. Also sind auch Tokio und London durch die Luft verbunden. Deshalb sind wir alle miteinander verbunden. (…) Professionalität ist am Ende. Alle Menschen sind

Künstler. Alle meine Werke sind unvollendet. Die *Two Virgins*-Platte heißt *unfinished music*. Der Grund dafür ist, dass ich mir wünsche, dass die Leute es vollenden oder dass sie dem Bestehenden etwas hinzufügen. Auf diese Weise wächst das Stück ständig weiter. Die Hörer können Geräusche hinzufügen. Sie können eigene Musik dazu spielen. Oder sie können es einfach nur mit imaginären Tönen in ihren Köpfen vollenden (…) Ich nehme meine Arbeit sehr ernst in Bezug auf meinen Wunsch, dass alle Menschen Künstler sind. Und dass alle Menschen sich für friedliche, kreative Dinge interessieren statt für Gewalt. Was immer ich an Inspiration empfangen habe, ist nicht mein Talent (…) Es braucht Veränderungen in der Gesellschaft. Man könnte es beispielsweise zur Regel machen, dass zwei Personen, die miteinander kämpfen wollen, das tun dürfen, vorher aber die Hosen herunterlassen müssen. So werden sie dann aber nicht kämpfen. Kunst kann also auch in diesem, in humorvollem Sinn wirken (…) Ich stelle mir Kunst nicht als etwas Dekoratives, sondern als etwas Funktionales vor (…) Kunst gehört nicht in Galerien, sondern in die Straßen, sie gehört den Menschen. Dadurch trägt Kunst Verantwortung für die Gesellschaft. Ginge ich aber in die Politik, um solche Forderungen durchzusetzen, würde mein Geist sterben. Ich kann das besser mit meiner Kunst kommunizieren. Ich habe den *Smile*-Film mit John gemacht. Und ich denke, dass ich damit die Welt schneller und wirksamer verändern kann, als das jemals ein Politiker tun könnte.«

Zum Zeitpunkt des Interviews mit De Swaan war der Film schon produziert. Im Frühsommer 1968 drehten Yoko und John vermutlich an einem einzigen Nachmittag im Garten des Kenwood Hauses in Weybridge zwei Filme und einige weitere Szenen von John, sitzend, um den Pool spazierend und auf der Gitarre spielend. Die genaue Bezeichnung im Vorspann des später als *Smile* bekannt gewordenen Films lautet: *Film No. 5 by Yoko Ono / Starring: John Lennon / Camera: William Wareing / Sound: John Lennon / Light: Garden / Music*

by John Lennon / Instruction: Bring your own instrument / Produced by Apple Films.
Yoko variiert, was sie in New York mit dem Streichholzfilm gelernt hat. Aber statt des Streichholzes filmt sie jetzt John mit einer Hochgeschwindigkeitskamera, die 20 000 Bilder pro Minute aufnimmt. Die extreme Zeitlupe zeigt John 52 Minuten lang lächelnd und Grimassen schneidend im Weichzeichner. Er streckt die Zunge heraus, zuckt mit den Augenbrauen und zeigt strahlend sein Glück der Kamera. Die Aufnahme selbst dauerte nur drei Minuten. Uraufgeführt wurde der Film im Dezember 1968 auf dem Chicagoer Filmfestival. Nach einer halben Stunde hatte rund die Hälfte des Publikums entnervt den Kinosaal verlassen. Es war für die von Yoko erhofften spielerischen Veränderungen der Wahrnehmungsgewohnheiten nicht bereit. Heute werden kurze Sequenzen immer wieder verwendet, um John Lennons Songs mit Filmmaterial zu unterlegen. John sagte: »Der Film sollte irgendjemanden zeigen, der lächelt. Yoko hatte sich das genau ausgedacht. Zuerst wollte sie, dass eine Million Menschen in der ganzen Welt ihr ein Foto von sich schicken, auf dem sie lächeln.« Diesem Ziel, das Yoko nach wie vor verfolgt, kommt sie inzwischen dank Internet und Facebook, Flickr und Twitter und der groß angelegten Aktion *Smile* immer näher. Im Sinne zen-buddhistischer Philosophie soll letztlich die ganze Menschheit Yoko ein Lächeln schenken. So fanden u. a. im Sommer 2012 in London in der Serpentine Gallery und beim London 2012 Festival entsprechende Initiativen statt, um letztlich eine globale Porträt-Galerie des Lächelns zu schaffen.

Den zweiten Film tauften Yoko und John *Two Virgins*. Hier wird das Verschmelzen Yokos und Johns optisch dargestellt. Nach Johns Tod gab Ringo der Journalistin Barbara Walters ein Interview und berichtete, dass er Yoko und John zuletzt drei Wochen vor dem Attentat gesehen hatte. Sie verbrachten viel mehr Stunden in New York als geplant. Ob Yoko und John gemeinsam glücklich waren in jener Zeit? »O ja, sie waren wie zwei Menschen in einem«, sagt Ringo.

Dieses Phänomen von Yoko und John, dieses »two persons in one« beginnt sehr früh auch mit einer äußerlichen Angleichung: die Augen zu schmalen Schlitzen verengt; unergründlicher Blick; Schlupflider; langes Haar mit Mittelscheitel, buschige Augenbrauen, schmales Gesicht.

Im *Two Virgins*-Film wird die Seelenverwandtschaft von Yoko und John betont. In Großaufnahmen und Zeitlupe geht Johns Gesicht ganz langsam in Yokos Gesicht über. John schaut mit Yokos Augen. Yoko lächelt mit Johns Mund. Und umgekehrt. Eine Zeitlang bilden die beiden Gesichter ein drittes – die Vereinigung – das Lennono-Gesicht. Das dauert ca. 19 Minuten. Fluxus pur. Das Fließen eines Menschen in den anderen. Dann trennen sich die Gesichter wieder und man sieht, wie Yoko und John sich umarmen und küssen.

Yoko als Schauspielerin in Filmen hat Seltenheitswert. Sieht man von ihrer Präsenz in Musikvideos ab, erscheint sie nur einmal nach Drehbuch handelnd auf der Leinwand in der Rolle einer anderen Frau: 1965 machte Yoko in dem obskuren Drogen-Softporno-Film *Satan's Bed* von Roberta und Michael Findley mit, was bislang in keiner Ono-Biografie erwähnt wurde. Vermutlich reizte Yoko damals das Honorar. Aber auch der erotische und masochistische Aspekt dürfte sie interessiert haben. Der heute sehr unbeholfen wirkende Schwarzweißfilm ist der Versuch, die Nouvelle Vague in New York zu verwirklichen und mit Handkamera und am Set improvisiertem Plot eine erotisch-brutale Stimmung zu erzeugen. Ein wenig Godards *Außer Atem* kombiniert mit »sex and crime« ergibt einen Film, den man wohlwollend als Vorläufer von »New Hollywood« bezeichnen könnte. Aber leider begaben sich Roberta und Michael Findley danach nicht in eine künstlerische Richtung, sondern immer tiefer in die Hardcore-Horror-Porno-Szene, in der sie nach dem Durchbruch mit *A Touch of Her Flesh* kommerzielle Erfolge feierten.

Satan's Bed erzählt von zwei Männern und einer Frau, einem drogensüchtigen Verbrechertrio, das im Verlauf der Geschichte zwei Frauen ausraubt und vergewaltigt. Das dritte Opfer wehrt sich erfolgreich

und erschießt am Ende die drei Übeltäter. Bemerkenswert ist die Art, wie die drei Kriminellen die Frauen entkleiden. Meistens schlitzen sie Blusen, Röcke und Unterwäsche mit einem Messer auf. Unwillkürlich denkt man an Yokos Cut Performance. Die Hauptrolle im Film hat Yoko, obwohl sie nur wenig spricht. Sie spielt im anderen Hauptstrang der Geschichte eine naive junge Japanerin, ein mit einem Amerikaner verlobtes Mädchen, das nach New York kommt, um ihren amerikanischen Geliebten zu heiraten. Er arbeitet für die Einwanderungsbehörde, hat aber eine kriminelle Vergangenheit. Dadurch gerät sie an einen brutalen Dealer, der sie zweimal zu vergewaltigen versucht, was aber nicht im Bild zu sehen ist. Hingegen stellt Yoko von Liebe und Vorfreude zu Beginn der Geschichte über Angst und Unbehagen bis hin zu Panik und Verzweiflung am Ende des Films die Gefühle einer Immigrantin dar, die kein Englisch spricht und in der fremden Metropole verloren ist. Yoko in New York spazierend oder im Taxi, Yoko in vier verschiedenen Wohnungen, in Küchen hantierend, vergeblich telefonierend oder ein Bett aus Altpapier herrichtend, hinter einer Duschwand hervorschauend oder Origami bastelnd. Auf präzise Weise wird hier eine Yoko porträtiert, die sich für diesen Film kaum zu verstellen braucht. Am Ende flieht sie im Kimono auf die Straße und wird nach einer längeren Verfolgungsjagd von einem Auto erfasst. Was die schauspielerische Leistung und den Plot betrifft, ist der Film kaum der Rede wert, aber Yoko wird in vielen ruhigen und langen Nahaufnahmen gezeigt, so dass man sich ein gutes Bild von der schönen – im Film stets bekleideten – 32-Jährigen in New York machen kann. Ihre Rolle trägt durchaus autobiografische Züge und die Stimmung in der Stadt damals wird dokumentarisch eingefangen. Die Macher hatten jedenfalls den Anspruch, ernsthaft vom Drogenmilieu zu erzählen, und mischten nach heutigen Maßstäben harmlose Sexszenen hinzu.
Das zu Beginn eingeblendete Motto stammt von Seneca: »Find a city … a jungle found.« Im Kontrast dazu steht der Covertext unter dem Titel »Oh no, it's Yoko in a Kimono!« der heute noch antiquarisch

erhältlichen DVD: »Das könnte der Film sein, der dafür sorgte, dass sich John Lennon zu dem kleinen und taffen japanischen Glückskeks hingezogen fühlte (...) Hätte Yoko besser im Filmbusiness bleiben sollen, statt mit einem Beatle auszugehen? Schau dir den Film an und entscheide selbst.« Doch der Film hat nichts Klamaukhaftes und ist alles andere als witzig. Er zeigt Yoko beim Testen eigener schauspielerischer Fähigkeiten. Sie muss dann aber gespürt haben, dass sie mehr hinter der Kamera als davor bewirken kann.

Yoko und John waren fest entschlossen, ihr Leben zu dokumentieren. Leben ist Kunst. Kunst ist Leben. Das erste Album mit unfertiger Musik war noch nicht erschienen, schon wurde Material für das zweite gesammelt. Der Anlass war traurig: Die schwangere 35-jährige Yoko rauchte, nahm verschiedene Drogen, führte ganz allgemein einen ungesunden Lebenswandel, war soeben mit John wegen Drogenbesitzes angeklagt worden, war psychisch entsprechend angespannt und hatte zudem schon zahlreiche gynäkologische Eingriffe hinter sich, weshalb ihr die Ärzte mitteilten, dass die Überlebenschancen des Embryos gering waren.
Die Geburt war für Februar geplant, und dieses Mal wollte Yoko das Kind. Offenbar hatte die Liebe zu John schon nach kurzer Zeit vieles in Yoko verändert. In der darauf folgenden stationären Behandlung wurde jedoch deutlich, dass die Schwangerschaft kein gutes Ende nehmen würde. Am 21. November 1968, kurz bevor Yoko ihre erste Fehlgeburt erlitt, nahmen Yoko und John die Herztöne ihres Babys auf Band auf. John blieb ständig an Yokos Bett im Queen-Charlotte-Krankenhaus in London und verbrachte später auch die Nächte bei ihr. Fotos auf dem zweiten gemeinsamen Album zeigen das erschöpfte Paar im Klinikzimmer, in dem es anfangs für John auf Anweisung der Krankenhausleitung noch kein Bett gab, weshalb er in seinem Schlafsack auf dem Boden schlief. Das Baby war von den beiden schon auf den Namen »John Lennon Ono II« getauft worden und John war dermaßen mitgenommen, dass Victor Spinetti bei

einem Besuch fragte: »Wer von euch hat eigentlich die Fehlgeburt gehabt?«

Yoko und John begruben später den Fötus zu zweit und heimlich außerhalb Londons.

PR FÜR DEN FRIEDEN

Die Schlagzahl der Ereignisse, die Yoko und John in die Medien brachte, blieb unvermindert hoch: Am 22. November erschien die neunte Platte der Beatles, »*The White Album*«, ein Doppelalbum, für das Yoko und John nicht nur das experimentelle Stück »*Revolution 9*« beisteuerten: Yoko sang solo einen Vers von »*The Continuing Story of Bungalow Bill*« und im Hintergrund von *Birthday*.

Johns Song *Happiness Is a Warm Gun* (laut James Woodall »das sexuell anspielungsreichste Stück, das er je geschrieben hat«) vermengt – wie so oft in guten Beatles-Songs – mehrere Bedeutungsebenen. Einerseits widmete er ihn Yoko (in den Proben sang er immer wieder ihren Namen), die er bewundernd »Mother Superior« nannte, andererseits machte er sich über die Waffenlobby lustig. Der Titel stammte aus einer US-Waffenzeitschrift, war also ursprünglich wörtlich gemeint. Aber John machte deutlich, dass er anderes im Sinn hatte: »When I hold you in my arms and I feel my finger on your trigger ...« Durch die sexuelle Umdeutung variiert er kunstvoll den Slogan »make love, not war«.

Am 28. November gibt John vor dem Marylebone-Gericht zu, im Besitz von Cannabis gewesen zu sein, bezahlt eine Geldstrafe von 150 Pfund und übernimmt die Gerichtskosten. Als sie das Gerichtsgebäude verlassen, entsteht das berühmte Foto, auf dem sich Yoko schutzsuchend an John schmiegt. Er umarmt sie und blickt erstaunlich gelassen in die ihn umgebende Menge von Polizisten, Journalisten und schimpfenden Fans. Auf einer Filmaufnahme dieser Szene

sind bösartige Bemerkungen gegen Yoko zu hören, Frauenstimmen, die u. a. rufen: »Yoko, leave John!«
Die Anklage wegen Behinderung der Justiz wurde fallengelassen. Diese juristische Bagatelle und das Schuldeingeständnis Johns wurden jedoch später von den US-Einwanderungsbehörden jahrelang für Versuche benutzt, Yoko und John aus den USA abzuschieben.

Im November 1968 entstanden kurz hintereinander mehrere experimentelle Filme von Yoko und John. In »Rape«, dem wohl anspruchsvollsten und erfolgreichsten Film mit einer Dauer von über 75 Minuten, verfolgt der Kameramann eine junge Frau in London, die allerdings nicht in herkömmlichem Sinn vergewaltigt wird.
Der Filmkritiker James Hoberman schrieb: »Yoko Onos vergessenes Meisterwerk (...) einer der gewalttätigsten und sexuell aufgeladensten Filme, die je gedreht wurden, obwohl hier Haut nie Haut berührt.« Die Film-Idee erinnert an Yoko Onos *Black Piece II* aus *Grapefruit*: »Walk behind a person for four hours«. Der Film beginnt im Norden Londons im Highgate-Friedhof. Der Frau gelingt es nicht, den Kameramann abzuschütteln. Sie ist anfangs überrascht, bleibt aber ruhig. Sie versucht den Kameramann in ein Gespräch zu verwickeln. »Sprechen Sie Deutsch?«, »Parla italiano?«, fragt sie ihn. Wenn überhaupt, antwortet der Filmer nur mit Geräuschen oder einsilbig. Offenbar spricht sie nur sehr gebrochen Englisch. Egal, was die Frau tut, die Kamera bleibt immer dicht bei ihr.
So werden die Zuschauer zu Komplizen des Verfolgers. Ihrer Mimik nach zu urteilen, empfindet sie die Kamera im Lauf der Zeit immer mehr als Bedrohung. »Ich habe genug! Warum machen Sie diesen Film? Für wen?« Beim Versuch, dem Verfolger zu entkommen, läuft sie fast vor einen Lastwagen, der nur im letzten Moment ausweichen kann. Schließlich flüchtet sie in ein Taxi, doch der Kameramann bleibt bei ihr. Auch im zweiten Teil des Films ist es ihr nicht gelungen, ihn abzuschütteln. Sie befindet sich in ihrer Wohnung und telefoniert unter Tränen und fleht den Mann an, sie endlich in Ruhe zu lassen.

Der Film endet so abrupt, wie er begonnen hat. Zum Abschluss ist ein kurzes Video von Yoko und John zu sehen, wie sie *Everybody had a hard year* singen.
Der Film geht zurück auf eine minimalistische Notiz Yokos von 1969, die in *Grapefruit* abgedruckt ist: »Rape with camera: A cameraman will chase a girl on a street with a camera persistently until he corners her in an alley, and, if possible, until she is in a falling position.« Der Kameramann, der zugleich unsichtbarer Schauspieler war, heißt Nicholas D. Knowland. Er hatte bereits einen Film über Henry Moore gedreht, als es zur – danach noch lange währenden – Zusammenarbeit mit Yoko kam. Bei *Rape* ist er insofern auch Schauspieler, als er die sich hinter der Kamera versteckende Bedrohung darstellt und seine Stimme im Verlauf des Films zu hören ist. »This film was shot by our cameraman, Nick, while we were in a hospital. Nick is a gentle man, who prefers eating clouds and floating pies to shooting ›Rape‹. Nevertheless it was shot«, heißt es im Anschluss an die *Grapefruit*-Notiz. Wie so oft eilt Yoko mit dieser Thematik dem Zeitgeist voraus, denn bis zur Realisierung von *Rape* ist das Thema »Paparazzi« ein eher harmloses, wie es in Federico Fellinis *La dolce vita* 1960 dargestellt wurde. *Rape* hingegen nimmt Jagdszenen aufdringlicher Pressefotografen auf Prominente vorweg. John trug hier mit reichlich persönlicher und leidvoller Erfahrung viel zur Atmosphäre im Film bei, die durch eine geschickte Schnittfolge noch verstärkt wurde. Man denkt beim Betrachten des Films an die vielen Szenen, in denen Fans und Reporter die Beatles verfolgen, oder auch an das tragische Ende von Prinzessin Diana. Yoko kommentierte den Film, indem sie zwischen überrepräsentierten und unterrepräsentierten Menschen unterscheidet. Das Wort »overexposed« lässt sich in diesem Zusammenhang auch wörtlich mit »überbelichtet« übersetzen, waren doch Yoko und John in jenen Jahren das meistfotografierte Paar der Welt.
»Manche Menschen sind ›overexposed‹. Ihnen wird zu viel Aufmerksamkeit zuteil, mehr als ihnen lieb ist. Das sind Stars – Leute wie die

Beatles. Andere sind ›underexposed‹. Ihnen wird zu wenig Aufmerksamkeit geschenkt, also weniger, als ihnen lieb ist. Das sind ganz gewöhnliche Menschen. Wir wollen zeigen, was mit ›underexposed‹ Menschen geschieht, die ›overexposed‹ werden.«

Yoko und John kehrten mit ihrem Film ihre Situation um. Sie nutzten ihr Kunstschaffen und richteten es kritisch auf die Medien. John wird nur vier Monate später mit dem Song *The Ballad of John and Yoko*, in dem er sich über das Verhalten der Medien beklagt, etwas Ähnliches als Singersongwriter tun. Auf dem Cover der Platte, die als letzte Beatles-Single im Juni 1969 Nummer eins in England wird, ist ein heute sehr seltenes Foto zu sehen, auf dem Yoko und John (beide mit Krawatte) im Vordergrund sitzen. Dahinter stehen die drei anderen: Paul mit ironischer, Ringo mit skeptischer und George mit grimmiger Miene. Hier ist Yoko auch optisch der fünfte Beatle. Da Ringo und George bei der Aufnahme Mitte April nicht in London waren, spielten John und Paul den Song zu zweit ein – ohne Yoko. Dabei kam es zu einem witzigen Wortwechsel. John an der Gitarre: »Spiel etwas schneller, Ringo!« Paul am Schlagzeug: »Okay, George!« Ironischerweise wurde nicht nur dieser medienkritische Song – er wurde von verschiedenen Radiosendern in den USA wegen der personalisierten und daher angeblich blasphemischen Verwendung der Wörter »Christ« und »crucify« boykottiert – sehr erfolgreich. Auch der medienkritische Film *Rape* wurde wie kein anderer Film Yokos von der Presse hoch gelobt und gilt bis heute als ihr wichtigstes filmisches Werk. Yoko und John sprechen 1969 von »total communication«, und im Film *Rape* beobachtet der Zuschauer den Beobachter – den Kameramann. Yoko und John drängen den Kinobesucher auf eine voyeuristische Ebene – so wie es Yoko insbesondere schon mit dem Gesäßfilm getan hatte – und regen damit zum Nachdenken über »die Ästhetik der Beobachtung und die Beziehung zwischen Technologie und individueller Identität« an, wie es *The Daily Telegraph* 2009 in einer Besprechung von *Rape* formulierte. Der Film erforscht die Dynamik vom Beobachten und vom Beobachtetwerden und wirkt so sehr authentisch, dass manche Betrachter meinen, Eva sei tatsächlich für sie spontan und überraschend zum Stalking-Opfer des Kameramanns geworden.

Jonas Mekas sagte: »Zwei Dinge sind bemerkenswert beim Fortschreiten des Films: einerseits das Mädchen – andererseits das Publikum.« In der Tat kann man sich kaum dem Reality-TV-artigen Geschehen auf der Leinwand entziehen, gleichzeitig ist es faszinierend, in die Gesichter der Zuschauer zu blicken und ihre sich verändernde Körperhaltung zu beobachten. Von einer erregten und manchmal lustvollen Erwartungshaltung wider Willen – der Titel kündigt eine Vergewaltigung an – bis zu empathischer Erschrockenheit und Abscheu reicht das Spektrum im Kinosaal. Je nachdem, wann und ob man sich eher mit dem Mädchen oder mit der Kamera bzw. dem Mann dahinter identifiziert, ändern sich die Gefühle. Dem Publikum die Möglichkeit des Perspektivwechsels zu geben, bleibt auch nach *Rape* ein Leitmotiv in Yokos Arbeiten.

Bei der jungen Frau in *Rape* handelt es sich um das damals 21-jährige Model Eva Majlata. Sie wurde 1943 in Ungarn geboren, flüchtete während des Aufstands 1956 nach Wien und ging später nach London, wo es zur Zusammenarbeit mit Yoko kam. Später heiratete sie einen englischen Architekten, weshalb sie in Filmographien oft auch Eva Rhodes genannt wird. Mitte der 1990er-Jahre kehrte sie nach Ungarn zurück und engagierte sich nahe der österreichischen Grenze als Tierschützerin. Sie wurde als »Brigitte Bardot von Böny« bezeichnet. Im September 2008 verschwand sie spurlos. Die Polizei nahm den heute dreißigjährigen Csaba A. fest, der kurz vor Evas Verschwinden von ihr als Helfer eingestellt worden war. Er gestand später, sie niedergeschlagen, getötet und zerstückelt zu haben. Nicht alle im Wald vergrabenen Leichenteile wurden von der Polizei gefunden. Im Dezember 2011 wurde Csaba A. zu 13 Jahren Haft verurteilt. *Die Presse* schrieb nach dem Gerichtsverfahren: »So ruhig der Mörder das Urteil aufnahm, so empört ist die Familie des Opfers. Sie wirft Polizei und Justiz nach wie vor ›systematische Vertuschung‹ vor. ›Wir haben

britische Forensiker mit dem Fall befasst, ein Mann alleine kann das nicht getan haben‹, glaubt Tochter Sophie an Mittäter.«
Es berührt auf merkwürdige Weise, dass die schöne Frau, die heute noch für ihre Leistung im Film *Rape* gelobt und bewundert wird, 40 Jahre nach den Dreharbeiten das Opfer eines schrecklichen Verbrechens wird. Bekannte und Verwandte versuchen mit publikumswirksamen Aktionen, die auch von Yoko unterstützt werden, den Fall gerichtlich neu aufnehmen zu lassen.

Am 11. Dezember wurden Yoko und John von den Rolling Stones eingeladen. »Rock And Roll Circus« heißen Film und Album mit vielen Gastmusikern. John (Rhythmusgitarre) tritt mit *Yer Blues* in Begleitung von Eric Clapton (Sologitarre), Keith Richards (Bass) und Hendrix-Drummer Mitch Mitchell auf. Yoko gibt mit ebendieser *Dirty Mac* genannten Gruppe und dem französischen Geiger Ivry Gitlis unter dem Titel *Whole Lotta Yoko* auf dem Teppich eines formidablen Up-Beat Blues ihr Schreien zum Besten. Das harmoniert so gut, dass die jahrelangen Hoffnungen Johns bis ganz kurz vor seinem Tod anlässlich der Aufnahmen von *Walking On Thin Ice* auf einen Publikumserfolg Yokos allein mit diesem Auftritt gerechtfertigt sind. Der Journalist Harald Eggebrecht besuchte den 89-jährigen Ivry Gitlis 2011 in Paris. Was Eggebrecht über den virtuosen Geiger in der *Süddeutschen Zeitung* schreibt, könnte auch für Yoko gelten, nur muss man »Geige« durch »Stimme« ersetzen. Das lässt sich nachsehen und -hören bei den *Rock And Roll Circus*-Aufnahmen:
»Eine unerschöpfliche Neugier erfüllt Gitlis, aus der Geige nie Gehörtes herauszuholen. Ausbrüche von elektrisierendem Vibrato, schneidende Portamenti, ätherische Windharfentöne genauso wie eisige Schärfe, hitzige Klangüppigkeit ebenso wie fadendünne Tonschmalheit, durchdringende Aggressivität ebenso wie gleißende Süße und die Tollkühnheit, sich mit Attacke in Abgründe zu stürzen.«
John bleibt beim *Circus*-Auftritt seiner Musik treu und Yoko beweist im Duett mit Ivry, dass sie ebenso mit Ivry wie mit John mithalten

13 Yoko, Julian und John bei den Aufnahmen zu »Rock And Roll Circus« (1968)

kann. In den darauf folgenden Jahren werden viele Variationen der musikalischen Flexibilität von Yoko und John sichtbar: Yoko singt zahlreiche sehr melodiöse Songs, die manchmal sogar an Kinderlieder erinnern (u. a. *Remember Love*), und John beweist, dass er mit seiner Gitarre Kakophonien erzeugen kann, die sich mit Yokos Kreischen messen.

Eine Woche später erschienen Yoko und John in der Royal Albert Hall zur Vorweihnachtsparty *Alchemical Wedding*. Sie stiegen auf der Bühne in einem großen weißen Sack und blieben etwa 25 Minuten darin, bis sie wieder auftauchten. Es war Johns erster Bagism-Versuch und es sollten einige weitere folgen. Dass Yoko den Sack-Event schon mehrfach mit Tony mit erotischer Konnotation durchgeführt hatte, schien John nicht zu stören. Die Interpretationsbandbreite, die ihm Yoko schilderte, faszinierte ihn: Von Kindergartenniveau bis zu Christos Hochkultur-Happenings reichten die möglichen Assoziationen, die rezeptionsästhetisch auf Man Rays bereits 1920 eingewickelter Nähmaschine gründen, dem ersten Beispiel zum Thema der »Verhüllung« in der zeitgenössischen Kunst. Die naiven Aspekte betreffen das Hinein- und Hinauskriechen, das Sich-Verbergen und Sich-Zeigen. Wenn Kinder das tun, ist es ein lustiges Spiel. Wenn menschliche Erwachsenenkörper in Säcken sind, irritiert und provoziert das. Auch der Gedanke an Leichensäcke liegt dann nahe: Yoko stellt 2009 in einer Lennon-Ausstellung in New York den Sack mit Johns blutigen Kleidern aus, den sie kurz nach dem Attentat vom Roosevelt Hospital erhielt.

Hier bewegen sich Erwachsene in Säcken: Vertrautes, prominente Menschen – Yoko und John – verschwinden, entziehen sich auf der Bühne neugierigen Blicken. Neue Formen entstehen. Vielleicht auch neue Inhalte im Auge des Betrachters. Die Imagination wird angeregt: Der Sack als Symbol für den Mutterbauch. Der Sack als Utensil, um Gegenstände zusammenzuhalten, um die Gegenstände zu beschützen. Yoko und John sehnten sich in jenen Jahren nach Schutz und unternahmen doch alles, um sich zu exponieren. Sie spielten mit dem Popstar-Image, kehrten das Private ins Öffentliche, beförderten das Öffentliche zurück ins Private und überraschten und schockierten manchmal mit bizarren Aktionen das Publikum oder stimulierten es. Der *Daily Mirror* schrieb einen Tag nach dem *Alchemical Wedding*: »Ein Mädchen strippte und saß gestern Nacht nackt im Publikum in der Royal Albert Hall in London. Als die Polizei versuchte, sie zu erreichen, fingen andere Leute im Publikum an, sich ebenfalls auszuziehen. Mindestens einer der Männer stand eine Zeitlang nackt im Publikum. Die Strip-Show wurde schließlich unterbrochen, als das Hippie-Happening begann.«

Yoko und John gingen immer wieder an die Grenzen der Konventionen, an die Grenzen des juristisch Erlaubten. Mehrfach wurden ihre Werke beschlagnahmt, zensiert oder verboten. Aber auch wenn sie

14 »Bagism«, mit Tony entwickelt, mit John populär geworden (1969)

sich wie bei diesem »Happy Gathering« ganz harmlos verhielten, so stimulierte allein ihre Anwesenheit die Menschen, sich ungewöhnlich zu benehmen.

Ab dem 2. Januar 1969 trafen sich die Beatles – und mit ihnen Yoko – fast täglich einen Monat lang in den Twickenham-Studios. Ziel: Ein neues Album mit Songs für ein Live-Konzert als Neubeginn der Beatles – *Get Back* (so lautete der Arbeitstitel) als Comeback – filmisch festhalten. Aus 130 Stunden Material, das bis heute größtenteils von Apple Corps unter Verschluss gehalten wird, entstand der offizielle 90-Minuten-Dokumentarfilm *Let It Be*, in dem die Diskussionen und Streitereien weggelassen wurden. Beispielsweise kritisiert John Paul, er meine mit *get back to where you once belonged* Yoko, die bei allen Sessions nicht von Johns Seite wich und die Paul beim Singen dieser Zeile angestarrt haben soll.

Am 2. Februar ließen sich Yoko Ono und ihr zweiter Ehemann Anthony Cox scheiden. Einen Monat später, am 2. März 1969 –

18 Tage vor der Hochzeit auf Gibraltar – gaben Yoko und John ein Konzert in der Lady Mitchell Hall in Cambridge. Ihr Auftritt im Rahmen eines Free-Jazz-Events war experimenteller Art und nicht mit dem Rock'n'Roll Circus zu vergleichen. John erzeugte Feedbacks mit seiner Stromgitarre, Yoko sang und schrie. Ein Teil dieser disharmonischen Veranstaltung wurde am 9. Mai 1969 auf ihrem zweiten Album *Unfinished Music No. 2: Life with the Lions* veröffentlicht: über 26 Minuten vorwiegend aggressive Yoko-Schreie und schräg-gewalttätige Gitarrenklänge, die für sich selbst stehen. Lärm, der auf nichts verweist außer auf sich selbst. Für John bedeutete dieser Auftritt Freiheit, Loslösung von Beatles-Zwängen, Aufbruch in die Avantgardewelt. Für Yoko war es die Möglichkeit, ihre Stimme gemeinsam mit John zu entfalten. Was für die meisten Zuhörer nur schwer erträgliches Schreien ist, bedeutet Yoko sehr viel mehr, nämlich die Erinnerung an verschiedenste Traditionen stimmlichen Ausdrucks, u. a. der alten japanischen »Hetai« genannten Art in der Kabuki-Technik, des indianischen und tibetanischen Gesangs oder an Yokos Erfahrungen beim Hören ihrer rückwärts abgespielten Stimme. Immer wieder verweist Yoko auf die zahlreichen Möglichkeiten, die Stimme auf ungewohnte Weise einzusetzen und den ganzen Körper beim Erzeugen von Lauten mit einzubeziehen. Mehrfach verweist Yoko in Interviews auf Alban Bergs Oper *Lulu*, die sie insbesondere auf ihrem Album *Approximately Infinite Universe* von 1973 beeinflusst hat. Das Schreien wirkt vier Jahre nach Cambridge längst nicht mehr so exzentrisch, wird aus der Isolation befreit und in ein rhythmisches und melodiöses Umfeld gebettet. Hier zeigt sich die rasante Entwicklung Yokos von Avantgarde zum Pop. Musikhistorisch nimmt sie die New-Wave-Musik vorweg und inspiriert verschiedenste Künstlerinnen von Kate Pierson und Cindy Wilson von den »B 52« bis hin zu Suzi Quatro oder Courtney Love. Auch Patti Smith profitierte von Yokos Musik. Bis heute währt die Verehrung: Yoko und Patti traten gemeinsam im März 2011 bei einem Benefiz-Konzert für die Opfer von Fukushima auf und im November des Jahres sang Patti beim

30. *Annual John Lennon Tribute* den Song *Oh Yoko* auf bezaubernde Weise und fügte ein *Thank you Yoko* an.

Während der gesamten Darbietung in Cambridge ist keine Melodie, kein Song zu erkennen. Nur selbstreferentielles Getöse und Gekreische. Beides allerdings von erstaunlicher Intensität, von überraschendem Variantenreichtum und nicht zuletzt von einer inspirierten Improvisationsgabe, dank der die beiden sich die Töne hin und her werfen wie Fragen und Antworten. Mit Yokos nervöser, oft unsicher wirkender, bescheidener Kleinmädchenstimme hatte das Konzert begonnen. Man hört deutlich, wie sie zweimal Luft holt, bevor sie beginnt, ins Mikro zu sprechen: »Ehm – this is a piece called – ehm – *Cambridge 1969.*«

Ort und Jahr der Aufführung geben dem Stück schon vorab den Titel. Der Pariser Mai 1968 und auch schon die Studentenrevolte und die Proteste gegen den Krieg in Vietnam 1967 hatten in vielen westlichen Ländern zur Diffamierung der jugendlichen Gegenkultur und zur Kriminalisierung der Vordenker geführt. Was Yoko und John in Cambridge aufführen, ist auch in diesem Kontext zu sehen: Es ist Ausdruck von Wut und Zorn. Das Establishment wird akustisch angegriffen – und das in der Universitätsstadt Cambridge, die für ihre lange Tradition der Studentenproteste bekannt ist. Dazu passend das Foto auf der Rückseite des Albums, das Yoko und John bei ihrer Verhaftung in London im Oktober 1968 zeigt. Die beiden sind umstellt von Polizisten, dahinter und daneben Schaulustige, Yoko schutzsuchend in Johns Armen. Interpretation der A-Seite von *Unfinished Music No. 2* betonen gemeinhin das Thema Avantgarde. Das Motiv *Revolution* darauf (»… you can count me in …«) wird übersehen, obwohl Yokos Stimme und Johns Gitarre ihrer Unzufriedenheit mit dem herrschenden System nicht deutlicher Ausdruck verleihen könnten. Jimi Hendrix konkretisiert am 18. August 1969 in Woodstock den akustischen Protest mit seiner Version der US-Nationalhymne, indem er *The Star-Spangled Banner* mit Kriegslärm verfremdet.

In Cambridge kamen später noch ein Saxofonist und ein Schlagzeuger hinzu. Da heute kaum noch jemand das Album auf Vinyl anhört, könnte man ab Minute 10:43 meinen, die CD sei hängen geblieben, denn Yoko und John führen ein synchrones Tremolo-Stakkato vor, das kaum von einer defekten Digital-Scheibe, die im Player stottert, zu unterscheiden ist. Das konnte Beatles-Produzent George Martin damals noch nicht ahnen, trotzdem sagte er nach einmaligem Hören indigniert »No comment«, was Yoko und John prompt und mit seinem Einverständnis auf das Cover druckten. Rückblickend sagte Yoko 1996, sie und John hätten damals gedacht, mit dieser Live-Performance einen »whole new sound« erfunden zu haben, ja mehr noch, »a new world«. Sie mussten aber feststellen, dass die meisten Kritiker und das Publikum kein gutes Haar an ihren musikalischen Gehversuchen ließen, waren jedoch immer wieder überrascht von der Diskrepanz zwischen der eigenen und der öffentlichen Wahrnehmung ihres Wirkens. Immerhin begeisterten sich vereinzelt doch Journalisten für das Konzert.

Die *Cambridge News* schrieb: »Frau Ono begann mit einem markerschütternden Heulton, der an einen japanischen Noh-Play-Gesang erinnerte. Sie hielt den Ton so lange, bis sie keinen Atem mehr hatte. John saß zu ihren Füßen oder stand neben ihr mit dem Rücken zum Publikum und schlug seine Gitarre in ekstatischen Bewegungen gegen das Mikrofon und die Verstärkeranlage, dass es zu ohrenbetäubenden Geräuschen kam. Es war ein schaurig-schönes Konzert. Das ist nicht negativ gemeint, denn das ungewöhnliche Klangbild und die raue Melodie faszinierten. Es gab keinen ruhigen Moment im Auftritt. Ein außergewöhnliches Ereignis.«

Unfertige Musik, das bedeutet Anti-Pop. Sie ist zwar technisch reproduzierbar wie Beatles-Songs und die gesamte Unterhaltungsmusik überhaupt, aber das große Publikum will gar nicht Yokos Geschrei und Johns Lärm vervielfältigen. Yokos unfertige Musik sträubt sich gegen die gängigen Marktmechanismen, obwohl sie durch die Beteiligung von John Lennon zur Populärkultur gehört. Damit hält die

unfertige Musik einen sehr außergewöhnlichen und seltenen Zwitterstatus inne. Sie entstand abseits des dominierenden Zeitgeists und nicht in der Absicht, Teenagern das Geld aus der Tasche zu ziehen. Sie wollte kein Hit sein. Und sie orientierte sich an Vorbildern, die nicht massentauglich sind. Und im Gegensatz zu jeder neuen Pop-Strömung, die per se ja immer neu sein will, war es die unfertige Musik tatsächlich. Doch von Dauer, ausbaufähig und mit echtem Weiterentwicklungspotential war auch die unfertige Musik nicht. Spätestens mit dem Album *Some Time in New York City* schmiegte sich Yoko an konventionelle Schlagermelodien im Versuch, mehr Hörer als bisher zu erreichen, führte aber noch nicht zum erhofften Erfolg. Yoko ist es nicht wichtig, Hits zu produzieren. Die Fluxus-Mentalität bleibt bis heute die Basis für ihr Kunstverständnis. Viel wichtiger ist ihr das eigene Wohlbefinden. Immer wieder wird darauf hingewiesen, welch guten Einfluss Yoko auf John ausübte. Yoko selbst betont, dass dies auch umgekehrt der Fall war:
»Bevor ich John kennenlernte, hatte ich oft das Gefühl, in den Augen anderer und vor mir selbst nicht zu existieren. Wohin sollte ich gehen, nachdem ich meine leise Musik gespielt hatte, in der niemand mir folgen konnte? Es war so, dass das, was ich damals fühlte, in Bereichen lag, die bisher noch niemand betreten hatte. Ich glaubte, etwas geben zu können, doch die Menschen taten alles, um mich misszuverstehen, und ich war sehr einsam. Ich kann diese Einsamkeit einfach nicht ertragen, und ich bin immer nahe daran, nicht mehr zu existieren. Daher bin ich froh, schreien zu können und Dinge zu tun, die mir mein Dasein beweisen. So ist es gesünder.«
Am 20. März heirateten Yoko und John heimlich auf Gibraltar. Davor gab es Pläne, auf dem Schiff *Queen Elizabeth II*, das in Southampton mit Ringo und einer Filmcrew um Peter Sellers ablegte, oder in Paris den Bund fürs Leben medienwirksam zu schließen. Doch beides scheiterte an verschiedenen Formalitäten. Man beschloss, den Presserummel auf die Flitterwochen zu verlegen. Nur Peter Brown und ein Fotograf begleiteten Yoko und John nach Gibraltar, wo die

15 Yoko und John beim TV-Festival »Rose d'Or« in Montreux (1969)

gewünschte Blitzhochzeit möglich war. Die Bilder gingen wenig später um die Welt: Yoko und John ganz in Weiß (bis hin zu den weißen Tennisschuhen), beide mit langen Haaren, Yoko mit einem breitrandigen Schlapphut, John mit dichtem Vollbart.

Angesichts der Eskalation des Vietnamkriegs beschlossen Yoko und John, die entstandene Publicity für gezielte Anti-Kriegsaktivitäten zu nutzen, und verbrachten ihre Flitterwochen im Bett: Im Zimmer 902 der Präsidentensuite des Amsterdamer Hilton Hotels hielten sie vom 25. bis 30. März ihr erstes Bed-in ab.

»Alles, was wir tun, ist ein Happening. Unsere Events stehen in direktem Zusammenhang mit der Gesellschaft. Sogar wenn man hustet, betrifft das die ganze Welt. Mit allem, was wir tun, tragen wir auch die Verantwortung für die Gesellschaft. Wir möchten mit der Welt kommunizieren. Da draußen gibt es Menschen, die genauso über Frieden denken wie wir. Dieses Event trägt den Titel ›Bed Peace‹. Lasst uns alle einfach im Bett bleiben, und dann lassen wir unsere Haare lang wachsen, statt gewalttätig zu sein.«

Die Aktion war ein Novum für die Medienlandschaft und kann als ein Vorläufer heutiger Talk-Shows betrachtet werden. Das Paar köderte unzählige Journalisten aus vielen Ländern nach Amsterdam mit dem schlichten Hinweis, man könne Yoko und John in ihrem Schlafzimmer interviewen, die beiden seien im Bett. Fernseh- und Radioteams rückten an, in der Hoffnung, dem extrovertierten Promi-Paar vielleicht sogar beim Sex zuschauen zu können. Doch Yoko und John dachten nicht im Entferntesten an Erotik und nutzten stattdessen die Medien für ihre Friedenszwecke. Das Arrangement diente als Ausgangspunkt, um ihre Botschaft – Love and Peace – in Umlauf zu bringen. Das Paar sprach von seinem Bett meist im Pyjama zu Presseleuten aus aller Welt täglich von neun Uhr vormittags bis neun Uhr abends.

»Das Bed-in war Theater. Es war eine Aussage auf einem sehr theatralischen Niveau, und ich glaube, dass es sehr effektiv war. Im Grunde genommen waren wir Künstler und machten es auf unsere Weise. Ich glaube, dass das, was wir taten, einen Effekt hatte. Zum Beispiel der Song *Give Peace a Chance*, der war großartig. Er eröffnete Möglichkeiten, die Welt mit Liedern zu verändern. Wenn man ›I love you‹ mit Liedern sagt, ist das auch eine gute Sache. Aber hier ging es darum, politisches Bewusstsein durch Songs entstehen zu lassen«, fasst Yoko die Ereignisse von damals zusammen.

Yoko und John wurden von vielen belächelt, gar ausgelacht und von manchen auch ernsthaft kritisiert. Aber unabhängig davon, wie umstritten die Bed-ins auch waren, fest steht, dass sie den Kern der bis heute berühmtesten Flitterwochen der Welt bilden, um den herum sich Konzerte, Kunstaktionen, Schallplatten und Filme bildeten. Kein Angriff konnte sie schwerer treffen als böse formulierte Fragen nach der Wirksamkeit ihrer Aktionen.

»Glauben Sie im Ernst, dass auch nur ein einziger Mensch im Krieg weniger stirbt, wenn Sie das tun?«, fragten Zweifler immer wieder. Aber auch das brachte Yoko und John nicht aus der Ruhe. Sie freuten sich, dass auf den ersten Seiten der großen Tageszeitungen von ihnen und vom Frieden die Rede war. Das Konzept schien aufzugehen: »Let grow your hair for peace!«, lautete einer ihrer vielen Slogans. Sie fühlten sich sicher und erfolgreich: Auf langhaarige Clowns schießt man nicht. Man hört ihnen zu. Und sie redeten beide beschwörend, manchmal wild gestikulierend und nahezu nonstop auf die Journalisten ein. Eines ihrer wichtigsten Themen: Gewalt erzeugt Gegengewalt. Deshalb müsse man friedlich auf die Aggressionen des Establishments reagieren. Immer wieder forderten sie die Demonstranten auf, sich von der Polizei nicht provozieren zu lassen.

Von Amsterdam flogen sie nach Wien, wo sie am 31. März die Weltpremiere ihres vom Österreicher Hans Preiner produzierten Films *Rape* mit einem Bag-Event im Hotel Sacher begleiteten. Unter einem weißen Sack hielten sie eine kuriose Pressekonferenz ab, die es noch heute als Tondokument im Handel gibt. Knapp einen Monat später änderte John auf dem Dach des Apple-Büros offiziell vor einem beeidigten Notar seinen zweiten (an Churchill und damit an den Krieg gemahnenden) Vornamen von Winston in Ono.

Am 22. April 1969 nahmen sie in den Abbey-Road-Studios zwischen 23.00 Uhr und 04.30 Uhr am nächsten Morgen das außerordentliche Dialog-Stück *John & Yoko* auf, das später auf dem *Wedding Album* auf knapp 23 Minuten gekürzt veröffentlicht wurde. Es scheint auf Anhieb eine schlichte, schnelle und spontane Aufnahme im Fluxus-Stil zu sein, aber in Wirklichkeit entfaltete hier John seinen Perfektionismus. Zunächst mussten Yokos und Johns Herzklopfen aufgenommen und in ein akustisch anregendes Verhältnis zueinander gebracht werden. Danach galt es den Dialog, bestehend nur aus den Worten John und Yoko, attraktiv zu gestalten. Am 27. April gingen Yoko und John erneut ins Studio und wiederholten die Aufnahme fünf Stunden lang. Am 1. Mai vervollständigte John die Aufnahme, indem er nach mehreren Versuchen Teile aus der ersten mit Teilen aus der zweiten Session zu einem Stereo-Mix kombinierte.

Mitte Mai wollten sich Yoko und John Ringo Starr und Peter Sellers für eine Atlantiküberquerung anschließen und ein Bed-in in den USA veranstalten, doch John wurde wegen des Drogendelikts die Einreisegenehmigung verweigert. Daher flogen sie am 26. Mai mit dem Pressereferenten der Beatles Derek Taylor und einem Kamerateam nach Montreal und hielten im Queen Elizabeth Hotel ein achttägiges Bed-in für den Frieden ab. Sie gaben über 60 Presseinterviews.

Am 1. Juni ließen sich Yoko und John ein für heutige Verhältnisse einfaches Nagra-Aufnahmegerät bringen und nahmen in ihrem Bett *Give Peace a Chance* auf. Begleitet wurden sie u. a. von Petula Clark, Rabbi Abraham L. Feinberg, Allen Ginsberg, Timothy und Rosemary Leary, Tommy Smothers, Phil Spector, Derek Taylor und einer kanadischen Gruppe von Hare-Krishna-Mitgliedern. Das ganze Bed-in ist von verschiedenen Kamerateams gefilmt worden. Yokos und Johns Feldzug für den Frieden hatte eine Hymne bekommen, die bis heute auf Friedensdemonstrationen gesungen wird.

Am 4. Juni erschien die Beatles-Single *The Ballad of John and Yoko*. Sie wurde von John alleine komponiert und nur von ihm und Paul aufgenommen. Sie beschreibt u. a. die Hochzeit, die Bed-ins und den Sackauftritt in Wien. Kunst ist Leben und Leben ist Kunst: Yoko und John verwandelten ihre Ehe in einen Nonstop-Event, Lennono-Kunst.

Am 7. Juni traten sie dann wieder in der David Frost Show auf. Anlass war diesmal die Eichel-Aktion. John wirft zum Auftakt Eicheln ins Publikum und David bekommt eine *Smile*-Dose geschenkt. Er nimmt ein Spiegelchen heraus – ratlos – und John scherzt, David werde nach der Sendung all die Gegenstände, die er von Yoko und ihm geschenkt bekommt, wegwerfen. Aber das werde er bereuen. Lachen im Publikum.

Und dann lächelt David und versteht: »Das ist das schönste Bild, das ich je bekommen habe«, sagt er in den Spiegel schmunzelnd und lächelnd. Danach kommt David Frost auf das Nackt-Cover zu sprechen: »Damals waren wir zwei Jungfrauen. Unser Denken begegnet sich auf der Platte, unsere Körper auf dem Umschlag. Es ist ein Konzept«, erklärt John. Auch bei diesem Auftritt lässt sich einmal mehr beobachten, wie bestimmt John das Gespräch an sich zieht und brillant seine und Yokos Ideen formuliert, derweil sie meistens nur lächelnd und immer zustimmend daneben sitzt. Ihre Hand liegt oft mit der offenen Innenfläche nach oben auf der waagrechten Armlehne, so als warte sie darauf, dass John sie ergreift.

Doch der ist in sein Gespräch mit Frost vertieft. Frost spielt einige Passagen aus dem Album *Unfinished Music No. 2: Life with the Lions* vor. Yoko und John sitzen daneben. Das Publikum lauscht perplex. Dieses TV-Interview zeigt auf konzentrierte Weise Yokos und Johns Fühlen und Denken in diesen Jahren. Als Yoko besonders impertinent schreit, küsst John seine Frau. »Ich höre das normalerweise in meinem Hinterhof«, witzelt Frost. Danach dreht er die Platte und spielt ein Stück von Yoko vor, zunächst Sologesang, der auf gregorianische Art zu John spricht. Der Text ist ein Zeitungsartikel über Yoko und John. Lange wird dabei Yoko in Großaufnahme gezeigt. Sie blickt konzentriert, hört zu und macht deutlich, dass sie zu ihrer Stimme steht. John spricht von Tagebüchern, vom Mut, sich zu öffnen, von den Möglichkeiten, Privates in solchen akustischen Tagebüchern öffentlich zu machen.

Danach greift David Frost offensiv Yokos und Johns Friedensaktivitäten an. »Wenn ihr 1939 einfach nur Friede, Friede, Friede gesagt hättet, wäre Hitler überall einmarschiert.«

John kontert: »Wenn das System ihm bei seiner Geburt ›Frieden‹ gesagt hätte und nicht, ›du bist ein Klempner aus der Unterschicht‹, oder was auch immer er war, wäre er nicht zu Hitler geworden. Die Menschen hatten die Wahl, Hitler oder jemand anderes. Aber sie haben Hitler gewählt.« Es folgt ein flammendes Plädoyer, endlich mit der PR für den Frieden zu beginnen. Je früher, desto besser.

IMAGINE

Beim Hören von *Imagine* kann man verstehen, warum John Lennon der größenwahnsinnigen Vision verfiel, er könne zusammen mit Yoko Ono tatsächlich in kurzer Zeit den Weltfrieden herstellen. 1969 sagt er eindringlich: »Wir versuchen Frieden wie ein Produkt zu verkaufen, so wie andere Seife oder Limonade. Das ist die einzige Möglichkeit, den Leuten klarzumachen, dass Frieden möglich ist und dass es nicht einfach nur unvermeidbar ist, dass Gewalt herrscht.«

Auf *Imagine* ist zum ersten Mal die neugegründete Streicherformation Flux Fiddlers zu hören – eine Hommage an Yokos künstlerischer Herkunft. So berührend und kommerziell erfolgreich wie hier haben Yoko und John ihren Wunsch nach Frieden musikalisch nie geäußert. So gewaltsam wie John sterben die wenigsten. Dieser Kontrast wirkt sich aus: Der friedliebende Mensch John Lennon wird 1980 brutal niedergeschossen.

Bei *Imagine* läuft seitdem im Zuhörer auch der Film seiner Ermordung ab. Bilder, die uns dazu bekannt sind, stellen sich im Gedächtnis ein. Dazu trägt Yoko nicht unwesentlich bei, die in ihren letzten Ausstellungen dazu übergegangen ist, immer privatere Gegenstände im Zusammenhang mit der Ermordung ihres Mannes zu zeigen: nebst seiner blutverschmierten Brille beispielsweise auch den Sack mit seinen Kleidern. Die Bilder des Attentats wirken sich wie ein Katalysator für die Ausstrahlung dieses – übrigens mit nur drei Minuten sehr kurzen – Songs aus. Sie verstärken unsere Emotionen in einer Weise, wie das sonst bei Popmusik nicht geschieht: In *Imagine* vereint sich nach John Lennons Tod der Ursprungsgedanke des Friedensliedes mit Mord und mit Trost. Denn seit dem 8. Dezember 1980 ist die neu hinzugekommene Aufgabe dieses Liedes, Zurückgebliebene zu trösten. Und der Text? Die Geschichte? Das Original gekritzelt auf eine Seite Briefpapier von *The New York Hilton at Rockefeller Center*. Eine alternative Version mit kleinen Varianten wie »earth« statt »world« hat der Musiker auf einer Hotelrechnung aus Mallorca vom

16 Tony Cox bekommt auf Mallorca seine Tochter Kyoko zurück (1971).

20. April 1971 notiert. Hierbei handelt es sich vermutlich um den ersten Entwurf, verfasst während seines Aufenthalts mit Yoko auf der Balearen-Insel. Dort hält sich Tony Cox mit seiner Tochter auf. John findet Kyoko auf einem Spielplatz und fährt mit ihr nach Palma. Die Aktion trägt Züge einer Entführung. Cox informiert umgehend die Polizei, woraufhin John und Yoko auf der Wache verhört werden. Man nimmt ihnen die Pässe weg; ohne die vermutlich großzügige Intervention des Managers Allen Klein, der mit viel Geld den Staatsanwalt bestochen haben soll, wäre es wohl zu einem Verfahren und zu einer Gefängnisstrafe für John gekommen, der die Entführung gestand.

Das sind merkwürdige Begleitumstände für die Entstehung der Friedenshymne.

Yoko und John lassen ihren Alltag während der Arbeiten am *Imagine*-Album 1971 in ihrem Tittenhurst Estate in Ascot filmen. Am Rande eines großen Parks mit See und einer Insel befindet sich die langgestreckte, nur zweistöckige, weißgestrichene Villa, neben der sich die beiden Künstler in einem Anbau ein Tonstudio einrichten lassen. »Als es mit Yoko anfing, wollten wir den schöpferischen Prozess von innen beleuchten«, erinnert sich John im Film *Imagine*. Die beiden sitzen mit Freunden an ihrem langen Holzküchentisch und diskutieren über einen Cover-Entwurf für die LP *Imagine*. Statt der Pupillen befinden sich blauweiße Himmelsstücke in den Augen des Musikers. »Das sind zwei Sonnenuntergänge«, erklärt Yoko, die den Entwurf gestaltet hat. Sie hat auch die Phrasierung dieses Songs in *Grapefruit* vorweggenommen. John gesteht später, wie viel er von Yoko »geklaut« habe und dass er ein Feigling gewesen sei, sie nicht als Co-Autorin genannt zu haben. Er übernimmt den Duktus mancher Verse aus *Grapefruit* und entwickelt im Dialog mit ihr seine eigenen Ideen.

YOKO KEHRT ZURÜCK NACH NEW YORK

Von der David Frost Show im Juni 1969 bis zu *Imagine* ist bei Yoko und John wieder sehr viel Privates und Öffentliches in kurzer Zeit passiert: Ende Juni, Anfang Juli machen Yoko und John Patchwork-Family-Urlaub mit Kyoko und Julian in Schottland. Es gibt schöne Fotos der vierköpfigen adrett gekleideten Familie. Doch das Glück der Urlauber währt nicht lange. John ist ein miserabler Autofahrer und lenkt den Wagen bei der Ortschaft Golspie am 1. Juli 1969 in einen Graben. Die Kinder bleiben körperlich fast unverletzt, stehen aber unter Schock. John hat eine Wunde am Kopf, die mit siebzehn Stichen genäht werden muss. Yoko hat Prellungen am Oberkörper, die einige Tage Bettruhe erfordern. Auch Kyoko hat eine kleine Wunde, die genäht werden muss. Alle finden sich im Krankenhaus in Glasgow wieder: Tony holt Kyoko ab, Cynthia holt Julian ab und in diesem Moment wird für Yoko und John besonders deutlich, dass ihr familiäres Glück nicht auf ihren früheren Ehen und auf den Kindern basieren kann, die daraus hervorgegangen sind.

Die geplante Pressekonferenz am 3. Juli zur Premiere von *Give Peace a Chance* müssen Yoko und John wegen des Unfalls absagen. Am selben Tag findet man Rockstar Brian Jones tot in seinem Swimming Pool. Yoko und John waren gut mit ihm befreundet.

Das Sterben der 27-Jährigen – Brian, Janis Joplin, Jimy Hendrix und Jim Morrison – beeinflusst Yoko und John, sie werden vorsichtiger in ihrem Umgang mit Drogen.

Am 4. Juli erscheint in England *Give Peace a Chance* (in den USA am 7. Juli). Der Songtitel ist ein Satz, den John und Yoko in einem Gespräch mit einem Journalisten spontan gesagt haben: »All we are saying, is give peace a chance.« Diese Schallplatte ist in vielerlei Hinsicht bemerkenswert: Erstmals singen Yoko und John gemeinsam ein relativ melodiöses, jedenfalls sehr eingängiges Lied und erreichen damit Platz zwei in den britischen, Platz vier in den deutschen und Platz vierzehn in den amerikanischen Charts. Am 15. Oktober 1969 sangen es dann rund eine halbe Million Demonstranten, stimmlich angeführt von Pete Seeger und seinen Zwischenrufen (u. a. »Are you listening, Nixon?«) in Washington, D.C. vor dem Weißen Haus.

Alles an diesem Song ist spontan – die Entstehungsgeschichte ebenso wie Realisierung. Die Idee zum Lied entstand während des Bed-ins Ende Mai und aufgenommen wurde er wenige Tage später – nicht in einem professionellen Studio, sondern im Hotelzimmer. Fluxushaft wirkt das auch insofern, als das Lied auf Partizipation setzt – Mitsingen erwünscht. *Give Peace a Chance* ist einerseits das Produkt von Yoko und John – entstanden nach intensivem Gedankenaustausch über die Möglichkeiten effektiver Friedensaktivitäten –, andererseits ist es die erste Solo-Single eines Beatle überhaupt. Sie erschien zwar bei Apple Records, und das übliche Komponistenduo Lennon-McCartney stand beim Copyright, aber auf dem Cover war lediglich »Plastic Ono Band« zu lesen. Später bedauerte John, dass Paul als Mitkomponist genannt wurde: »Ich fühle mich schuldig, dass McCartney als Co-Komponist auf meiner ersten unabhängigen Single steht. Ich hätte Yoko nennen müssen, die es gemeinsam mit mir geschrieben hat.«

Nicht nur das: Yoko prägte auch den Bandnamen »Plastic Ono Band«, ein weiteres Ergebnis ihrer Fluxus-Mentalität. Noch bevor sie John kennenlernte, bekam sie eine Einladung, in Berlin ein Event zu organisieren. Sie plante einige Säulen aus transparentem Plastik mit je einem Tonbandgerät und Mikrofonen als ihre Band aufzustellen. Als sie später John von diesem nicht realisierten Projekt erzählte, fasste er es mit den Worten »Plastic Ono Band« zusammen. Seit 1969 bis heute existiert dieser Bandname. Verschiedenste Musiker haben mitgespielt und -gesungen, u. a. George Harrison, Ringo Starr, Eric Clapton, Klaus Voormann, Keith Moon, Billy Preston, Nicky Hopkins oder Phil Spector und in neuerer Zeit Bette Midler, Paul Simon oder Lady Gaga. Yokos und Johns Slogan lautete: »DU bist die Plastic Ono Band.« Auch das ist ein Hinweis auf den partizipatorischen Charakter. Jeder konnte Mitglied der Band werden. Eine (Super-)Group dehnbar wie weiches Plastik. Oftmals waren auch Chöre Mitglieder dieser Band, die eben keine Band im herkömmlichen Sinn sein wollte.

Von Louis Armstrong über Paul McCartney und Elton John bis Stevie Wonder und viele andere nahmen ihre eigenen Versionen von *Give Peace a Chance* auf. Yoko organisierte zudem 1990 ein All-Star-Event mit vielen Sängern und Musikern, unter ihnen Terence Trent D'Arby, Peter Gabriel, Bruce Hornsby, Al Jarreau, Lenny Kravitz, Cindy Lauper, Sean Lennon, Little Richard, Randy Newman, Tom Petty oder Iggy Pop, die gemeinsam als Peace Choir auftraten und das Lied mit neuen Texten Seans als Protest gegen den bevorstehenden Golfkrieg sangen. Auf Youtube ist das dazugehörige Video zu sehen. 2008 nahm Yoko den Song neu auf, ließ ihn remixen und landete auf Platz 1 der Billboard Dance Club Charts.

Manchmal war John etwas schneller mit seinen Sentenzen, wie bei *Give Peace a Chance*, manchmal war Yoko die Schnellere, die einen anderen berühmten Satz im Interview mit einer Frauenzeitschrift prägte: *The Woman Is The Nigger Of The World*. Auch dieser Satz wurde später der Titel einer Hitsingle von Yoko und John.

Seit dem Unfall ziehen sich Yoko und John verstärkt zurück. Yoko war auf Dauer mit der Wohnsituation in Ringos Wohnung und in Weybridge unzufrieden. Sie war froh, einen wohlhabenden Mann zu haben, dessen Großzügigkeit sich von Anfang an wie ein roter Faden durch ihr gemeinsames Leben zog. Yoko und John entschieden sich im Frühsommer 1969 für das teure, 320 000 Quadratmeter große Anwesen Tittenhurst Park bei Ascot. John mochte es, weil es ihn an den Calderstone Park in seiner Kindheit und Jugend in Liverpool erinnerte. Und Yoko mochte es, weil es ein grandioser Neuanfang bedeutete. Nur ein See fehle im Park, sagte sie. Und John ließ prompt einen künstlichen See einsetzen, der auf vielen Musikvideos jener Zeit – auch aus der Vogelperspektive – zu sehen ist: Yoko und John im Boot, er – mit Sonnenbrille – rudert, sie meditiert und blickt ihn verliebt und unverwandt an, und dazu singt John »I didn't want to hurt you, I'm just a jealous guy«.

Von den 16 Zimmern nutzen Yoko und John aber nur drei ständig und lassen sich nur selten in der Öffentlichkeit blicken. Trotz der prominenten Drogentoten in ihrem Umfeld steigt ihr Drogenkonsum in jenen Monaten kurzfristig wieder an. Sie schnupfen auch Heroin. Später rechtfertigen sie diese Cocooning-Phase mit den heftigen Angriffen auf Yoko. Aber wegen einer erneuten Schwangerschaft Yokos reduzieren sie den Konsum bald wieder. Der Geburtstermin wurde für Dezember 1969 errechnet. In der riesigen Villa wohnen sonst nur noch Val, Johns treuer Koch, der Schauspieler Dan Richter und der neue Assistent und Kunstkritiker Anthony Fawcett. Paul gelingt es, Yoko und John aus ihrer rauschhaften Zweisamkeit herauszuholen und von einem neuen Projekt zu überzeugen. Im Juli und August finden im EMI-Studio in der Abbey Road die Aufnahmen für das letzte Meisterwerk der Fab Four statt. Yoko verfolgt die Sessions für das Album *Abbey Road* im Studio aufgrund ihrer Blessuren und

aus Vorsichtsgründen auch wegen der Schwangerschaft meistens von einem Bett aus.
Yoko hat Schule gemacht. Inzwischen bringen auch Paul, George und Ringo ihre Frauen mit ins Studio. Anfangs hatte Yoko einen guten Draht zu Linda. Pauls Frau war ähnlich energisch und selbstbestimmt wie Yoko. Gemeinsam drangen sie in die Fab-Four-Bastion ein und machten ihre Ansprüche geltend. Es gab jedoch zwei Motive, warum die beiden Beatle-Frauen nicht lange Freundinnen bleiben konnten. Einerseits waren John und Paul sehr enge Freunde. Dann kam Yoko und nahm John weg und Linda nahm Paul weg. Und so krachte es im Gebälk der Fab Four. Und spätestens als der von Mick Jagger empfohlene Allen Klein auftrat und Lindas Vater als möglichen Beatles-Manager verdrängte, stürzte die Konstruktion zusammen. »Linda war sehr in Ordnung und wir verstanden uns sehr gut. Aber das endete, als Allen Klein kam. Sie sagte sehr böse Sachen über ihn und ich verteidigte Allen. Seither gingen wir getrennte Wege.«
Es ist nicht so, dass der Drogenkonsum, die radikale Abkehr davon und die abgeschiedene Symbiose der beiden die Kreativität, den Aktionismus und den Schalk von Yoko und John lahmgelegt hätten – im Gegenteil: Im September fanden im New Cinema Club in London »Two Evenings with John and Yoko« statt. Gezeigt wurden die Filme *Two Virgins*, *Smile*, *Honeymoon* und die Welturaufführung von *Self Portrait*, der 42 Minuten lang – wie bei *Smile* arbeiteten sie mit Zeitlupeneffekten – Johns halb erigierten Penis zeigt. Yoko und John führten Publikum und Presse an jenem Abend hinters Licht: Bei der Ankunft des weißen Rolls-Royce stieg ein anderes Paar in einen weißen Sack gehüllt aus, stellte sich den Fotografen und sang während der Filmvorführung auf der Bühne »Hare Krishna«, derweil Yoko und John heimlich das Publikum beobachteten und dessen Reaktionen filmten.
Yokos Fluxus-Tricks begeistern John. Mit Wonne macht er all die Aktionen mit und steigert sie da und dort noch mit seinem schwarzen britischen Humor.

Am 12. September traten Yoko und John gemeinsam mit Eric Clapton, Klaus Voormann und Alan White als Plastic Ono Band auf dem Toronto Rock'n'Roll Revival Concert im Varsity-Stadion auf.
Yoko hält zu Beginn ein Bündel Papiere in den Händen, blättert und ordnet sie. Gekleidet ist sie in ein fast bodenlanges rötliches Seidenkleid mit feinen Stickereien. Die Plastic Ono Band blickt hinaus in die Nacht zu den 25 000 Zuschauern im Stadion. Es ist der erste öffentliche und entsprechend angekündigte Live-Auftritt eines Beatle seit dem 29. August 1966. Eine Sensation, filmisch festgehalten und heute auf DVD in guter Qualität erhältlich. John blickt nervös auf Yokos Papiere, dann testet er die Gitarre. Ist die Plastic Ono Band die Fortsetzung der noch nicht aufgelösten Fab Four? Keine einengende Legendenbildung wie mit den Beatles sollte ihm und Yoko durch eine neue Supergroup die Luft zum Atmen nehmen.
Die Plastic Ono Band spielt in Toronto zunächst einige Rock'n'Roll-Klassiker und inzwischen kauert Yoko nieder und beginnt sich unter einem weißen Leintuch zu verbergen. Sie hat das Mikro vergessen, steht auf, zieht es aus dem Ständer, kniet wieder hin, blickt ein letztes Mal zu John hoch und versteckt sich. Unwillkürlich denkt man an den kleinen Prinzen von Antoine de Saint-Exupéry, der Yoko nach ihrer eigenen Aussage für ihre Bagism-Aktionen inspirierte. Zwei der bekanntesten Sätze aus der Geschichte lauten: »Man sieht nur mit dem Herzen gut. Das Wesentliche ist für die Augen unsichtbar.«
Yer Blues bildet den Übergang zu *Cold Turkey*, dem wohl eindrücklichsten Song der Popgeschichte über Entzugserscheinungen bei Drogenabhängigen. John schreibt ihn im August 1969. Cold Turkey bedeutet sinngemäß »kalter Entzug«, verursacht durch den abrupten Abbruch des Drogenkonsums.
Yoko steht auf und sagt das Stück an: »Das ist das neueste Lied, das John geschrieben hat.« Und sie fährt fort: »Wir haben das noch nie gespielt.« Bei dieser ersten Aufführung von *Cold Turkey* zeigt sich beispielhaft, wie fabelhaft Yokos Gesang und Johns Stimme ineinander

übergehen. Mit gefletschten Zähnen und teils zittriger Stimme verspricht John Lennon, ein guter Junge zu sein, verspricht alles, wenn er nur aus dieser Hölle herausgeholt wird. Und Yoko symbolisiert mit ihren Schmerzensschreien die Hölle der Entgiftung. Dieser Song ist bis heute für viele Jugendliche eine eindringliche Warnung vor Heroin, vor Drogen allgemein. Glaubhafter hat kein Rockmusiker die Schmerzen und Qualen beim Versuch, vom Gift loszukommen, vertont. *Ich wünschte, ich wäre ein Baby, ich wünschte, ich wäre tot.* »Als ich es geschrieben hatte, ging ich zu den anderen drei Beatles und sagte: ›Hey, Leute, ich glaube, ich habe eine neue Single für uns.‹ Aber sie meinten alle bloß: ›Hmmm, na jaaa ...‹, weil es mein Projekt war. Also dachte ich mir, leckt mich doch am Arsch, ich bringe sie selbst heraus.‹ Etwa zwei Wochen nach dem Toronto-Festival entsteht die Studioversion. Die Beatles wirken in der Öffentlichkeit noch quicklebendig – am 26. September erscheint das Album *Abbey Road* –, als am 30. September 1969 *Cold Turkey* von der Plastic Ono Band aufgenommen wird: Lennon singt und spielt Rhythmusgitarre, Eric Clapton spielt Leadgitarre, Klaus Voormann am Bass, Ringo Starr am Schlagzeug und Yoko schreit. Obwohl der Song im amerikanischen Radio verboten wird, erreicht er in den USA Platz 30 und in England Position 14.

Am 9. Oktober, Johns 29. Geburtstag, erlitt Yoko die zweite Fehlgeburt. Am 20. Oktober erschien Yoko und Johns »Wedding Album« in einer aufwändigen Kassette mit vielen Fotos und Texten, das dritte in der Reihe autobiografisch-avantgardistischer Klangcollagen. Das Album war damals eine prächtige Edition, aber auch noch die heute erhältliche CD beinhaltet ein reich bebildertes Booklet mit vielen Fotos, Zeitungsartikeln und Karikaturen, die zeigen, für wie viel Gesprächsstoff John und Yoko mit ihren Aktionen sorgten.

Auf Seite eins des Albums gibt es nur ein Stück namens »John & Yoko«. Den Soundteppich bildet das Klopfen zweier Herzen. Es sind Aufnahmen von Yokos und Johns Pulsschlägen. Die Idee geht auf Yoko zurück, die schon früher mit Körpergeräuschen, vor allem der Atmung gearbeitet hat. Bei Performances in New York hatte sie schon vor Jahren mehrfach mit Mikrofonen experimentiert, die sie sich bewegenden Menschen auf verschiedenen Höhen umhängte.

Yoko und John nennen sich immer wieder beim Namen: John sagt Yoko, Yoko sagt John. Mehr geschieht nicht. Über 22 Minuten lang proben sie Modulationen und flüstern, sprechen, hecheln, raunen, stöhnen, seufzen, knurren, schreien, brüllen, schmatzen, zischen gegenseitig ihre Namen. Sie versuchen viele verschiedene Gefühlsregungen mit ihren Stimmen auszudrücken. Nicht nur die Lautstärke variiert, auch die Emotionen schwanken zwischen glücklich und verzweifelt. Kurz nach der siebten Minute, nachdem schon viele Gefühlsregungen durchgespielt wurden – von Liebesgeflüster bis zu Zornesausbrüchen –, ändert Yoko maßgeblich und als Erste den Tonfall und erweitert das Spektrum, indem sie Johns Namen traurig, weinerlich und dann wie tatsächlich weinend ausspricht, worauf John nur zögerlich eingeht. Auch später ergreift Yoko mehrfach die Initiative, gibt neue Impulse, weist die Richtung für den Fortgang des dreisilbigen Gesprächs in Stereo. Frage – Antwort, Trauer – Trost, Aufforderung – Ablehnung, Einklang – Zweiklang, Vorwurf – Zurückweisung. Das Stück ist ein Dialog mit nur zwei Namen, minimalistisch und weitläufig zugleich. Ihren gemeinsamen Vokal, den Buchstaben »O«, ziehen beide mal lustvoll, mal schmerzensreich in verschiedensten Tonlagen in die Länge oder stottern ihn. Übrigens: Es heißt offiziell immer »John and Yoko«, nie umgekehrt, nie »Yoko and John«.

»Guten Morgen, meine Damen und Herren«, beginnt John in akzentfreiem Deutsch auf der B-Seite im Verlauf des Stücks *Amsterdam* und fährt fort: »This is the peace call.« Davor singt Yoko »Let's hope for peace«. Die ganze zweite Seite ist ein Mitschnitt des Bed-ins in Amsterdam. Auf der CD gibt es drei Bonustitel von Yoko: *Who Has Seen The Wind?* war die B-Seite der Single *Instant Karma*. Auf der A-Seite steht »Play loud«, auf der B-Seite »Play quiet« bzw. »Play soft« in den USA. Yokos kinderliedartige Komposition ist mit Cembalo, Flöten und Glöckchen instrumentiert und bildet den größtmöglichen Kontrast zum rauen und direkten *Instant Karma*. War die B-Seite *Don't worry Kyoko* von *Cold Turkey* noch ebenso wild und rockig wie die A-Seite, so kündigte sich schon mit *Remember Love* als B-Seite von *Give Peace a Chance* eine Entwicklung an, die Yoko und John bezüglich ihrer LPs bis zuletzt Kopfzerbrechen bereitete.

»Wer dreht schon die Platte um, wenn auf der A-Seite des Albums nur Johns Songs und auf der B-Seite nur meine sind?«, beklagte sich Yoko bei der Planung von *Double Fantasy*. Aber die Zeit zeigt, dass heute Yokos B-Seiten Aufmerksamkeit geschenkt wird. Mit hoher und sanfter Stimme singt Yoko u. a. die Zeilen: »Who has seen enough? Only me and John. But when a smile goes 'round the world, our love is catching on.« Die Liebe und das Lächeln, Yokos ewige Motive, tauchen auch in diesen schwierigen, aber hochproduktiven Zeiten auf. Der Song inspiriert heute – so wie viele andere Yoko-Songs – Profis und Hobby-Musiker zu Neuversionen. Der Remix von »gianfrancoberni« kombiniert ihn mit »I Want You« und ist auf Youtube leicht auffindbar. Dies ist nur ein Beispiel von vielen. Es ist erstaunlich, welch attraktive Musik heute aus dem alten Yoko-Songbook entsteht. Weiterhin auf der CD enthalten ist *Listen, The Snow Is Falling*, ursprünglich die B-Seite von *Happy Xmas War Is Over*. Hier passen A- und B-Seite sehr gut zusammen, zumal Yokos winterlich-romantischer Song mit seiner Sensibilität für Geräusche aufhorchen lässt: Es beginnt mit Yoko, die a capella auffordert, dem Schneefall zuzuhören, und mündet in ein stark orchestriertes Lied, in dem Yokos Stimme mit viel Hall unterlegt wird. Die banale Aussage entwickelt sich zu seltsamen Bildern: »Der Schnee fällt zwischen deine und meine Liebe. Horch, der Schnee fällt überall … Schnee der Liebe.« Am Ende ertönen die Geräusche von Schritten im Schnee.
Am 24. Oktober erschien Johns zweite Solo-Single *Cold Turkey*, nachdem Paul den Song für die Beatles als nicht gut genug befand.

17 Yoko und John (Eric Clapton im Hintergrund) rocken für UNICEF (1969).

Wieder steht auf dem Cover nur »Plastic Ono Band«, abgebildet ist die Röntgenaufnahme eines Kopfes mit Lennon-Brille. Erstmals öffentlich gespielt wurde der Song am 12. September in Toronto, aufgenommen wurde er danach in den Abbey-Road-Studios mit John, Yoko, Eric, Klaus und Ringo. Von John selbst und Yoko produziert, erreichte er Platz 14 in den englischen und Platz 30 in den US-Charts.

Am 15. Dezember traten im Londoner Lyceum Ballroom Yoko und John für UNICEF mit einer erweiterten Plastic Ono Supergroup auf. Bemerkenswert dabei ist, dass Yoko und John von diesem Zeitpunkt an für alle ihre Konzertauftritte nie wieder Gage annahmen, da es sich in den meisten Fällen entweder um Wohltätigkeitskonzerte oder um politisch motivierte Auftritte handelte. Mit von der Partie beim »Peace For Christmas – Unicef Benefit Concert« waren u. a. George Harrison, Eric Clapton, Nicky Hopkins, Keith Moon, Billy Preston, Klaus Voormann und Alan White.

Die Sensation bestand darin, dass über dreieinhalb Jahre nach Ende der Beatles-Tourneen erstmals zwei Beatles wieder gemeinsam auf einer Konzertbühne standen. Ausschnitte des Auftritts wurden gleich auf zwei »Plastic Ono Band«-Alben veröffentlicht: »Live Peace in Toronto« von 1969 und »Some Time in New York City« von 1972. Ein scharfsinniger Kritiker bemerkte, dass die Plattenseite, auf der sich Yokos *Don't Worry Kyoko* befand, niemals Gebrauchsspuren aufweisen würde. Auch Johns PR-Satz zu diesem Song: »One of the fuckin' best rock and roll records ever made« änderte daran bis heute leider nichts. Schade.

Man höre ihn sich an und stelle fest, dass er – abgesehen von Yokos Gesang – Led Zeppelin in Reinkultur ist. Er nimmt Elemente vom Debüt-Album »Led Zeppelin« auf und entwickelt sie richtungsweisend weiter. Der Song stellt Yokos Sorgen um ihre Tochter dar, beginnt mit dem typisch hohen Schrei Yokos, der in tiefe Tonlagen mündet. Den Soundteppich bildet die oben genannte erste Supergroup der Rockgeschichte, über den Yoko den Titel variierend wiederholt. Ohne die Gesangstonspur wird deutlich, wie gelungen er spätere Led-Zeppelin-Songs vorwegnimmt.

Am 16. Dezember kündigten Yoko und John in Toronto ein Friedensfestival an, das größer werden sollte als Woodstock. Danach wohnten sie fünf Tage auf der Farm des Sängers Ronnie Hawkins, gaben via Telefon viele Friedensinterviews und unterhielten sich für Radio-Talkshows u. a. mit dem kanadischen Kommunikationstheoretiker Marshall McLuhan. Im Mittelpunkt ihrer Aktivitäten bis Ende des Jahres stand die Kampagne: »War Is Over! If You Want It. Happy Christmas from John and Yoko.« In vielen Städten der Welt verkündeten große und kleine Plakate die Weihnachtsbotschaft. In diesen Tagen skizziert John die ersten Akt-Tuschezeichnungen von Yoko. Mit der Zeit wird eine Serie erotischer Lithographien daraus, die das Paar später wieder in die Schlagzeilen bringen werden. Im Dezember fuhren Yoko und John in einem Panorama-Privatzug nach Montreal und

Ottawa. Sie unterhielten sich fast eine Stunde mit dem kanadischen Premierminister Pierre Trudeau im Parlamentsgebäude, in dem Yoko und John u. a. für ihr Projekt »Eichen für den Frieden« warben. Es war ein hektisches Leben, das Yoko und John in den Augen der Öffentlichkeit führten. Ihr ständiger Begleiter in jenen Jahren, Anthony Fawcett, schreibt: »Nach einiger Zeit wurde die Medienkampagne für John und Yoko zunehmend belastender, was sich auch auf ihre Beziehung auszuwirken schien. Im Büro hörte man des öfteren harte Wortwechsel.« Dies sind erste konkrete Anzeichen für das langsam nahende Ende des symbiotischen Paar-Verhaltens.

Zum gesellschaftlichen Engagement und zur künstlerischen Arbeit kamen private Probleme hinzu. Am 19. Dezember flogen Yoko und John nach Aalborg in Dänemark, um Yokos Tochter Kyoko zu besuchen, die dort mit ihrem Vater Tony Cox und seiner neuen Frau Melinda lebte.

Es existieren zahlreiche Fotos aus jenen Tagen, die zwei glückliche Paare und ein glückliches Kind zeigen. Yoko und John meditierten, versuchten sich Methadon und das Rauchen abzugewöhnen, stellten die Ernährung zunehmend auf ökologische und frische Produkte um und schnitten die Haare kurz. Yoko war von jeher an Esoterik interessiert, und Tony hatte sich inzwischen auf intensive Gottessuche begeben. Yoko und John nutzten die Tage in Zurückgezogenheit, um sich intensiv mit Astrologie, Kartenlesen, Numerologie, Wahrsagerei und sogar mit Vertretern der selbsternannten Heilsbringer aus Kalifornien, den Harbingers zu beschäftigen. Aus diesem Hobby entwickelte sich im Lauf der folgenden Jahre eine Leidenschaft, der vor allem Yoko vieles andere unterordnete. Persönliche und geschäftliche Entscheidungen aller Art wurden nach esoterischen Regeln gefällt. Schließlich kokettierte auch John mit abergläubischen Elementen und fand manchmal Gefallen daran, sein Schicksal in die Hände professioneller Esoteriker zu legen, die sich dafür von den Lennons gut bezahlen ließen. Tony und Melinda – beide hielten sich von Alkohol, Tabak und Drogen fern – schienen, zumindest was die physi-

18 Yoko, John, Kyoko, Tony und seine Frau Melinda feiern Weihnachten in Dänemark (1969).

sche Gesundheit betrifft, einen guten Einfluss auf Yoko und John zu haben. Allerdings trauten sie den Superstars trotzdem keinen anhaltend besseren Lebenswandel zu, weshalb sie darauf bestanden, Kyoko solle bei ihnen bleiben.

In Yokos und Johns Abwesenheit wurde am 15. Januar in der London Arts Gallery die Ausstellung »Bag One« eröffnet. Am Tag danach wurden Bilder wegen obszöner Inhalte von Scotland Yard beschlagnahmt und die Ausstellung geschlossen. Es kam zu vielen Schlagzeilen, prächtiger PR für Yoko und John und einer Gerichtsverhandlung, in deren Verlauf die Akte und erotischen Motive mit Bildern von Picasso verglichen wurden. Am 27. April 1970 wurden die Bilder vom Vorwurf der Obszönität freigesprochen, dem Galeristen und den Lennons wurde Recht gegeben, wodurch die seit 1968 fortschreitende Freizügigkeit einen weiteren wichtigen und sehr öffentlichkeitswirksamen Sieg über die allgemein noch vorherrschende Prüderie errungen hatte.

Am 23. Januar kehrten Yoko und John ohne Kyoko nach London zurück. Im Gepäck hatten sie ihr abgeschnittenes Haar. Am 27. Januar 1970 komponierte und textete John *Instant Karma! (We All Shine On)* und nahm es gemeinsam mit Yoko, George, Billy Preston, Klaus Voormann und Alan White am selben Tag in den Abbey-Road-Studios auf. Anfang Februar stellte die Plastic Ono Band den Song in der BBC-TV-Sendung »Top of the Pops« vor. Dabei ist Yoko mit kurzem Haar, verbundenen Augen und strickend zu sehen. Ihr abgeschnittenes Haar spendeten Yoko und John Michael X, einem Aktivisten der englischen Black-Power-Bewegung. Das Haar wurde versteigert, und der Erlös kam dem Black House zu, einem schwarzen Kulturzentrum im Norden Londons.

Yoko und John erhielten viel Fanpost, viel Hasspost und viele Bücher. Als John das Buch »The Primal Scream« (»Der Urschrei«) entdeckte, war er noch wütend über Pauls öffentliche Mitteilung über das Ende

19 Yoko und John (mit Michael X) stiften ihr Haar (1970).

der Beatles vom 10. April. Paul hatte die Nachricht genutzt, um PR für sein erstes Solo-Album zu machen. John fühlte sich hintergangen, hatte er sich doch an das vereinbarte Stillschweigen gehalten und sagte zu Yoko: »Hey, das bist ja du.« Sie lasen das Buch übers Schreien mit wachsender Begeisterung, luden Autor Janov nach London ein und begannen bei ihm eine Therapie. Später im April mieteten Yoko und John in Los Angeles ein Haus und gingen zu Arthur Janov in die Urschrei-Therapie, während John Songs für sein erstes Solo-Album *John Lennon/Plastic Ono Band* schrieb, das er im Sommer in seinem Studio in Tittenhurst Park aufnahm. Johns Wut- und Schmerzensschreie sind ein Merkmal dieser Platte.

Yoko und John hatten im Verlauf der Therapie jedoch zunehmend Zweifel an der Wirksamkeit von Janovs Methoden: »Vielleicht war er nur ein weiterer Ersatzvater für John wie der Maharishi«, vermutete Yoko. Sie brachen den Aufenthalt in Kalifornien ab, auch weil von den Einwanderungsbehörden ein Mahnschreiben kam, John müsse spätestens am 1. August die USA verlassen haben.

Aber am 1. August 1970 geschah Schlimmeres: Yoko erlitt ihre dritte Fehlgeburt. Der weiterhin unerfüllte Kinderwunsch zermürbte Yoko und John und war mit ein Grund, warum sie sich drei Jahre später trennten. Doch bis dahin trieben Yoko und John ihre vielfältigen künstlerischen und gesellschaftlichen Initiativen mit unverminderter Kraft voran.

Beide hatten letztendlich doch von der Begegnung mit Janov und seinem Ziel profitiert, Probleme der Gegenwart durch Erinnerungen an die Kindheit besser zu verstehen. Nun waren sie zu Hause in Tittenhurst und konnten die neuen Eindrücke verarbeiten. Viele von Johns Songs, u. a. *Mother* und *God* entstanden dank der Gespräche mit Janov. Parallel dazu wurde Yokos erstes Solo-Album *Yoko Ono/ Plastic Ono Band* aufgenommen. Es war ein Zwillingsalbum und verkaufte sich böser Zungen zufolge nur deshalb nicht so schlecht wie erwartet, weil manche Kunden die Platten aufgrund des nahezu identischen Covers verwechselten. Yoko gibt ihre Stimmmodulationen variantenreich zum Besten. Großartig ist der Dialog auf dem zweiten Stück des Albums *Why Not* zwischen Yokos Stimme und Johns Gitarre ab Minute sieben. Yokos Klagelaute in *Greenfield Morning I Pushed An Empty Baby Carriage All Over The City* gelten ihren Fehlgeburten.

AOS ist eine Probeaufnahme von 1968, in der Yoko u. a. mit Ornette Coleman Free-Jazz-Gefilde erkundet. Ein erschütterndes Schrei-Crescendo mit Trommelwirbel beweist, wie viel Kraft, Wut und Hass die zierliche Yoko mit ihrer Stimme ausdrücken kann. Hörenswert ist das Album auch wegen der wunderbaren Rock- und Blues-Sessions von John, Ringo und Klaus Voormann. Trotzdem war Yoko nicht durchwegs zufrieden und beklagt sich darüber, dass ihre künstlerische Arbeit nicht ernst genug genommen wird: »Man hört John sagen: ›Hast du das mitgeschnitten?‹ Ich habe das drin gelassen, weil es, wenn wir an meinen Sachen arbeiteten, meistens so war, dass die Tontechniker genau dann auf die Toilette gingen. Wahrscheinlich konnten sie es nicht ertragen! Viele Sachen wurden nicht aufgenommen, und viele Sachen in meinem Leben gingen verloren.«

Dies sind die Vorzeichen dafür, dass Yoko bald eine weitere Schattenseite der Ehe mit John sehr deutlich erkennen würde: Er war und blieb bis zuletzt unangefochten und mit allergrößtem Abstand ihr Meister im Bereich der Popmusik. Trotzdem unternahm er alles, um sie zu ermutigen. Das war eine gegenseitige Bestärkung in künstlerischer und in menschlicher Hinsicht.

Der Anteil Yokos an Johns positiver Persönlichkeitsentwicklung kann nicht hoch genug eingeschätzt werden. Mehr noch als Exfrau Cynthia gelingt es ihr – 1970 auch dank professioneller Hilfe durch den Psychiater Arthur Janov –, das aggressive Potenzial ihres Mannes zu kanalisieren. Yoko weiß, wie viel Gewalt sich auch im Herzen Johns verbarg, wie verkrampft und verschlossen er oft war. »Wirklich locker ist mein Gesang zum ersten Mal auf *Cold Turkey* gewesen – das kam durch die Erfahrung mit Yoko. Sie verkrampft beim Singen ihre Kehle nicht«, sagte er.

Nach Beendigung der Aufnahmen legten sie eine Verschnaufpause ein. Einerseits genossen sie Tittenhurst, andererseits sehnte sich Yoko nach New York. Sie überredete John zu einer erneuten Reise über den Teich. Im November 1970 trafen sie in New York im Umkreis von Andy Warhol, Nico, Allen Ginsberg und Salvador Dalí den 1922 in Litauen geborenen Avantgarde-Regisseur Jonas Mekas und drehten mit ihm die Filme *Up Your Legs* (eine *Bottoms*-Variante) und *Fly*. Während der Dreharbeiten begegnen Yoko und John erstmals May Pang, einer Mitarbeiterin von Allen Klein. Im darauf folgenden Frühling wurden auf dem Filmfestival von Cannes die Filme *Apotheosis* (18 Minuten, Regie John Lennon) und *Fly* (22 Minuten, Regie Yoko Ono) gezeigt. *Apotheosis* zeigt Yoko und John in schwarzen Gewändern von einem aufsteigenden Luftballon aus gefilmt. *Fly* trägt allein Yokos Handschrift. Die Idee zu dem Film kam ihr, als jemand einen Witz erzählte. »Hast du den Hut von der Dame gesehen?«, fragt eine Frau ihren Mann. Doch der schaut auf das Dekolleté der Dame.

Yoko fragte sich, wie viele Zuschauer auf die Fliege, wie viele auf den nackten Körper der Frau schauen würden. Ich habe den Film auf Kinoleinwand in Wien 2012 anlässlich der Kokoschka-Preisverleihung in Anwesenheit Yoko Onos gesehen. Die Reaktionen im Publikum waren heftig. Der Film hat nichts an Aktualität verloren. Er könnte genauso vor kurzem gedreht worden sein. Yokos schrille Stimme begleitet die Fliegen, die den nackten Frauenkörper erkunden. Ein Laudator gestand, dass er sich am liebsten die Ohren zugehalten und die Augen geschlossen hätte. Das war der Ausgangspunkt für seine Reflexionen über die Wirkmacht von Kunst.

Im Dezember erscheinen die beiden Plastic-Ono-Alben und zurück in London sind Yoko und John vor allem mit Gerichtsstreitigkeiten um das Apple-Imperium beschäftigt. Nebenbei nehmen sie die Single *Power To the People* auf, zu der sie durch Interviews und Fanmeinungen zu Fragen politischen Engagements angeregt wurden. Zudem reisen sie nach Japan, wo sich Yoko mit ihren Eltern versöhnt und ihnen ihren dritten Ehemann vorstellt. Bei dieser Begegnung wird Yoko wieder ihre seltsame familiäre Situation bewusst.

Im Mai 1971 fanden die Aufnahmen zu *Imagine* in den Tittenhurst-Studios statt. Weil angeblich im Juni Kyoko auf Long Island gesichtet wurde, flogen Yoko und John nach New York. Von Kyoko fehlte jedoch jede Spur. Stattdessen beendeten sie in den Record-Plant-Sudios die Aufnahmen zu *Imagine*. Am sechsten Juni traten Yoko und John mit Frank Zappa and The Mothers of Invention im New Yorker Fillmore East auf. Teile der Aufnahmen erschienen auf dem Doppelalbum *Some Time in New York City*. Im Juli schließlich flogen sie nach London zurück. Dort wurde der 70-Minuten-Film *Imagine* in Tittenhurst Park gedreht. So idyllisch die Arbeitsatmosphäre war, so schwierig waren wieder die privaten Verhältnisse, denn Tony Cox hielt sich weiterhin mit Frau und Tochter versteckt. Yoko und John hatten das Sorgerecht beantragt. Bislang ohne Erfolg.

Yoko fühlte sich in New York immer noch wie zu Hause.Sie beschlossen, sich dort niederzulassen. Am 3. September 1971 verließen Yoko und John England und flogen in die USA. John sollte seine Heimat nie wiedersehen.

III
NEUBEGINN, TOD UND KONTINUITÄT

YOKOS GEHEIMNISSE

Im Februar 2009 veröffentlichte Yoko im Internet 25 von ihr so genannte Geheimnisse, von denen bis dahin nicht einmal ihre besten Freunde etwas gewusst haben sollen. Oft sind es Banalitäten, die dann doch etwas über die Person aussagen, die sie thematisiert.
Yoko beginnt unten bei ihrem Körper und wandert dann langsam hinauf. Sie gesteht, dass sie ihre Zehen bewegt, wenn sie auf etwas wartet; das mindere ihre Nervosität. Sie liebt es, so oft wie möglich barfuß zu sein. Abends legt sie die Beine gerne hoch, schaut ihre Füße an und spricht in Gedanken mit ihnen: »Ich danke euch dafür, dass ihr mich schon so viele Jahre lang an so viele Orte gebracht habt und mich immer noch tragt. Ihr seid die Besten!« Ihre Beine seien eher kurz, aber sie möge das, weil sie dadurch beweglicher sei. Sie gesteht aber im nächsten Satz, dass sie Schuhe mit hohen Absätzen mag und gerne Seidenstrümpfe und Hot Pants trägt. So angezogen fühle sie sich wie ein taffes Mädchen aus den 1930er-Jahren. Und wenn sie nicht in den Spiegel schaue, könne sie sich glatt für Rita Hayworth oder Marlene Dietrich halten. »How great is that?!« Sie erzählt von flachen Schuhen, die sie in den 50er-Jahren im College trug. Aus denen schaute ein Zeh heraus, was sie witzig fand. Die Mädchen blickten auf ihre Schuhe

und dann in ihr Gesicht, und Yoko fand ihre ablehnende Haltung aufregend, die dabei zum Ausdruck kam. Danach erzählt sie von ihrer Leidenschaft für Handschuhe und für Fingerringe. Trotzdem trägt sie ganz selten welche. Zudem mag sie keine Schminke und mit Gesichtscremes hat sie nur schlechte Erfahrungen gemacht.

Die wahre Leidenschaft seien bekanntermaßen Hüte, aber nicht, weil sie damit lichtes Haar verbergen wolle. Im Gegenteil: Manchmal nehme sie den Hut ab und ihr dichtes Haar komme zum Vorschein. Warum sie ihn unmittelbar danach wieder aufsetze und überhaupt fast nur mit Hüten zu sehen sei, wisse sie auch nicht. Dazu müsste sie wohl ein Jahr lang zum Psychiater und wisse es danach immer noch nicht. Aber sie gehe grundsätzlich nicht zum Psychiater. Die Ursache für ihren Hut-Tick sei sehr komplex, könne aber einfach damit zu tun haben, dass sie meine, damit größer zu wirken oder dass Hüte von Falten im Gesicht ablenken.

Überhaupt – ihr Gesicht. Ihre Mutter redete ihr ein, sie habe so kräftige Backenknochen wie Jungs. Und Yoko habe ihr das geglaubt. Sie habe die Backenknochen von ihrem Vater geerbt. Sie fand sich nicht feminin und John habe ihr oft gesagt: »Zeig mir dein Gesicht!« und habe ihr langes und dichtes Haar weggeschoben. »Du siehst wunderbar aus. Ich verstehe nicht, warum du dein Gesicht mit deinen Haaren verbirgst.« Aber sie habe es weiterhin versteckt. Sie habe auch ihre Hände so oft wie möglich versteckt. Die Mutter habe ihr zwar nicht gesagt, ihre Hände seien sehnig, aber sie wisse, dass es so ist. Ihr Kopf sei ungewöhnlich breit im Vergleich zu ihrem zierlichen Körper, weshalb John sie »Marsmensch« genannt habe. Manchmal blicke sie in den Himmel und habe das Gefühl, ihre wahre Heimat sei dort irgendwo. Deshalb habe sie gedacht, sie sei vielleicht eine Art Marsmensch, sie sei das Ergebnis einer Kreuzung, die vor Tausenden von Jahren entstanden ist.

Das sind einige der nicht immer erhellenden und von Yoko selbst eingestandenen persönlichen Geheimnisse. Gerne erzählt sie auch von ihren Spaziergängen. Sie sei früher oft ziellos und sehr schnell durch die Stadt geirrt, bis zu sieben Meilen am Tag. Das könne sie heute nicht mehr tun, allein schon um der Security Guard gegenüber nicht unfair zu sein. Zu Hause habe sie so viel zu tun, die Leute könnten das nicht glauben, aber es sei wahr. Sie müsse alte Bilderrahmen reparieren oder einfach über den Park schauen und tagträumen. Es sei so schön, den Himmel durch eines der alten Fenster im Dakota zu sehen. Wenn sie so vor sich hin sinniere, gehe sie bis ans Ende der Welt und wieder zurück, das sei eine gute Übung. Gegen Ende ihrer Geständnisse wird Yoko immer esoterischer. Sie erzählt davon, dass sie manchmal einfach in die Stadt geht, die sie mag. Sie erzählt von einem Tiefflug über Genf, bei dem sie einen Freund gesehen habe, der unten auf der Straße spazierte. Das Bemerkenswerte dabei sei, dass dieser Freund schon vor über zehn Jahren gestorben sei und dass er keinen besonderen Bezug zu Genf gehabt habe. Daraus folgert Yoko, dass die Menschen manchmal einfach dort sind, wo sie sein wollen, ohne bestimmten Grund. Sie liebe das. Sie sei ein Mensch, der viel Zeit für sich selbst brauche und wenn sie die nicht habe, dann nehme sie sich die Zeit. Ihre Mutter habe öfters mit der Hand vor Yokos Gesicht gewedelt und gefragt: »Yoko, bist du da?« Aber wenn sie immer dort gewesen wäre, könnte sie nicht sie selbst sein, folgert Yoko. Mit John habe sie sich manchmal wie Leute aus einer H.-G.-Wells-Geschichte gefühlt. Zwei Menschen, die so schnell gehen, dass niemand sie sehen kann. Aber das habe auch Probleme geschaffen. Schließlich wolle man sich doch manchmal in Ruhe mit guten Freunden unterhalten.

Ihren selbsterforschenden Ausflug beendet Yoko mit einem Augenzwinkern. Nicht einmal ihre besten Freunde hätten gewusst, dass sie sich mit so verrückten Vorstellungen beschäftige wie der des Schrumpfens: Ingenieure würden ständig daran arbeiten, alles kleiner zu machen, so dass unsere Finger bald zu groß für die neuen Geräte seien. Aber sie vertraue in die Weisheit der Menschheit. Wir seien unglaublich intelligente Wesen. Deshalb wüssten wir vielleicht Dinge, ohne zu ahnen, dass wir sie wissen. So gibt Yoko an dieser Stelle die anarchisch angehauchte Philosophin.

Fest steht, dass Yoko spätestens seit 1980 sehr genau auf ihr Image achtet. Da sich im Lauf ihres Lebens offensichtlich auch ihr Geschmack änderte, fällt auf, dass beispielsweise in den 1980er- und 90er-Jahren noch Fotos von ihr in den Medien im Umlauf waren, die im neuen Jahrhundert nie wieder erschienen sind. Das berühmteste Beispiel hierfür sind die Bilder, die im Verlauf der Nacktaufnahme für das Album *Two Virgins* entstanden sind. Auf einer Aufnahme bedecken sie ihre Scham mit »The Times Business News«. Als Yoko nach dem nackten Mann neben sich und John gefragt wurde, der auf einer anderen Aufnahme zu sehen ist, konnte sie sich angeblich nicht erinnern, obwohl das großformatige Foto gerahmt mit Widmung im Wohnzimmer prominent über dem Kamin in der Villa Tittenhurst Park hing, die John im Mai 1969 gekauft hatte. Das Foto selbst sei inzwischen verschollen, sagte Yoko.

So steht der Legendenbildung Tür und Tor offen, und doch überwiegt das Gefühl, dass Yoko nicht daran interessiert ist, das Bild ihres verstorbenen Mannes zu verändern, zumal John zu Lebzeiten so mitteilsam war, dass es schwerfiele, seine Vorstellungen und Überzeugungen zu verfälschen. Allerdings missfällt es ihr, wenn Biografen ihres Mannes anhand des vorhandenen Materials Schlussfolgerungen ziehen, die ihr nicht plausibel erscheinen. Als Philip Norman in seiner Lennon-Biografie vermutete, John habe homosexuelle Gefühle Paul gegenüber gehabt, distanzierten sich nicht nur Paul, sondern auch Yoko von der gesamten Biografie Normans, obwohl beide davor dem Beatles-Kenner Interviews gegeben hatten.

DOUBLE FANTASY

In New York erhöhte sich das Arbeitstempo von Yoko und John. Im September 1971 bezogen sie vorübergehend im vornehmen St. Regis Hotel zwei Suiten. Geld spielte keine Rolle, auch weil das Album *Ima-*

gine gerade weltweit in die Top Ten kletterte. Zudem war gerade Yokos erstes Solo-Doppelalbum *Fly* erschienen. Eröffnet wird es durch die Rock'n'Roll-Nummer *Midsummer in New York*. So war Yoko noch nie zu hören. Als wollte sie Buddy Holly kopieren, schmettert und variiert sie mit leichtem Tremolo, aber rhythmisch perfekt Versatzstücke aus Rock-Klassikern: »Woke up in the morning, the bed is wet in sweat ... shaking, shaking ...« Leider wählte sie diesen Song nicht als A-Seite der Single. Stattdessen war *Mrs Lennon*, eine surreale und fade Ballade im »Imagine«-Stil die gleichberechtigte A-Seite. Bei einer Gewichtung zugunsten der Tanznummer wäre sie vielleicht in die Charts gekommen. Yoko zeigt sich auf *Fly* jedenfalls erstmals von einer sehr eingängigen, frischen und – ja – kommerziellen musikalischen Seite. Auf den Seiten drei und vier befindet sich allerdings experimentelle Filmmusik. Noch nie wurden Solo-Songs von Yoko so positiv aufgenommen. Jonathan Cott schrieb, »eine bemerkenswert gelungene Mischung aus dem Rockabilly der fünfziger Jahre und Yokos stimmlichem Extremismus«.

Der Erfolg sorgte für Adrenalinschübe und für neue Projekte. Yoko und John mieteten in Soho ein Atelier für ihre Aktivitäten und in West Village ein Studio für ihr Privatleben. Im Oktober 1971 wurde Yokos erste Gesamtausstellung *This Is Not Here* im Everson Museum of Art in Syracuse, New York, eröffnet. Das Publikum kam in Scharen zu Yokos Retrospektive, denn im Untertitel hieß es: »John Lennon as guest artist«. In den folgenden Monaten sprudelte Yoko nur so vor Unternehmungslust: Ihre Theateraufführungen und Performances fanden ohne Beteiligung Johns statt. Yoko fühlte sich in New York wieder zu Hause. Die Stimmung hier war ihr gegenüber nicht so feindlich wie in London. Zudem kamen Yoko und John sofort in Kontakt mit der Antikriegsbewegung, die sich keinen Deut um Yokos Negativ-Image als Beatles-Spaltpilz scherte.

Yoko und John schlossen sich auch einer Protestaktion in Syracuse für die Rechte der in Amerika lebenden Indianer an. Sie traten im New Yorker Apollo Theater für die Attica-Wohltätigkeitsveranstaltung auf, in der Geld für die Angehörigen der Opfer des Gefängnisaufstands vom September 1971 gesammelt wurde. Im Dezember erschien die Ende Oktober in den Record-Plant-Studios in New York aufgenommene Single *Happy Xmas (War Is Over)*. Auf dem Cover steht: »John & Yoko / Plastic Ono Band With The Harlem Community Choir«. Der Song, der bis heute zu den beliebtesten Pop-Weihnachtsliedern gehört, wird von Yoko eröffnet, die »Happy Christmas, Kyoko« flüstert. Danach flüstert John: »Happy Christmas, Julian«. Bei solchen Kleinigkeiten zeigt sich die Sehnsucht des Paares nach einer Familie. Aber Kyoko bleibt mit ihrem Vater untergetaucht. Sie fehlt Yoko sehr. Und Julian ist bei seiner Mutter Cynthia in London. Wie sehr John seinen Sohn vermisst, wird deutlich, als er fünf Jahre später Sean mit Aufmerksamkeit überhäuft, so als wolle er damit seinen Fehler wiedergutmachen.

Yoko und John unterstützen Bürgerrechtler, die der Staat gerne hinter Schloss und Riegel bringen würde. Auf den Straßen New Yorks lernten Yoko und John den Bandleader von The Lower East Side, David Peel, kennen. Die Combo gab auf ausgelassenen Happenings Satiren im Agitprop-Stil und Drogensongs zum Besten und zog von einer Straßenecke New Yorks zur nächsten. Ende Oktober produzierten Yoko und John David Peels Platte *The Pope Smokes Dope* für Apple Records, die von fast allen Radiostationen boykottiert wurde. Zur selben Zeit lernten sie die Extremisten und Berufsrevoluzzer Jerry Rubin und Abbie Hoffman von der Youth International Party (Yippies) kennen, die seit 1968 Demonstrationen gegen den Kambodscha- und Vietnamkrieg organisierten, sich für mehr Bürgerrechte einsetzten und mit den Black Panthers kooperierten, insbesondere mit Bobby Seale. Erklärtes Ziel der Yippies war es, die bestehende Regierung und das herrschende Bankensystem zu Fall zu bringen. Gemeinsam mit seinen neuen Freunden veröffentlichten Yoko und John Zeitungsartikel, engagierten sich für die schwarze Universitätsdozentin Angela Davis und setzten sich für den Gründer der White Panthers John Sinclair ein, die beide zu Unrecht im Gefängnis saßen.

Yoko und John treten häufig in Begleitung von Hoffman, Rubin und Seale in der Öffentlichkeit auf, v. a. auch in Fernsehshows. Der große Bekanntheitsgrad des Paares und das starke Engagement für Frieden und Bürgerrechte führen selten zu konkreten Ergebnissen, doch die Aufmerksamkeit der Medien ist Yoko und John sicher, wodurch auch ihre Themen größere Beachtung finden.

Seit der Veröffentlichung von *Two Virgins* 1969 mit dem nackten Liebespaar auf dem Cover füllten die Berichte über Yoko und John beim FBI eine schnell wachsende Akte. Doch noch ahnen sie nichts davon. Sie sangen weiter für Frieden, Freiheit und Gerechtigkeit. Am 10. Dezember 1971 traten Yoko und John gemeinsam mit Stevie Wonder, Bob Seger und Allen Ginsberg bei einem von Jerry Rubin und Bob Seale organisierten Konzert auf und trugen ein Lied vor, das sie extra für John Sinclair geschrieben hatten, der wegen zwei Joints inhaftiert worden war. Zwei Tage später wurde er freigelassen. Yoko und John zeigten Wirkung.

Sie gingen weiter in TV-Shows, wo sie neue Protestlieder sangen, gaben Interviews und setzten die größte Friedenskampagne, die die Welt je gesehen hat, mit der Plakataktion »War Is Over« fort. Gore Vidal stützt durch seine Aussage im Film *The U.S. vs. John Lennon* die These, dass Johns und Yokos fantasievoller, begeisternder und unermüdlicher Einsatz für den Weltfrieden die US-Regierung zunehmend irritierte. Begründete Verfolgungsängste waren die Folge und wurden zu einer stetig größer werdenden Belastung für das Paar bis zur (vorübergehenden) Trennung 1973.

Neben den großen öffentlichen Reibereien gab es auch noch die eher kleinen und privaten, aber nicht minder heftigen: Kyoko blieb trotz mehrerer Sorgerechtsprozesse verschwunden. John würde sie nie wiedersehen, Yoko erst Mitte der 1980er-Jahre, als Kyoko selbst Mutter wurde und deshalb mit Yoko Kontakt aufnahm. Seither haben Mutter und (Groß-)Mutter ein gutes Verhältnis. Yoko hat oft ihre

Beziehungen zu ihren Kindern reflektiert. Ähnlich wie John plagte sie bei Kyoko manchmal das schlechte Gewissen, sie vernachlässigt zu haben. Andererseits versuchte sie oft, ihr Verhalten (vor sich selbst) zu rechtfertigen, so 1980 im Peebles-Interview:
»Ich verlor Kyoko, als sie etwa fünf war. Ich war wohl eine exzentrische Mutter, aber wir hatten eine sehr gut funktionierende Kommunikation. Ich gab nicht übermäßig acht auf sie, aber sie war immer bei mir – auf der Bühne, bei Ausstellungen, wo auch immer. Als sie noch nicht mal ein Jahr alt war, nahm ich sie mit auf die Bühne, und zwar als Instrument – ein unkontrollierbares Instrument. Meine Kommunikation mit ihr bestand daraus, dass wir uns unterhielten und Sachen miteinander unternahmen. Sie stand mir deswegen näher als Tony.«

Im Januar 1972 berichtete der zum Senat gehörige Ausschuss für innere Sicherheit Senator Strom Thurmond über Yokos und Johns Beziehungen zu revolutionären Aktivisten wie Jerry Rubin und Abbie Hofman. Senator Thurmond riet in einem geheimen – inzwischen veröffentlichten – Memorandum, datiert vom 4. Februar, an den Justizminister John Mitchell mit den Worten »durch rechtzeitiges Handeln könnte viel Ärger erspart bleiben«, Yoko und John auszuweisen. Entsprechende Maßnahmen wurden wenig später von den Einwanderungsbehörden ergriffen.
Im Februar traten Yoko und John eine Woche lang bei »The Mike Douglas Show« auf. Im April waren sie zu Gast in der Dick Cavett Show und stellten *Woman Is The Nigger Of The World* vor. Der Songtitel stammt aus einem Interview, das Yoko einer Frauenzeitschrift gegeben hatte. Er wurde zu einer Hymne der Frauenbewegung, obwohl von einem Mann gesungen. Im Juni erschien das Doppelalbum *Some Time In New York City*. Es bekam damals keine guten Kritiken und verkaufte sich nicht so gut wie andere Lennono-Alben, gilt heute jedoch als Klassiker politisch motivierter Rockmusik.
»Wir waren zwei Rebellen und ziemlich stolz darauf. Bei diesem Album stellten wir uns vor, Bertolt Brecht und Kurt Weill der 1970er

zu sein«, erinnert sich Yoko. Das Cover war in Anlehnung an die *New York Times* gestaltet, enthielt die Songtexte und verschiedene Einschübe wie *Jokopress*, *There are no birds in Viet-Nam* oder *Don't think they didn't know about Hitler*. Bemerkenswert ist, dass hier erstmals der von Yoko verhasste B-Seiten-Effekt dadurch eliminiert wird, dass ihre und Johns Songs auf dem Album alternieren. Yoko hat ihre popmusikalische Kompositionstechnik weiterentwickelt und drei kommerziell ansprechende Songs, die heute noch gecovert werden, alleine komponiert: *Sisters O Sisters* ist eine Hymne für Feministinnen geworden. »Schwestern, wir müssen lernen, Forderungen zu stellen«, singt Yoko und versucht damit die Frauenbewegung von einseitigen Schuldzuweisungen abzubringen. Nicht nur die Männer sollten sich ändern, auch die Frauen sollten in einer neuen Welt neue Positionen beziehen und sich anders verhalten als bisher. *Born In A Prison* und *We're All Water* sind poetisch sozialkritische Songs, die Yoko auch von ihrer humorvollen Seite zeigen, wenn sie beispielsweise singt: »Vielleicht gibt es keinen großen Unterschied zwischen Chairman Mao und Richard Nixon, wenn wir sie ganz ausziehen.«

Zu Yokos Gesang schreibt Katrin Berndt: »Yoko singt mit ihrer Bruststimme, und diese Art des Gesangs lässt sich mit ihrer ausgebildeten Kopfstimme schwerlich in Einklang bringen. Die ihr mehr entsprechende Technik des Sprechgesangs sollte sie erst auf ihrem Solo-Album *Approximately Infinite Universe* entwickeln.« Es erschien als Doppelalbum, machte einen weiteren Schritt in Richtung Pop-Kommerz und erreichte immerhin Platz 193 der US-Charts.

Die abwechslungsreichen Arrangements und der volle Sound der »Elephant's Memory Band« könnten zu zahlreichen anderen Rocksängerinnen passen, doch Yokos Stimme ist unverwechselbar und ihre manchmal rätselhaften, manchmal infantilen, manchmal witzigen Texte wecken Neugier.

Alle 22 Songs wurden von Yoko selbst geschrieben. Es erschien im Januar 1973 und allmählich gewöhnten sich die Musikjournalisten an den nicht nachlassenden Ehrgeiz von Johns Frau, endlich auch einmal einen Hit landen zu wollen. 30 Jahre später kam dann ein Remix des feministischen Eröffnungssongs *Yang Yang* in die US-Dance-Charts. Er thematisiert auf originelle Weise die männliche Dominanz und ist ein weiterer Beitrag Yokos zur Emanzipation. Heute gilt das Album als das beliebteste unter Yoko-Ono-Hörern und eignet sich – gemeinsam mit den Samplern – besonders als Einstieg in Yokos musikalische Welt, da es sehr viele verschiedene Stilrichtungen und Themen vereint und sogar eine Dylan-Parodie enthält. Ein Remix einer weiteren damaligen Single-Auskopplung *Move On Fast* war 2011 mehrere Wochen auf Platz 1 der US-Dance-Charts.

Die Zeiten waren hektisch, intensiv und John und Yoko voller Ideen. Im Juni 1972 hielten sich Yoko und John einige Wochen in Kalifornien in der Nähe von Santa Barbara auf, wo sie einfach nur Urlaub machten und ein weiteres Mal versuchten, konsequent drogenfrei zu leben. Besonders die Methadon-Abhängigkeit machte den beiden noch zu schaffen. Yokos Ziel war es, so gesund wie möglich zu leben, um doch noch ein Kind bekommen zu können. Am 30. August 1972 traten Yoko und John im Madison Square Garden beim »One-to-One«-Wohltätigkeitskonzert für behinderte Kinder auf. Yoko sang mit ihrem Mann und der Elephant's Memory Band mehrere Eigenkompositionen, die auf der späteren Plattenveröffentlichung fehlen, so dass ein reines John-Lennon-Album daraus wurde, das 1986 Platz 41 in den US-Charts erreichte. Auf der DVD sind immerhin noch Yokos Auftritte mit den Songs *Sisters O Sisters* und *Born In A Prison* zu sehen. Yoko war wütend über die Politik der Plattenmanager. Aber das minderte nicht ihre Schaffenskraft. Sie komponierte weiter und hatte bald wieder mehrere neue feministische Songs fertig.

Im März 1973 erhielt Yoko eine unbefristete Aufenthaltsgenehmigung, John hingegen wurde einmal mehr aufgefordert, die USA innerhalb der nächsten 60 Tage freiwillig zu verlassen, andernfalls drohe ihm die Ausweisung. Er legte erfolgreich Berufung ein. Aber damit war der Ärger noch nicht vorbei.

Im April riefen Yoko und John bei einer Pressekonferenz in New

20 Albumcover
»Approximately
Infinite Universe«
(1973)

York das Land Nutopia aus, deren Botschafter sie seien. Deshalb hätten sie diplomatische Immunität und John könnte nicht ausgewiesen werden. Der Name dieses Landes, dessen Bevölkerung mit Ausnahme Yokos und Johns unbekannt ist, setzt sich aus den Wörtern »neu« und »Utopia« zusammen. Ein neues utopisches Land, das keine Regierung hat, dessen Flagge weiß ist und dessen Gründungstag der 1. April 1973 ist.
Yoko und John kauften sich ein erstes Apartment im Dakota Building in der 72. Straße, Ecke Central Park West in New York. Später wurden zahlreiche weitere Wohnungen im Dakota dazu erworben, die alle noch heute in Yokos Besitz sind. Am Anfang prangte ein Schild am Hintereingang des Gebäudes: Nutopian Embassy.
Wenig später erhielt Yoko in höchstgerichtlicher Instanz das dauerhafte Sorgerecht für Kyoko. Doch die Tochter blieb mit ihrem Vater Tony Cox verschwunden. Alle Suchaktionen Yokos und Johns mit Hilfe verschiedener Detekteien scheiterten.

Im Juni 1973 ging Yoko wieder ins Studio und nahm ihre neuen zwölf Songs für das Album *Feeling The Space* auf. Inspiriert wurden sie u. a. auch von der Tagung »International Feminist Planning Conference« in Massachusetts im selben Monat. Im Studio mit dabei waren renommierte Jazz-Musiker wie Ken Ascher oder Michael Brecker. Yoko fand auch im Gitarristen David Spinozza und im Drummer Jim Keltner fabelhafte Begleiter, die ihre Kompositionen intensiver und professioneller interpretierten als die Elephant's Memory auf dem vorhergehenden Album. Ein herausragendes Stück ist das musikalisch ganz entspannte Chanson *Men Men Men*, in dem Yoko versucht, diskriminierende und frauenfeindliche Äußerungen umzukehren: »Männer, Milch und Honig, Gottes kleine Geschenke für die Frauen. Ich will, dass ihr schlau seid, aber nicht zu sehr. Ich will, dass ihr böse seid, aber nicht zu sehr. Ich will, dass ihr stark seid, aber nicht zu sehr … Eure Muskeln sind nicht da, um im Krieg zu kämpfen. Eure Münder sind nicht da, um Meinungen zu äußern. Eure Augen sind da, damit wir in sie hineinschauen können … Eure Hosen sind nie eng genug. Eure Haut ist nie jung genug … Ich will euch hinter mir, nicht neben mir.« Am Ende ist kurz Johns Stimme zu hören, die sagt: »Yes, dear.« Er zeichnete als Co-Produzent und unterstützte nach wie vor Yokos Engagement für den Feminismus, die das Album allen Frauen widmete, die »unter Schmerzen starben oder sich in Gefängnissen oder psychiatrischen Kliniken befinden, weil sie unfähig sind, in dieser männlichen Gesellschaft zu überleben«.

Kommerziell machten sich die Originalität und die höhere musikalische Qualität nicht bemerkbar. *Feeling The Space* kam nicht in die Charts, ganz im Gegensatz zu Johns parallel dazu veröffentlichtem *Mind Games*. Diese Erfolglosigkeit im Vergleich zu ihrem Ehemann setzte Yoko zu. Auch der insgesamt hektische, von vielen juristischen Auseinandersetzungen um das Beatles-Erbe und um Johns Aufenthaltsgenehmigung geprägte Lebensrhythmus forderte seinen Tribut. Im Oktober 1973 beschlossen Yoko und John, sich zum ersten Mal seit 1968 zu trennen.

Yoko erinnert sich 1980 im Peebles-Interview: »Ich glaube, ich brauchte wirklich etwas Freiraum, weil ich daran gewöhnt war, eine Künstlerin und frei zu sein. Als ich mit John zusammenkam, verlor ich meine Freiheit, weil wir immer im Fokus der Öffentlichkeit standen. Und wir waren die ganze Zeit zusammen, 24 Stunden am Tag. Der Druck lastete besonders schwer auf mir, weil ich diejenige war, die John der Allgemeinheit weggenommen hatte.«
Es kam offensichtlich nicht zu großen Streitereien. Beide bezeugten später, dass die Initiative zur Trennung auf Probe von Yoko kam. Aber auch John musste gespürt haben, dass das symbiotische Verhältnis an seine Grenzen gelangt war. Hinzu kam Johns Gefühl, nie frei gewesen zu sein. Er hatte mit einundzwanzig Jahren Cynthia geheiratet und war übergangslos mit Yoko eine noch engere Beziehung eingegangen. Die vorübergehende Trennung verlief einvernehmlich und friedlich. John zog in Begleitung von Yokos Assistentin May Pang nach Los Angeles und nannte die Zeit bis zur Versöhnung sein »Lost Weekend«.
Die als Tochter chinesischer Einwanderer in New York aufgewachsene May Pang war fast genau zehn Jahre jünger als John und sehr attraktiv. Nach ihrer über 18 Monate währenden Beziehung zu John veröffentlichte sie zwei Bücher. Darin erzählt die 1971 von Yoko als persönliche Referentin und Sekretärin eingestellte Pang davon, dass Yoko sehr genau über das Verhältnis Bescheid wusste, während sie weiterhin in New York lebte. Einerseits zog Yoko es vor, wenigstens Gewissheit darüber zu haben, mit wem ihr Mann schlief, andererseits hatte sie eben diese Kraft, ihrem Mann so viel Freiheit zu lassen. Dieser Vorgang – er kann auch auf japanische Ehe-Traditionen zurückgeführt werden, wonach Gattinnen ihren Männern Geliebte zugestehen – lässt sich anders interpretieren, denn Yoko hatte vermutlich in jener Zeit einen Geliebten, den Musiker David Spinozza. So könnte die vermeintliche Weisheit – man soll nichts besitzen wollen – leicht in Lieblosigkeit, Gleichgültigkeit, ja, emotionale Kälte kippen. Die Lektion, die Yoko vor vielen Jahren während des Krieges

gelernt hatte, könnte also auch die Grundlage für ein berechnendes Verhalten in (Liebes-)Beziehungen sein.

Getrennt produzierten Yoko und John weiter Musik. Yoko versuchte mit aller Willenskraft Songs zu komponieren, die denen ihres Mannes ebenbürtig sein könnten. Sie wollte sich ihr und ihm beweisen, dass sie ihm in dieser Beziehung nicht unterlegen war. 1974 nimmt Yoko das Album *A Story* – wieder mit dem Gitarristen Spinozza – auf, das jedoch erst 1997 erscheint. Es ist qualitativ schlechter als die beiden Vorgänger und hätte erst nach der Versöhnung mit John erscheinen können, weshalb Yoko darauf verzichtete. Kommerziell erfolgreich war nur John. Yoko hoffte 1973 und 1974 – auch mit Auftritten in Japan –, als eigenständige Popkünstlerin zu reüssieren, aber die Besucher- und Verkaufszahlen waren deprimierend. Allerdings genoss sie es zu Beginn ihrer Solo-Phase, einfach einmal wieder alleine auf der Bühne zu stehen. Die Gewissheit gefiel ihr, dass die – jetzt wenigen – Leute wegen ihr und nicht wegen John kamen. Der verschrieb sich in L.A. dem Alkohol und kostete mit May Pang die Wonnen der Sexualität aus. Yoko hatte das vorausgesehen und nach japanischer Tradition in Kauf genommen. Alle wissen Bescheid und akzeptieren das Dreiecksverhältnis. Für May Pang war die Beziehung zu John die große Liebe und eine Ehre zugleich. Yoko verhielt sich pragmatisch: Besser May als irgendwelche ihr unbekannten anderen Frauen, war ihre Überlegung. Sie war dank Elliot Mintz, May oder John selbst fast täglich über die Ereignisse in L.A. informiert. Sie traf in jener Zeit John mehrfach sowohl in L.A. als auch in New York. Der gesamte Vorgang ist heute emotional schwer zu verstehen. Er beruhte im Wesentlichen auf einem Widerspruch: Einerseits bestand Yokos dringender Wunsch nach Distanz, andererseits dachten weder Yoko noch John an Scheidung, sondern spürten weiterhin eine tiefe Zuneigung füreinander. Hinzu kommt das stark libertinäre Umfeld in jenen Künstlerkreisen Anfang der 1970er-Jahre.

John blieb musikalisch hoch produktiv, nahm mit *Walls And Bridges* eines seiner besten Alben und zugleich seinen zu Lebzeiten einzigen US-Nr.-1-Single-Hit mit *Whatever get's you through the Night* auf. Mit einer Mischung aus Freude und Neid musste Yoko einsehen, dass John ohne sie mindestens ebenso erfolgreich war wie mit ihr.

Yoko hatte den emanzipatorischen Gedanken der Gleichheit auf musikalische Kreativität übertragen und scheiterte in jenen Jahren, was die Akzeptanz bei Medien und Publikum betraf. An melodiöskommerzieller Anbiederung sind zahlreiche ihrer Songs kaum zu überbieten. Sie huldigen dem Massengeschmack. Aber es fehlt ihnen Charisma und Genialität eines Songschreibers wie John. Mag sein, dass dies mit ein Grund war, der sie wie magisch wieder zu ihm hinzog. Sie wollte den kreativen Kern ihres Mannes ergründen und sie war neidisch auf Fähigkeiten Johns, nach denen sie sich bis zu seinem Tod sehnte. Erst um die Jahrhundertwende fand sie die Entspanntheit, eigene popmusikalische Wege zu gehen und damit ein Massenpublikum zu erreichen. In den 1970ern war sie trotz vieler Versuche noch weit davon entfernt.

John spielte im Dezember 1974 im ausverkauften Madison Square Garden mit Elton John und Yoko saß im Publikum. Danach in der Garderobe kamen sie ins Gespräch und nahmen ihre Beziehung wieder auf. John hatte sich im Verlauf des »Losts Weekend« ausgetobt und Yoko hatte sich als Solo-Popkünstlerin ausprobiert. Beide sehnten sich wieder nach ihrer früheren stabilen Beziehung, die jetzt jedoch auch Distanz zulassen konnte. John beendete die Affäre mit May, Yoko selbst blieb weiterhin mit May in Kontakt und John zog – nachdem er sich mit etlichen Bedingungen Yokos einverstanden erklärt hatte – wieder ins Dakota ein. Sie wollten ein Kind und lebten daher unter Verzicht auf jegliche Drogen sehr gesund und ernährten sich neuerdings nicht nur makrobiotisch, sondern auch vegetarisch. Und endlich wurde Yoko wieder schwanger.

Am 7. Oktober lehnte das amerikanische Berufungsgericht eine Ausweisung Johns ab. Mit zwei gegen eine Stimme wurde der Ausweisungsbefehl gegen ihn aufgehoben. Zwei Tage später, an Johns 40. Geburtstag, kam Sean Taro Ono Lennon per Kaiserschnitt zur Welt.

»›Ich trage das Baby neun Monate mit mir herum, das reicht, danach passt du darauf auf.‹ Das hört sich zwar wie ein Befehl an, aber ich denke wirklich, dass Kinder ein Teil der Gesellschaft sind. Wenn eine Mutter das Kind austrägt und ein Vater es aufzieht, dann hat man sich die Verantwortung geteilt«, sagte Yoko 1980 im Gespräch mit Peebles. Für John begann eine künstlerische Auszeit, in der er den Hausmann probte und ein liebevoller Vater war. Yoko kommentierte rückblickend: »1975 wollte niemand Kinder bekommen, aber wir bekamen eins. Und jetzt denken die Leute über Hausmänner nach – vielleicht gibt es in zwei oder drei Jahren mehr Hausmänner.«

Yoko kümmerte sich geschickt und sehr erfolgreich um die Finanzen. Zurückzuführen ist das auf Yokos Pragmatismus und möglicherweise auch auf ihre Herkunft und die vielen Bankiers in ihrer Verwandtschaft. Immerhin arbeitete Yokos Schwester Setsuko Ono in jenen Jahren als hochrangige Managerin für die Weltbank in Washington, D.C.

Bemerkenswert in diesem Zusammenhang ist Yokos Aberglaube. Manche Beobachter halten ihn bis heute für ein smartes Instrument, mit dem sie ihre Business-Ziele besser durchsetzen konnte. Bei Verhandlungen begründete sie Verzögerungen, Meinungsänderungen oder bestimmte überzogene Forderungen stets mit dem Stand der Sterne oder mit den Ergebnissen nach Befragung der Tarot-Karten. Yoko instrumentalisierte die Esoterik, um in Finanzgeschäften noch effizienter zu sein. »Man kann nicht leugnen, dass wir in einer kapitalistischen Welt leben. Ich denke, dass man sich zuerst um sich selbst kümmern muss, wenn man überleben und die Welt verändern will. Ich habe immer zu mir gesagt, dass ich die einzige Sozialistin bin, die hier lebt. Ich besitze keinen Cent. Es gehört alles John, also bin ich

rein. Aber ich benutze sein Geld, und ich musste mich dieser Heuchelei stellen. Ich war immer der Meinung, dass Geld etwas Unanständiges ist; dass der Künstler nicht über Geld nachdenken sollte. Aber man hat zwei Möglichkeiten, die Gesellschaft zu verändern: mit Gewalt oder durch die Macht des Geldes im System«, sagte Yoko 1980.
Mit der Umkehrung der Geschlechterrollen lebten Yoko und John über vier Jahre ein zurückgezogenes Familienleben fast ganz ohne Drogen, ohne Alkohol und mit reduziertem Nikotinkonsum. Künstlerische Aktivitäten wurden auf ein Minimum eingeschränkt. Trotzdem wirkte die Arbeit der vergangenen Jahre nach. 1977 beispielsweise wurde Yoko in den vielbeachteten Katalog »Contemporary Artists« aufgenommen.
John lernte – oft gemeinsam mit Sean – Japanisch. Witzige Zeichnungen Johns zeugen vom generationsübergreifenden Spracherwerb. Im Juli flog die Kleinfamilie für mehrere Monate zu Yokos Eltern. Es folgten zahlreiche Urlaubsreisen. Manchmal kamen sie mit Antiquitäten zurück. Yoko hatte sich auf ägyptische Kunst spezialisiert und kaufte viele kostbare Gegenstände. Mit Erfolg erwarb sie auch viele Hektar Farmland und Kühe, die später gewinnbringend verkauft wurden. Das Vertrauen, das John in Yoko als Managerin gesetzt hatte, wurde von der Bankierstochter mehr als erfüllt.
Trotz der Familienidylle machte sich bei John allmählich seine kreative Rastlosigkeit bemerkbar. Er rauchte wieder vermehrt Haschisch und blieb oft tagelang im Bett. Zeitweise kümmerte er sich nur flüchtig um Sean – es gab ja für alle Hausarbeiten Bedienstete – und gab sich einer unbefriedigenden Lethargie hin, die sich in einen enormen Aktionismus wandelte, als sich sein vierzigster Geburtstag näherte.
Am 27. Mai 1979 veröffentlichten Yoko und John auf einer ganzen Seite der *New York Times* einen Brief, in dem sie der Öffentlichkeit erklärten, dass ihr langes Schweigen nicht Gleichgültigkeit bedeute, sondern Liebe. Manche belächelten das, andere interpretierten die ungewöhnliche Wortmeldung als Ankündigung neuer Aktivitäten.

John war überzeugt, die Zeit sei jetzt reif für Yokos Gesangsstil. Zudem hatten sich viele Ideen in ihm angehäuft, die nach musikalischer Umsetzung verlangten.

Yoko ließ sich von John motivieren, selbst auch wieder neue Songs zu schreiben. In rascher Folge entstanden sieben Songs für *Double Fantasy*, die alternierend zu Johns Songs veröffentlicht wurden und so gut harmonierten wie noch nie. Zu *Kiss Kiss Kiss* sagte Yoko kurz vor Erscheinen des Albums: »Man hört, wie eine Frau zum Höhepunkt kommt, und sie schreit auf, um gehalten und berührt zu werden. Das wird kontrovers diskutiert werden, weil die Leute immer noch das Gefühl haben, dass das Geräusch einer Concorde oder die Zerstörung der Atmosphäre und die Umweltverschmutzung natürlicher sind als die Lustschreie einer Frau. Alles in allem ist das Album eine Aufforderung, die Achtziger zu ändern.« Manche Kritiker fanden Yokos Songs tatsächlich besser als die von John. Das Album stieg nach Erscheinen bis auf Platz 11 (die Single *Starting Over* bis auf Platz 3) in den US-Charts. Album und verschiedene Single-Auskopplungen kamen nach dem Attentat alle auf Platz 1 – auch in vielen anderen Ländern weltweit.

Was Yoko drei Tage vor dem Attentat dem Journalisten Jonathan Cott sagt, mag Verständnis dafür wecken, dass Yoko trotz tiefster Trauer auch schon unmittelbar nach dem Mord begann, ihr Schicksal auch als Künstlerin zu betrachten.

»Zwischen uns gab es viele Probleme. Ich würde mich als eine Frau bezeichnen, die nicht stehen bleibt. Auf unserem neuen Album *Double Fantasy* gibt es einen Song darüber. Ich bin immer eher weitergezogen, als mich mit Beziehungsproblemen zu beschäftigen. Darum gehöre ich als Frau zu den sehr wenigen Überlebenden. Normalerweise interessieren sich Frauen mehr für Männer, aber ich nicht«, sagte Yoko kurz vor der Ermordung Johns.

Am 8. Dezember um 22:52 sagte sie: »John wurde erschossen!« Um etwa 23:00 Uhr: »Bitte sag mir, dass das nicht wahr ist.« Um 23:15 Uhr: »Willst du damit sagen, dass er schläft?«

Die Ermordung Johns ist wohl die größte Zäsur im Leben Yokos. Ihr Leben wird bis heute in vielen Bereichen vom Beatles-Gründer bestimmt. Yoko macht auch kein Geheimnis daraus und wird nicht müde, Lennon-Fans auch noch im 21. Jahrhundert mit immer neuen Devotionalien und Fundstücken zu überraschen. So erschien 2012 das Buch »John Lennon – Letters«.

Nach dem Attentat befreite sich Yoko überraschend schnell aus der Schockstarre. Schon kurz nach dem 8. Dezember ließ sie sich beispielsweise dabei fotografieren, wie sie die zerborstene Brille Johns für das Cover ihres nächsten Albums *Season Of Glass* fotografierte. Yoko verwandelte fast noch im Schockzustand ihr Leben zu Kunst. Aber zunächst überwogen sehr naheliegende, sehr menschliche und spezifisch mit ihrem Leben zusammenhängende Reaktionen ihren Alltag: »Wisst ihr eigentlich, wie sich das anfühlt? Zehn Jahre lang war ich der Teufel, und jetzt bin ich plötzlich ein Engel. Musste die Welt John verlieren, damit die Leute ihre Meinung über mich ändern? Das ist so unwirklich. Wenn es John zurückbringen würde, würde ich lieber wieder gehasst werden.« Yoko ließ sich die Haare kurz schneiden, engagierte Sicherheitsleute zu Seans und ihrem Schutz und brach erneut mit ihrem Elternhaus, weil ihre Verwandtschaft in Japan verkündet hatte, ihre Tochter käme nach den schrecklichen Vorfällen bald wieder nach Hause, da so etwas Tragisches – ein Attentat auf einen Künstler, auf ihren Schwiegersohn – in Tokio nicht möglich gewesen wäre.

Nicht nur die Kunst, vor allem auch ihr Sohn gab ihr den Mut zum Weiterleben: »Sean beschützte mich wie ein ganzer Kerl. Er kam ins Zimmer und sagte: ›Weine nicht, Mami. Daddy ist nicht der einzige Mann hier.‹ Und dann fing er an herumzualbern. Später erzählten mir meine Angestellten, dass er zurück in sein Zimmer ging und anfing zu weinen.«

Kurz nach der Ermordung Johns verfasste Yoko folgende Pressemitteilung: »Ich danke für eure Gefühle des Zorns über Johns Tod. Ich teile euren Zorn. Ich bin wütend auf mich selbst, nicht fähig gewesen zu sein, John zu schützen. Ich bin wütend auf mich und alle, die unserer Gesellschaft erlauben, in diesem Ausmaß auseinanderzufallen. Die einzige ›Rache‹, die uns irgendetwas bedeuten würde, wäre, die Gesellschaft zu formen zu einer Gesellschaft, die auf Liebe und Vertrauen basiert, so wie John glaubte, es könnte sein. Der einzige Trost ist zu zeigen, dass es getan werden kann, dass wir eine Welt von Frieden auf Erden für jeden und für unsere Kinder schaffen können. Jeder von uns müsste den Nächsten lieben und sich um ihn kümmern. Das ist alles. Liebe erzeugt Liebe. Dann vielleicht werden wir fähig sein, uns vor dem Krankwerden zu schützen. Dann vielleicht werden wir fähig sein, uns vor Gewalttätigkeit zu schützen, denn die Gewalt ist in unserem Herzen, nicht in den Waffen. Die Schuld ist nicht in dem, der den Abzug auslöst, sondern in jedem von uns, der es zulässt.«

DAS LÄCHELN DER MENSCHEN

Weniger als sechs Monate nach Johns Tod erschien das Album *Season Of Glass*, das auf neuen CD-Ausgaben als Bonus-Track ein Home-Demo-Version des Songs *I don't know why* enthält, die Yoko a capella zwei Tage nach dem Attentat aufgenommen hat: »Das Zimmer ist so leer. Mein Körper ist so leer. Die Welt ist so leer ohne dich. Du hast mich verlassen. Du hast mich ohne Worte verlassen.« Das ist ein mit erstaunlich tiefer Stimme gesungenes Dokument der Trauer. Yoko hatte mit dem Gedanken gespielt, ins Studio zu gehen und eine Aufnahme zu machen, für die sie für die Dauer einer Albumseite schreit und flucht, nahm dann aber Abstand davon. Stattdessen sind Schüsse zu hören oder Sean, der eine Geschichte liest, die ihm sein Vater oft erzählte. Dafür wurde Yoko kritisiert, aber sie konterte mit dem Hinweis darauf, dass diese Klänge ihre Wirklichkeit waren und dass ihre Arbeit immer direkt autobiografisch war.

Yoko hatte nach dem Tod Johns nur wenige Menschen, denen sie ganz vertrauen konnte. Zu ihnen zählten Elliot Mintz und der Produzent David Geffen, bei dessen Label *Double Fantasy* erschienen war. Manche Weggefährten der vergangenen Jahre erwiesen sich als falsche Freunde, u. a. Fred Seaman, ihr Sekretär, der Julian 1981 Texte und Bänder Johns gegeben hatte, ohne Yoko zu informieren. Angeblich soll John zu Seaman gesagt haben, dass die Bänder eines Tages Julian bekommen soll. Seaman stahl auch verschiedene Notizbücher Johns in der Absicht, sie veröffentlichen zu lassen. Yoko klagte gegen ihren einstigen Vertrauten und gewann den Prozess in allen Punkten. Sie konnte einige Schriften Johns wieder beschaffen, andere – insbesondere sein letztes Tagebuch von 1980 – gelten bis heute als verschollen.

Im »Studio One« im Erdgeschoss des Dakota arbeiteten in jenen Jahren fast ein Dutzend Angestellte für Yoko, die allein im ersten Jahr nach Johns Tod über 250 000 Briefe bekommen hatte, fast alle tröstend, zustimmend oder positiv. Aber es gab auch Morddrohungen. Das Verwalten von Johns Erbe ist bis heute eine von Yokos Hauptaufgaben, und manchmal läuft nicht alles nach ihren Wünschen. Den Prozess gegen den Co-Produzenten von *Double Fantasy* Jack Douglas verlor Yoko, was sie über zweieinhalb Millionen Dollar kostete.

Künstlerisch blieb Yoko bis heute offen und direkt, doch ihr Privatleben wurde nach Johns Tod immer stärker von der Öffentlichkeit abgeschirmt. Von 1981 bis 2001 zeigte sie sich gelegentlich mit ihrem Partner Sam Havadtoy. Der ungarisch-britisch-amerikanische Künstler ist fast zwanzig Jahre jünger als Yoko.

Er gehörte zu den Künstlerzirkeln um Andy Warhol, Jasper Johns und Keith Haring, dessen letzte Wohnung er einrichtete. Seine Galerie in New York hatte sich auf Innenarchitektur spezialisiert, wurde oft von Prominenten beauftragt und auch John und Yoko ließen Räume im Dakota von ihm gestalten. Havadtoy verstand sich sehr gut mit Sean und muss gut mit Yoko harmoniert haben. Bis heute hat Yoko jedoch nicht mehr geheiratet.

1984 drehte die *Newsweek*-Redakteurin Barbara Graustark ein »Rockumental«, eine einstündige Dokumentation *yoko ono: then & now*, worin Yoko sehr kontrolliert von sich erzählt. Der Film collagiert damals aktuelle Aufnahmen von Yoko (oft mit dem vierjährigen Sean) mit älteren, meist raren Aufnahmen von John und bis zurück in Yokos Kindheit, die heute sonst kaum noch auffindbar sind. Es ist ein beeindruckendes Porträt Yokos, auch wenn sich diese Form der gefilterten Selbstdarstellung deutlich von der Extrovertiertheit während der Jahre mit John unterscheidet:

»Ich trage so oft Sonnenbrillen, weil ich mich damit wohler fühle, weil ich mich damit besser von der Umwelt abschirmen kann (…) Ich schütze damit meine Gefühle. Denn es gibt noch so viel Traurigkeit in mir. (…) Im wahren Leben bin ich schüchtern. Eine der Ursachen dafür ist meine Angst. Ich lebe mit diesem Gefühl. Man kann es nicht anfassen. Es ist wie Magenschmerzen vor einer Prüfung. So fühle ich mich immer. (…) Das Leben fällt mir leichter, wenn ich singe. (…) Nachdem John gestorben war, fühlte ich mich irgendwie gut, wenn die Leute mich mit Mrs. Lennon ansprachen. (…) Wenn ich mich in geschäftlichen Dingen so verhalte, wie die meisten Manager das tun, kann ich bestenfalls nur so gut sein wie sie. Meine Macht besteht darin, anders zu sein.«

Yoko verwaltet gewinnbringend das Erbe Johns und bleibt selbst künstlerisch in vielen Bereichen hoch aktiv. Sie feiert im neuen Jahrhundert Erfolge als Konzept-Künstlerin ebenso wie als Musikerin: »In den Achtzigern, nach Johns Tod, wurde die Musik so wichtig für mich. Sie gab mir Sicherheit. Ich brauchte etwas, an dem ich mich festhalten konnte. Etwas Kompliziertes zu machen, wie komplizierte Harmonien oder Instrumentalmusik, bot mir die Möglichkeit, mich an einen komplexeren Ort zu begeben, was sehr beruhigend war.«

Der Weg zum kommerziellen Erfolg als Musikerin war jedoch lang und am Ende überraschend. 1984 erschien das Album *Every Man Has a Woman Who Loves Him*, auf dem Yokos Kompositionen von

Rosanna Cash, Roberta Flack, Elvis Costello, Harry Nilsson sowie von John und Sean selbst gecovert wurden. Allerdings verkaufte sich das Album schlecht. Das gilt für die meisten Solo-Veröffentlichungen Yokos im letzten Jahrhundert mit Ausnahme der ersten Remixes. Sogar *Starpeace* von 1985, das auf Ronald Reagens »Krieg der Sterne« anspielte und von einer großen, aber erfolglosen Tournee begleitet und vergleichsweise gut besprochen wurde, kam nicht in die Charts. Die Marketing-Aktivitäten waren jedoch so aufwändig, dass die Single-Auskopplung *Hell in Paradise* kurz unter die Top 30 in den USA schaffte. Die Konzerte dort wurden aber aufgrund des schlechten Vorverkaufs abgesagt.

»Nach *Starpeace* war ich vollkommen entmutigt – nicht als Komponistin, sondern davon, dass es keinen Bedarf für das gab, was ich machte, um es milde auszudrücken. Ich dachte, dass es für mich einfach unpraktisch ist, die ganze Energie dafür zu verwenden, meine Musik herauszubringen. Ich war für so viele andere Geschäfte verantwortlich, und ich musste mich um Johns Sachen kümmern. Vergiss Yoko Ono. Es gab so viele Dinge, die ich als Yoko Ono Lennon zu tun hatte.«

Nach *Starpeace* veröffentlichte Yoko zehn Jahre lang kein neues Album mehr, stattdessen mehrere »Best of«-Sammlungen und 1994 das Broadway-Musical *New York Rock*, worin sie ihre Geschichte mit John variierte. John und Yoko heißen hier Bill und Jill und bieten einen Vorwand, neue Fassungen von Yokos Songs darzubieten. Doch das Stück wurde nach kurzer Zeit abgesetzt. 1995 schließlich erschien *Rising*, allerdings ohne erkennbare musikalische Weiterentwicklung und dementsprechend erfolglos. Immerhin bot das Album Material für später v. a. bei der Jugend beliebte Mixes, u. a. *Wouldnit* und *Talking to the Universe* und es entstand in enger und guter Zusammenarbeit mit Sean.

1997 erschien das Album *A Story*, das Yoko schon 1974 aufgenommen hatte, aber nach der Versöhnung mit John nicht mehr veröffentlichen wollte. Teile daraus wurden schon in den umfassenden Sampler »*Onobox*« 1992 aufgenommen. *A Story* enthält den Song *Yes, I'm A Witch*, was Yoko natürlich mit »bitch« reimt, weshalb das Stück in den Siebzigern nicht erschien und John nicht schmeichelte, an den es sich – nebst den Machos allgemein – richtete:

»Yes, I'm a witch, I'm a bitch / I don't care what you say / My voice is real, my voice is truth / I don't fit in your ways / I'm not gonna die for you / You might as well face the truth / I'm gonna stick around / For quite a while / Each time we don't say what we wanna say, we're dying (...) Free you from the ghettos of your minds / Free you from your fears and binds / We know you want things to stay as it is / It's gonna change, baby / It's gonna change, baby doll, honey ball, sugarcane, sweetie legs / So don't try to make cock-pecked people out of us.«

Yoko hatte sich intensiv mit dem Thema Hexen beschäftigt und kehrte den Spieß um.
»Indem sie sich selbst zur Hexe erklärt, ist sie auch in der Lage, sie zu verteidigen. Yoko Ono sah in der Selbststilisierung als Hexe eine Verbindung zu deren angeblich verführerischen Mächten. Diese setzte sie für den Kampf zur Befreiung der Frauen ein, denn die Hexe als ewig verfolgte Revolutionärin besaß magische Kräfte zur Heilung der Welt: Yoko Ono wollte die Welt von der reinen Männerherrschaft heilen«, schrieb Klaus Hübner in seiner Biografie 1999.
2001 meldete sich Yoko wieder mit *Blueprint for a Sunrise*, das als Konzeptalbum erneut besonders den Feminismus thematisierte und wieder gemeinsam mit Sean entstand: »Ich nahm naturgemäß an, dass Sean die Musik seines Vaters sehr schätzen würde, wenn er groß wäre. Ich hätte nie gedacht, dass er sich meine anhören würde. Ich habe ihn nicht dazu gedrängt oder sie ihm erklärt, aber irgendwann sah ich, dass er meine alten Platten spielte. Ich war überrascht. Mein Werk ist die Arbeit einer Außenseiterin. Sein Dad kam sehr aus dem Mainstream. (...) Die Tatsache, dass ich eine Außenseiterin war, hat ihn wahrscheinlich angesprochen. Und das war sehr gut für die Mut-

ter-Sohn-Beziehung. (…) Als ich *Anthology* machte, fand ich diese Aufnahme von ihm und John, wie sie zusammen singen. Ich spielte sie ihm vor und plötzlich fing er an zu weinen. Er war wieder dieser kleine Junge. Er sagte zu mir: ›Mum, er war so gut.‹«

Yoko wollte mit *Blueprint for a Sunrise* nach fünfjähriger Publikationspause eine musikalische Collage, eine Art Tagebuch herstellen. »Die Welt ist sehr machohaft geworden. Mehr Geld, mehr Autos, größere Privatflugzeuge – und wer hat den größeren Schwanz? Die Stellung von Frauen und Kindern ist in dieser Welt bedroht«, sagte sie 2001 dem *Rolling Stone*. Der Remix des Songs *I'm Not Getting Enough* war 2009 elf Wochen lang auf Platz 1 der Dance Charts. Am 21. Mai 2009 unterhielt sie sich mit Steve Koenig für AcousticLevitation.org: »Nicht ich, die DJ's wählen die Songs aus. Sie suchen sich die passenden Stücke und ich finde das besser so. Wenn es dann um die Auswahl der verschiedenen Interpretationen geht, werde ich von der Plattenfirma gefragt.«

Fünf Jahre nach der Veröffentlichung des Albums *Blueprint for a Sunrise* platzte Yokos musikalischer Knoten mit Hilfe junger Kollegen. Das Album *Yes, I'm A Witch* erschien 2007 und wurde so gut besprochen wie kein anderes in Yokos Laufbahn.

Es war nicht zuletzt Seans Neugier und Experimentierfreude zu verdanken, dass »The Flaming Lips«, »Peaches«, »The Apples in Stereo«, »DJ Spooky« oder Craig Armstrong Yokos Songs aus verschiedenen Schaffensperioden aussuchten und in fast allen Fällen von den Originalen nur Yokos Stimme verwendeten und verfremdeten. Zahlreiche Mix-Auskopplungen schafften es in die Charts, u. a. *Kiss Kiss Kiss* und *Walking on Thin Ice*. Das Ergebnis war so positiv, dass wenige Monate später nach demselben Muster ein weiteres Remix-Album erschien: *Open Your Box* enthält Dance-Versionen von den Pet Shop Boys und Superchumbo. »Als ich *Open Your Box* von ›The Orange Factory‹ das erste Mal hörte, habe ich einfach angefangen zu weinen. Es war so schön, dass jemand meine Arbeit so gut verstand«, sagte Yoko 2003. DJ Dans Vocal-Mix von *Give Peace a Chance* wurde 2008 ein Hit, der weit über die Dance-Szene Beachtung fand. 2009 erschien das Studio-Album *Between My Head And the Sky* mit nur einem Mix. Alle ihre anderen Kompositionen spielte Yoko mit einer neuformierten Plastic Ono Band mit Sean als Leader sowie dem japanischen Musiker Cornelius, Yuko Honda von »Cibo Matta« und anderen. Das Album wurde sehr gut besprochen und stellt Yokos Versuch dar, den Sound der Dance-Club-Erfolge mit ihrer eigenen Art der Rock- und Popmusik zu verschmelzen. Das klingt vielversprechend, wurde aber einmal mehr kein kommerzieller Erfolg.

Erfreulicher verhielt es sich stets bei Veröffentlichungen mit der Präsenz John Lennons. Das Album *Milk and Honey* entstand parallel zu *Double Fantasy* und erschien posthum 1984. Es gehört musikalisch zum Wertvollsten aus dem Nachlass des Beatles-Gründers. Auch hier alternieren Songs von John mit Kompositionen von Yoko.

Sie kümmert sich bis heute in vielfältiger Weise um das Erbe Johns. Hierzu gehören in erster Linie immer wieder Neuausgaben seiner Songs. 1995 stellte Yoko für das *Anthology*-Projekt der Beatles Johns Demo-Aufnahmen *Free as a Bird* und *Real Love* zur Verfügung. 1998 erschien *John Lennon Anthology* mit bislang unbekannten Fassungen, die John zu verschiedenen Gelegenheiten meist im Dakota aufgenommen hatte. Auch bei digital remasterten Ausgaben seiner Alben findet sich oft der eine oder andere Bonustrack, Versionen, die bislang unbekannt waren. Für Charity-Initiativen und Aktionen, die in ihrem Sinne sind, stellt Yoko immer wieder Johns Aufnahmen zur Verfügung, so u. a. für »Make Some Noise« von Amnesty International 2005. Beim Video für die Initiative »One Laptop Per Child« ist eine Aufnahme vom sprechenden John zu sehen, die jedoch für den Spendenaufruf neu synchronisiert wurde. Ähnliches geschieht bei Johns Auftreten für einen TV-Spot der Automarke Citroën. Kommerzielle Einsätze des künstlerischen Schaffens Johns sind jedoch in den vergangenen 30 Jahren Ausnahmen geblieben.

Gefragt ist Yokos Placet oder Performance zudem immer dann, wenn John Anlass für öffentliche Aktionen ist. Hierzu gehören vor allem

21 Statt eines Grabsteins: das Imagine-Mosaik für John im Central Park, New York

Andenken und Ehrungen aller Art, die in den meisten Fällen von Yoko begleitet und gelegentlich auch initiiert werden. Vom Musical *Lennon* (2005 am Broadway) über Briefmarken in verschiedenen Ländern bis zur Taufe des Liverpooler Flughafens oder der Statue in Havanna – immer erhofft man sich Yokos Zustimmung.

Oft ergreift sie selbst die Initiative. Beeindruckend und nachhaltig ist dies im Central Park gelungen, wo Yoko schon 1985 einen Bereich direkt gegenüber vom Dakota Building nach eigenen Vorstellungen und in Absprache mit der Stadtverwaltung gestalten ließ und diesen »Garten des Friedens« nach Johns Song *Strawberry Fields* taufte. Dieser Teil des Parks gehört heute zu den wichtigsten Touristenattraktionen von New York City. Unermüdlich bat Yoko alle Länder der Welt um Unterstützung. 2010 konnte eine Plakette enthüllt werden, auf der Yoko 121 Ländern der Welt für ihre Gaben dankt, u. a. auch Österreich, die Schweiz, die Bundesrepublik Deutschland und die DDR, die schon 1985 einen Baum stiftete, wo sich hingegen die Schweiz lange zierte. Die Fotografin Sara Cedar Miller hat 2010 einen Fotoband über diese Gedenkstätte veröffentlicht, die Fans aus aller Welt darüber hinwegtröstet, dass es keine Grabstätte John Lennons gibt. Der letzte bekannte Aufenthaltsort der Urne mit Johns Asche ist in Yokos Wohnung im Dakota Building. Da George Harrisons Asche von seiner Witwe Olivia aufbewahrt wird, verdichten sich die Gerüchte, dass nach dem Tod von Paul und Ringo ein Mausoleum errichtet werden wird, in dem die vier Beatles wieder vereint sein werden.

Zehn Jahre nach John starb der Künstler Keith Haring mit nur 31 Jahren an Aids. Harings Kunstverständnis stimmte in vielen Punkten mit Yokos Fluxus-Vorstellungen überein. Keith propagierte: »Kunst ist für jeden«. Seine extrem rasch gezeichneten stilisierten Silhouetten machten ihn zu einem der beliebtesten Künstler des 20. Jahrhunderts, seine Motive sind zu modernen Ikonographien geworden. Yoko war mit Keith eng befreundet, mit wenigen seiner Verwandten und engsten Freunde nahm sie an seiner Abschiedsfeier teil, die auf einem Hügel in seinem Geburtsort Cutztown stattfand.

»Wissen Sie, ich habe eine Gabe: Gespenster und Geister flüstern mir ins Ohr«, sagt Yoko und erinnert sich, wie Keith' Schwester Julis die Asche in einem Plastikbehälter trug. »Auf dem Hügel haben sie angefangen, seine Asche an die Trauergäste zu verteilen. Auch an mich.« Jeder nahm eine Handvoll und warf sie in die Luft, erinnert sich Keith' Mutter. Danach flogen Gänse vorbei, und ihr schien das wie ein Zeichen.

Yoko erinnert sich: »Ich habe die Asche in meine Tasche gesteckt und mich gefragt, was soll ich damit anstellen. Da hat Keith mir zugeflüstert: ›Behalte sie. Ich werde dir sagen, was du damit tun sollst.‹ Und ich sagte: ›Einverstanden.‹ Als ich nach Hause gekommen bin, hat Keith mir zugeflüstert, dass ich die Asche nach Paris bringen soll und sie beim Hotel Ritz unter der Triumphsäule Vendôme verstreuen soll. Ich bin also nach Paris, und Keith hat mir gesagt, mach es heute. Wir waren unterwegs zu einer Galerie und als wir am Ritz vorbeigefahren

sind, habe ich gesagt: ›Stop.‹ Ich bin aus dem Wagen gesprungen und habe sie genau dort hingetan, wo Keith es mir gesagt hat.« Diese Erinnerung Yokos zeigt, wie sehr sie sich über den Tod hinaus mit geliebten Menschen verbunden fühlt. Das gilt natürlich noch viel mehr für John. Nach dem Attentat wäre es mehr als verständlich gewesen, hätte Yoko das Dakota verlassen. Das Gegenteil ist noch für Jahrzehnte der Fall (heute hat »die reichste Witwe der Welt« noch Wohnungen im Dakota, lebt u. a. auch in einem Haus im Norden des Bundesstaates New York und in Genf und ist viel in der Welt unterwegs). Yoko errichtet die Gedenkstätte mit dem von ihr gestalteten Imagine-Mosaik in unmittelbarer Nähe des Verbrechens. Yoko weicht nicht aus. Im Gegenteil: Sie blickt den Schicksalsschlägen ins Gesicht. Sie setzt sich mit dem Leid, das ihr widerfährt, auseinander. Und dann gestaltet sie es. Aus Lebenserfahrung wird Kunst. Dieses Motiv zieht sich durch ihr Leben und durch all ihre künstlerischen Ausdrucksformen. Erstaunlich dabei ist, dass viele dieser kreativen Trauerverarbeitungsaktionen so außerordentlich gut gelingen.
So schrieb Paul Gunther, Vorsitzender des Instituts Classical Architecture 2010 unter dem Titel »Strawberry Fields Shows the Vital Importance of Good Design« in der *Huffington Post*: »Bei der Einweihung vor 25 Jahren war die Gedenkstätte ein Beispiel für grünes Design, Jahrzehnte, bevor der Begriff in Mode kam.« Damals wurde der gesamte Park einer Prüfung unterzogen und die Neuerungen sollten miteinander harmonieren. Bei der Strawberry-Fields-Premiere hatten bereits 161 Länder Bäume gestiftet, um das Thema Natur in der »quiet zone« zu verstärken. Als auffallendes von Menschenhand gemachtes Element erinnert lediglich das klassische schwarzweiße Mosaik, eine Schenkung der Stadt Neapel mit der Inschrift »Imagine« an John Lennon. Gunther erläutert im Detail, wie wirkungsvoll und erfolgreich diese zurückgenommene Art der Gestaltung von Gedenkstätten ist, und vergleicht Strawberry Fields mit dem World Trade Center Memorial des Architekten Michael Arad. Gunther wagt einen Blick in die Zukunft und fragt sich, ob die 9/11-Gedenkstätte

in einem Vierteljahrhundert noch die überzeugende Bedeutung besitzen kann wie Strawberry Fields im Central Park für John Lennon. Beide hätten eine gemeinsame Botschaft: »Imagine a world free of terror; you are not the only one.«

Gunther zweifelt aus architektonisch-gestalterischen Gründen, ob das Gedenken bei Ground Zero in 25 Jahren noch so intensiv sein kann, wie es Strawberry Fields heute schon ist. Über eine Million Menschen besuchen jährlich dieses schlichte Mahnmal für den Frieden im Central Park, denken über »Imagine« nach, suchen nach dem Guten im Leben – und es werden immer mehr. Keine Statue, keine spektakuläre Skulptur erinnert in New York an John Lennon, sondern dieser besonders gestaltete Bereich im Central Park, in dem Yoko und John zum letzten Mal gemeinsam spazieren gingen.

»Mein erster Gedanke war, den Bereich dort mit japanischen und englischen Pflanzen zu gestalten. Aber dann erinnerte ich mich an unsere erste gemeinsame Kunstaktion, bei der wir in Coventry Eicheln als Symbole unserer Liebe pflanzten und Eicheln an viele Staatsoberhäupter schickten. Viele reagierten positiv darauf.« Inzwischen befinden sich nicht nur aus allen Herren Länder Bäume in Strawberry Fields, sondern auch gestiftete Steine »als Ruhestätten für reisende Seelen«, wie sie Yoko definiert, und gespendete Steinfliesen, die den Weg ebnen, den Yoko und John oft gegangen sind.

»Es ist schön, die ganze Welt hier an einem Ort vereint zu wissen, gemeinsam lebend und friedlich weiter wachsend.« Auch hier tauchen wieder Yokos den Erdball umspannende Gedanken auf. Yoko versteht es, mit der globalisierten Welt umzugehen. Sie treibt den universellen Gedanken von Frieden und Liebe konsequent mit dem Zusammenrücken der Kontinente und Nationen voran. Und wie in den Jahren mit John nimmt sie es nonchalant in Kauf, dass man sie belächelt, ja, für naiv und verrückt erklärt. Unbeirrt setzt sie den einmal eingeschlagenen Weg fort.

Auch im Film manifestiert sich ihr weltumspannender Gedanke. Zu ihrem bislang umfangreichsten Projekt *Smiling Face Film by Yoko Ono Group Pool* zitiert sie sich selbst aus dem Jahr 1967, wie sie sich damals aus *Grapefruit* zitiert: »Mein ultimatives Ziel ist es, mit diesem Film einen Schnappschuss jedes einzelnen Menschen auf der Welt zu machen, auf dem sein Lächeln zu sehen ist. Selbstverständlich kann ich die ganze Welt bereisen und alle Fotos selber machen. Ich bin auf die Mitarbeit beispielsweise der Post in allen Ländern angewiesen ...« Yoko spinnt diese logistisch vor fast einem halben Jahrhundert kaum zu bewältigende Fantasie konsequent weiter. Es ist nicht ohne Reiz zu verfolgen, wie nun dank des Mediums Internet ihre damals abstrus wirkende Hoffnung Konturen annimmt und wie sie mit schelmischer Freude ihren damaligen Enthusiasmus in die Gegenwart rettet. Unter anderem via *flickr* können mit vergleichsweise wenig Aufwand die damaligen Ziele angestrebt werden.

»Liebe Freunde, ich habe soeben den *Smiling Face Film* gesehen! Unglaublich! Ich musste weinen und konnte gar nicht mehr aufhören. Ich wusste einfach gar nicht mehr, dass es immer noch so viele wunderbare Menschen auf der Welt gibt. Das liegt daran, dass ich jeden Tag in den Zeitungen über Morde, Bombenattentate oder Umweltzerstörungen lese, die von großen Firmen verursacht und vor uns verborgen werden. Ja, wirklich, der Film rührte mich zu Tränen. Es ist so wunderschön. Und mir ist, als würde ich euch alle kennen, jeden von euch. Ja! Sind wir uns nicht schon einmal irgendwo im Leben begegnet? Wir kennen uns, nicht wahr? Ich sage danke, danke, danke allen Teilnehmern an diesem Film. Danke dafür, dass ihr euch die Zeit genommen habt, uns euer Lächeln geschickt zu haben. Dies ist ein Film, der der Welt große Freude bereiten wird – für immer. Wie der Song *Imagine* sollte man diesen Film in eine Kapsel tun und ihn hinaus in die Stratosphäre, ins Universum schicken! Inzwischen werden wir diesen Film dem Imagine Peace Tower und den Wünschen aus aller Welt hinzufügen. Noch mal danke! Ich liebe euch!!! yoko / Yoko Ono, 3. April 2010«

Aber damit ist die Aktion nicht beendet. Yoko sammelt weiterhin das Lächeln der Menschen in aller Welt und gibt Ratschläge, was zu tun ist, wenn man traurig ist. Der beste Tipp ist, sich einfach diesen sehr langen Film – der genau genommen nur eine Diashow ist – anzuschauen. Menschen in verschiedensten Orten, vor unterschiedlichsten Hintergründen und in allen Kontinenten lächeln. Mehr ist nicht. Trotzdem ist das sehr unterhaltsam und fröhlich und voller Gags – u. a. wenn sich plötzlich Mona Lisa einreiht – und am Ende ist man mit Sicherheit gut gelaunt. Für alle anderen hat Yoko weitere Hinweise: Der Versuch, vor dem Spiegel die Mundwinkel hochzuziehen, sei nicht sehr wirkungsvoll, aber immerhin ein Anfang. Man solle mit dem ganzen Mund und mit den Augen lächeln und vielleicht fühlt sich dadurch jemand anders besser. Man könne sogar ein kleines Kichern hinzufügen, wodurch man vielleicht für verrückt gehalten wird oder geliebt wird. Wenn man wirklich lächeln will, dann mache einen schon dieser Wille fröhlicher. Man müsse aus dem Herzen und aus der Lunge lächeln. Es bestehe kein Anlass zur Sorge, wenn das Lächeln mit einem Geräusch wie hmmm ende. Weitere Schritte zum sich steigernden Glück enthalten den Versuch, vom Solarplexus und dann vom Bauch aus zu lächeln und schließlich mit dem ganzen Körper.

Yoko fasst die Masse der für ihre Botschaften zu erreichenden Menschen in eine Zahl, reduziert die Welt auf ihre sieben Billionen Bewohner, indem sie im Februar 2011 im Zusammenhang mit ihren »Imagine Peace«-Aktivitäten schreibt: »Wir sind an einem Punkt der Weltgeschichte, an dem wir aufwachen und realisieren müssen, dass wir es sind, dass wir die einzigen Menschen sind, die die Welt retten können. Jede Stunde, die vergeht, ohne dass wir etwas tun, betrifft uns und betrifft die Welt, die wir so sehr lieben.« Im weiteren Verlauf zitiert sie Barak Obama, der in seiner »State of the Union Speech« von »big things« sprach, die die Menschen tun müssten. Worauf Yoko schreibt, sie und ihre Leser täten das schon, denn sie schüfen eine Welt des Friedens, der Liebe und der Freiheit. Danach spricht sie von der »Power of Togetherness«. Dadurch, dass sie und ihre Leser sich dieser Kraft bewusst seien, könne der erhoffte Weltfrieden entstehen. Die »negativen Kräfte« hätten nicht diese Kraft. Sie seien eine arrogante und verrückte Minderheit, die immer dasselbe Spiel spiele und dabei Gewalt einsetze und die Gesetze nach ihren Bedürfnissen ändere. Sie verführe uns, um ihre Ziele zu erreichen, mit dem absurden Versprechen, es gäbe Reichtum für alle, wenn man ihren Wünschen folge. Sie mache uns Angst, der Welt gehe es schlecht, wenn man nicht so handle, wie es diese negativen Kräfte fordern. Aber – so entgegnet Yoko – der Welt gehe es ja längst schon schlecht, weil man diesen Kräften gefolgt sei.

»It's Time for Action. It's Time for Change«, sagt Yoko und fährt fort: »Wir sind sieben Milliarden Menschen auf dieser Welt und wir sind nicht dumm, wir können die Fehlentwicklungen stoppen.«

Sie definiert »Imagine Peace« als universelles Mantra, über das man meditieren solle, das hoffentlich ohne Blutvergießen zu erreichen sei, denn wir sieben Milliarden Menschen hätten von Geburt an das Grundrecht auf Gesundheit, auf Unversehrtheit auch bei Einsatz für Frieden und Freiheit. »Ihr sollt nicht einmal einen Kratzer abbekommen. Und das werdet ihr auch nicht, wenn ihr es nicht zulasst. Bewahrt ›IMAGINE PEACE‹ in euren Herzen und Köpfen und macht euch ein genaues Bild davon, wo wir stehen, was wir jetzt tun und wo wir hin wollen. Wisst, dass wir in unseren Herzen und Köpfen verbunden sind.«

DER WUNSCHBAUM

Nebst der Imagination, der Vorstellung (»Imagine«, Stell dir vor), ist das Wünschen ein Leitmotiv in Yoko Onos Werk. »Die Aufgabe eines Künstlers besteht nicht darin, Dinge zu zerstören, sondern den Wert der Dinge zu verändern. Und indem das Künstler tun, können

22 Yoko und ihr Wunschbaum (2005)

sie die Welt in eine Utopie verwandeln.« Es ist die positive Kraft der Kunst, ihr utopischer Charakter, den Yoko immer wieder betont. Ein weiterer oft zitierter Ausspruch von ihr lautet: »All my works are a form of wishing.«
Das gilt auch für die unzähligen Exponate und Ausstellungen weltweit. Yoko verstärkte nach Johns Tod ihre Tätigkeit im Bereich der bildenden Kunst und begann mit Materialien zu experimentieren und damit alte Arbeiten zu variieren. 1988 beispielsweise fertigte sie anlässlich von John Cages 75. Geburtstag Objekte in Bronze an, die sie früher in ihrer natürlichen Form ausstellte, wie etwa den Apfel aus der Indica Gallery 1966. 2008 stellte Yoko in der New Yorker Lelong Gallery in Silikon gegossene weibliche Köperteile aus und forderte die Besucher auf, sie zu berühren. Aber viele Menschen berührten die Skulpturen nicht nur, sondern misshandelten und zerstörten sie teilweise. Der Journalistin Claudia Bodin sagte Yoko im Sommer 2009

für ein Interview in der Zeitschrift *art* auf diesen Vorgang und auf den »Wish Tree« angesprochen:
»Weil ich nicht aufgegeben habe, habe ich etwas Blühendes geschaffen. (…) Die Arbeit habe ich auch in Bielefeld gezeigt und die Besucher machten dort genau das Gleiche. Sie lieben es ganz einfach, den weiblichen Körper zu foltern. Ich hatte zwei Freunde, wirklich nette Männer, mit zu der New Yorker Ausstellung genommen. Einer der beiden riss der Skulptur vor meinen Augen einen Zeh ab. Ich war schockiert. In Venedig werde ich die Körperteile in Marmor zeigen.«
Auch bei den Installationen legte Yoko Wert auf Kontinuität. Ihr erfolgreichstes Ausstellungsprojekt *Have You Seen The Horizon Lately?* basiert auf dem Titel einer Zeichnung von 1966 und auf dem gleichnamigen Song von 1973.

»Have you seen a horizon lately, If you have, watch it for a while. For you never know, It may not last so long.
Have you seen an evening light lately? If you have, watch it for a while. For you never know, It may not be the same.
Have you seen a snowflake lately? If you have, hold it in your hand. For you never know, It may melt away. Have you been in love lately? If you have, hold it in your heart. For you never know, It may be the last.«

Begleitend zur »Instruction« zeichnete Yoko Wolkenkratzer und schrieb: »Hast du neulich den Horizont gesehen? Miss den Horizont von dem Ort aus, wo du sitzt. Lass uns die Länge wissen und warum er so lange ist. Zum Beispiel: Der Horizont ist kurz, weil er sich zwischen zwei Gebäuden befindet. Denk darüber nach, wie dich diese Länge beeinflusst.«
Diese und weitere Auseinandersetzungen mit der Thematik führten zu neuer Konzeptkunst, zu raumgreifenden Installationen, in denen u. a. Schnüre von der Decke sonnenstrahlenartig auf den Boden und teilweise auf Flusssteine trafen. Nun wurde das Publikum aufgefor-

dert, diese Steine neu anzuordnen. So wird der Blick der Besucher vom Boden gen Himmel und wieder zurück gerichtet.

Im Zusammenhang mit ihrer erfolgreichsten Kunstaktion, dem Wunschbaum, erinnert sich Yoko: »Als Kind in Japan ging ich oft zu einem Tempel und schrieb einen Wunsch auf einen Zettel aus dünnem Papier. Dann band ich den Zettel an den Zweig eines Baumes. Die Bäume in den Tempelgärten waren immer voller Wunschzettel von Menschen, die sie dort befestigt hatten. Aus der Ferne sahen diese Bäume wie weiß blühende Blumen aus.«

Mit dieser Erinnerung vermeidet Yoko jeglichen Anspruch auf die Urheberschaft der Wunschbäume. Offen und fernab jeglicher Eitelkeit berichtet sie von dieser japanischen Tradition, die sie als erwachsene Künstlerin 1981 aufgegriffen und ohne den religiösen Hintergrund der Klöster wiederbelebt hat. »Wish Tree« von 1981 ist ein interaktives Kunstwerk, das sie seither in vielen internationalen Ausstellungen eingesetzt hat. Museumsbesucher in aller Welt werden aufgefordert, eigene Wünsche zu notieren und an Wunschbäume zu hängen. Yoko hat alle bisherigen Wünsche gesammelt. Es sind über eine Million Zettel. Ein Ende ist nicht abzusehen. Denn es folgen weitere Yoko-Ono-Ausstellungen mit Wunschbäumen und auf Yokos Webseite befindet sich die insbesondere an Schulen gerichtete Anleitung, wie man unabhängig von Yokos Exponaten selbst Wunschbäume erstellt: »Macht einen ›Imagine Peace‹-Wunschbaum. Ihr braucht einen Baum, Stifte, Wunschzettel. Wunschbäume sind meistens einheimische Gewächse. Olivenbäume, Apfelbäume und andere werden je nach Region verwendet.« Die Wunschbaum-Anleitung lässt sich downloaden. Am Ende steht der Hinweis, ein Foto vom voll behängten Wunschbaum zu machen und eine Geschichte dazu zu schreiben. Alle Wünsche können nach Reykjavík, zum »Imagine Peace Tower« geschickt werden.

Auf Yokos Webseite sind erstaunliche Wunschbaum-Exemplare abgelichtet. In Finnland seien so viele Wünsche zusammengekommen, dass ein kleiner Wunschwald entstanden sei. Yoko sammelt die

24 Installation »Have You Seen the Horizon Lately« (1998)

Wunschzettel, liest sie aber nicht und archiviert sie nicht. Persönliche Wünsche seien etwas Privates. Yokos Plan bestand bis vor kurzem darin, eine Skulptur in Reykjavík neben dem »Imagine Peace Tower« zu bauen, eine Art Wunschturm, ein moderner Totem, gefüllt mit den Wünschen der Menschen in aller Welt und daher besonders energiegeladen. »Das wird eine kraftvolle Skulptur«, sagte Yoko in einem Interview 1996. Inzwischen hat sie den Plan modifiziert. Die Wünsche sollen in Behältern rund um den »Imagine Peace Tower« auf der Insel Videy vergraben werden.

»Ich hoffe, der ›Imagine Peace Tower‹ wird die starken Wünsche aus aller Welt erleuchten. Das soll Ermutigung und Inspiration sein und die Solidarität verstärken in dieser verängstigten und verwirrten Welt. Gemeinsam wollen wir eine friedliche Welt schaffen. Ich habe das Glück zu sehen, dass der Traum, den mein Mann und ich gemeinsam geträumt haben, Wirklichkeit wird«, schrieb Yoko 2007 auf ihrer Webseite. Im Zeitalter von Twitter und Facebook können Wünsche heute auch elektronisch an Yoko übermittelt werden, allerdings bleibt unklar, ob sie dann ausgedruckt werden, um gemeinsam mit den auf Papier geschriebenen Wünschen beim Friedensleuchtturm begraben zu werden. Begrabene Wünsche aus aller Welt. Diese Assoziation ist wohl von Yoko nicht beabsichtigt, und möglicherweise kehrt sie ja noch zur Ursprungsidee des Wunschturms zurück.

IMAGINE PEACE TOWER

Yoko lässt ihre Performance-Elemente über Jahre und Jahrzehnte hinweg ineinander überfließen. So kommt die Taschenlampen-Aktion auch bei der Einweihung des Friedensturmes auf Island an Johns Geburtstag am 9. Oktober 2007 zum Einsatz. Auf der Insel ist ein Buch erschienen »Imagine Peace Tower – Videy Island – Reykjavík – Iceland«, das es nur dort zu kaufen gibt. Es dokumentiert nicht nur schriftlich den Friedensturm von der ersten Idee bis zur Einweihung, sondern enthält auch eine ergänzende DVD. Veröffentlicht wurde es von der isländischen Post, die eine Briefmarke mit dem Friedensturm-Motiv drucken ließ und sie am 9. Oktober 2008 in den isländischen Handel brachte. Zehn Briefmarken liegen dem Buch bei sowie Sticker mit der Aufschrift »Stell dir vor, es ist Frieden« in 24 Sprachen. Das vierfarbig gedruckte und 100 Seiten umfassende Buch selbst erschien am 8. Dezember 2008. Diese Kaskade der Verwertungsstufen einer Idee und ihrer Materialisation ist durchaus typisch für Yoko Onos Sinn für Außenwirkung. Es geht hier weniger um ein kommerzielles, vielmehr um ein emotionales Anliegen, das jedoch möglichst effektiv verbreitet werden soll.

Bei ihrer Eröffnungsrede am 9. Oktober 2007 wendet sich Yoko an die »Good spirits ... All spirits of goodness of this magical land ...« Sie nennt das Beispiel aller gleichzeitig auf- und abspringenden Chinesen, die damit die Erdachse verschieben würden, und stellt sich vor, wie machtvoll nun die virtuelle und konkrete Menschenansammlung auf Island beim Lichtturm sein könnte. Sie stellt sich ein neues Zeitalter vor, an dessen Beginn nun Milliarden von Menschen die Erdachse verschieben, um mehr Wohlstand und Gesundheit, mehr Frieden und mehr Freude zu erreichen, indem man alles Leben auf der Welt liebt. Ihre Ansprache wird von mehreren Fernsehsendern live in viele Länder übertragen. Daher spricht sie die Menschen an, die gefangen sind, die gefoltert werden, die zum Schweigen gezwungen werden und die doch alle nun im Geiste dabei sind. Viele seien schon gestorben, bevor sie »a new age of love and peace« erleben konnten, das nun mit dem Friedensturm beginnen sollte. Sie bezeichnet dieses Licht als eines der Weisheit, des Heilens und der Kraft.

Und auch wenn jemand verzweifelt sei, mit diesem Friedenslicht im Herzen habe man die Gewissheit, nicht allein zu sein. Liebe stehe hinter der Konzeption und Realisierung des Lichtturms. Er sei ein Geschenk von John und Yoko und von der Bevölkerung Islands an die Welt. »Ich weiß, dass auch John mit uns ist, in diesem Land von

Nutopia. Und er ist glücklich, dass nach 40 Jahren der Lichtturm endlich Wirklichkeit geworden ist. So wünschen wir uns etwas, wenn das Licht angeht. Und wir senden uns gegenseitig Licht und sagen uns ›ich liebe dich!‹. John, wir lieben dich!«
Bemerkenswert sind der predigthafte Duktus ihrer Rede kombiniert mit weltlichen Motiven wie Nutopia. Nicht einem Gott gilt der unbedingte Glaube, sondern dem Frieden und der Liebe. Mit durchaus religiöser Rhetorik werden konfessionsfreie ethische Werte vermittelt.

In *Grapefruit* befindet sich eine Anweisung mit dem Titel »Light House«: Das Lichthaus sei ein Phantomhaus, das aus reinem Licht gebaut sei. Man setze zu bestimmten Tageszeiten Prismen auf, durch die Licht falle, worauf das Lichthaus inmitten eines Feldes wie ein Bild erscheine. Durch dieses Bild könne man das Lichthaus betreten. Das Lichthaus entstehe vielleicht nicht jeden Tag, so wie auch die Sonne nicht jeden Tag scheine.

Auf der DVD erzählt Yoko, wie John sie 1967 zu sich nach Hause nach Kenwood eingeladen und wie er ihr berichtet habe, in ihrem Buch über das Lichthaus gelesen zu haben. Worauf John sie fragte, ob sie ihm nicht ein solches Lichthaus in seinem Garten bauen könne. »Oh, das war nur eine Idee, ein Konzept«, erwiderte Yoko lachend. »Aber ich bin sicher, dass es eines Tages gebaut werden kann. Allerdings weiß ich noch nicht, wie.« Daraufhin habe John gesagt, er hätte mit so etwas Neuem aus den USA gerechnet. Heute noch staune Yoko, dass John ausgerechnet diese Anweisung in ihrem Buch angesprochen habe – und das 40 Jahre, bevor sie verwirklicht wurde. Vier Jahrzehnte habe diese Idee eines Gebäudes aus Licht geschlummert. »We were just a boy and a girl who never looked back«, singt Yoko im Song *You're the One*. Aber Yoko blickt doch häufig zurück und baut Neues auf alten Fundamenten, an deren Konstruktion oft John beteiligt war.

Der kreisförmige bzw. zylindrische Lichtturm schaut aus wie ein Brunnen. An den Außenwänden dieses Rahmens für die 15 Schein-

werfer steht in 24 Sprachen »Stell dir vor, es ist Frieden«. Im Inneren befinden sich Spiegel und darum herum befinden sich viele weitere kleinere Spots, so dass es bei voller Beleuchtung so aussieht, als würde die Lichtsäule einem weißglühenden Brunnen entspringen – eine gewaltige Friedensfontäne.
Lampen, die das Licht senkrecht in den Himmel werfen. Sie sind so angeordnet, dass die einzelnen Strahlen nicht ganz genau parallel verlaufen, sondern sich weit oben bündeln. Das Medienecho auf Island war durchwegs begeistert. Das *Morgenblatt* verglich den Friedensturm mit Scheinwerfer der Fliegerabwehr, aber im Gegensatz dazu sei das Friedenslicht unbeweglich. Nach Yokos Engagement führt Islands Hauptstadt Reykjavík die Bestrebungen weiter, die Stadt, ja die ganze Insel zu einem Friedenszentrum zu entwickeln. Hierbei wird auch darüber nachgedacht, die Militärpräsenz auf Island, vor allem die anlegenden Schiffe zu reduzieren. Am Tag vor der Einweihung sagte Yoko, sie glaube fest daran, dass John mit dieser Umsetzung sehr zufrieden ist, wo immer er auch sei.
Yoko trug die Friedensturm-Idee lange mit sich. Erst 2004 entdeckte sie Island als möglichen Ort für die Verwirklichung. Yoko betont, dass ihr vollkommen klar ist, dass der Turm keinen Frieden bringen, sondern dass er dazu beitragen könne, dass die Menschen vermehrt über Frieden nachdenken. Und darum gehe es, sich den Frieden vorzustellen, damit er danach und dadurch eintreten könne. Hierbei achtete Yoko bei einem Interview kurz vor der Einweihungszeremonie auch auf die Wortwahl. »Wir alle stellen uns die Zukunft vor. Und oft werden unsere Vorstellungen wahr. Viele Friedensaktivisten sagen: Stoppt den Krieg, ›No more war, war, war, war‹. Und wir denken an Krieg, wenn wir das hören oder sagen. Jetzt müssen wir damit anfangen ›Frieden‹ zu sagen. Und wir müssen an die Zukunft auf der Grundlage von Frieden denken, nicht von Krieg.« Yoko weist auf autosuggestive Kräfte hin, die durch Sprache ausgelöst werden können.
Knapp 400 Menschen befanden bei der Premiere auf der kleinen Island vorgelagerten Insel Vioey, von denen etwa 200 von auswärts

229

kamen. 70 Kinder in typisch isländischen Pullovern sangen neben der Installation *Imagine* auf Isländisch. Yoko mit Sohn Sean, Ringo Starr und Georges Witwe Olivia Harrison lauschten andächtig dieser schönen Chorversion der wohl berühmtesten Friedenshymne der Gegenwart. Schulen auf verschiedenen Kontinenten organisierten Mal-Wettbewerbe zum Friedensturm. Ausgewählte Zeichnungen wurden in der Reykjavík City Library ausgestellt. Zu Johns Geburtstag gibt es seither immer wieder kleinere Zeremonien. Einen Zusammenschnitt von 13 Minuten des Treffens am 9. Oktober 2011 gibt es bei Soundcloud zum Mithören. Es beginnt mit einem fabelhaften Kinderchor und der Information, dass der Friedensturm inzwischen von über einer halben Million Friedenswünschen aus aller Welt umgeben ist. Der Bürgermeister von Reykjavík sagt, dass Frieden nicht ein Privileg einzelner Länder sein sollte, sondern ein Grundrecht aller Menschen. »Ich habe einen Traum – I have a dream –, dass Reykjavík dereinst ein Zentrum für den Frieden in der Welt werden wird«, sagt der Bürgermeister und Yoko trägt mit ihrer gewohnt unsicher wirkenden, manchmal zittrigen Stimme ein neues Gedicht vor. Davor improvisiert sie über den in jener Nacht besonders schön sichtbaren Mond als ein gutes Zeichen dafür, dass aus dieser Idee, die im Nichts hätte enden können, etwas so Großes geworden ist, das weiterhin wächst. Sie korrigiert die isländische Sprecherin und verweist darauf, dass es inzwischen über eine Million Wünsche für den Weltfrieden seien, die beim Lichtturm vereint sind. »Ich besuche manchmal bis zu zwanzig Länder in einem Jahr. Da kommen noch mehr Wünsche zusammen. Das geht weiter«, sagt Yoko. »Es gibt so viele schöne Dinge, die jetzt auf der Welt auch passieren. Wir müssen das wahrnehmen. Eine dieser sehr schönen Sachen, das sind wir.« In diesem Moment wird der Kommentar von fhaedra auf der Soundcloud eingeblendet:
»I agree with you, Yoko. It's essential that we continue as much as possible to concentrate our energies on all that is beautiful and precious and grateful in this world. May we someday be the majority and in

24 Mutter und Sohn in London (1996)

the meantime, may we never lose our ability to Imagine. Thank you for your neverending quest for Peace. For your belief in the dream.« (»Ich stimme dir zu, Yoko. Es ist wichtig, dass wir weiterhin unsere Energien so intensiv wie möglich auf alles Schöne und Kostbare in der Welt konzentrieren. Vielleicht werden wir eines Tages die Mehrheit sein. Und so lange verlieren wir hoffentlich nicht unsere Fähigkeit zu träumen. Danke für deine unermüdliche Suche nach Frieden und dafür, dass du an den Traum glaubst.«)
Diese Anmerkung steht stellvertretend für viele virtuelle und leibhaftige »Followers« von Yokos Aktivitäten heute. Die Mehrheit verfolgt Yokos Wirken noch immer aufgrund ihrer gemeinsamen Zeit mit John. Aber immer öfter wird deutlich, wie viele Reaktionen von Fans, aber auch von den Medien John nicht mehr erwähnen und Yoko als individuelle Persönlichkeit wahrnehmen, die ihre Sache vorantreibt, auch wenn sie 30 Jahre später immer noch unzertrennlich mit der Johns verknüpft ist.

»Wir sind am Leben. Und dafür sollten wir sehr dankbar sein«, fährt Yoko mit ihrer Ansprache fort. Dabei räuspert sie sich mehrfach. Sie stockt und man sieht, wie sie stumm ihren Versen und Aussagen hinterhernickt, um deren Bedeutung zu betonen. »Ohne euch wäre ich nicht hier. Heute ist der Beginn eines freudigen Lebens. Lasst uns tanzen in den Herzen. Und lasst uns das Spiel des Lebens spielen. Mit Liebe. Mit einem friedvollen Leben werden wird überleben. Erinnern wir uns. Wir sind eins. Danke. Lasst uns etwas wünschen, wenn das Licht aufscheint.« Zum Abschluss ruft Yoko: »John, we love you!« Der Auftritt wirkt seltsam unbeholfen, aber dann werden die Scheinwerfer eingeschaltet und John singt aus den Lautsprechern *Imagine*, was dem Treffen eine Feierlichkeit und Würde gibt, die es ohne den Künstler aus Liverpool nicht gehabt hätte.

Während der Einweihungszeremonie vier Jahre davor befand sich auch der amerikanische Fotograf Bob Gruen im Publikum, der wie kein anderer Johns und Yokos Jahre in New York dokumentiert hatte. Er und alle anderen hielten Taschenlämpchen in Händen und beteiligten sich an der »I love you«-Performance.

Das Friedenslicht scheint jedes Jahr vom 9. Oktober bis zum 8. Dezember – vom Geburtstag Johns bis zu seinem Todestag. Zudem von der Wintersonnenwende bis zum Neujahrstag und zu besonderen Gelegenheiten nach Absprache zwischen Yoko und den isländischen Behörden. Yoko wird immer wieder gefragt, warum sie ihr Lichthaus ausgerechnet auf Island verwirklicht habe. Dafür gab es mehrere Gründe. Bei Island handelt es sich um ein friedvolles Land ohne eigenes Militär. Zudem wird hier Energie auf fast ausschließlich umweltfreundliche Weise gewonnen. Hinzu kommt, dass das Licht nun von der nördlichen Halbkugel in den Himmel strahlt. Dieses Bild, dass die Friedensbotschaft gleichsam von oben die Erde verlässt, wird filmisch auf der DVD eindrücklich visualisiert. Als einen weiteren Grund nennt Yoko die Tatsache, dass in mehreren Religionen von einem magischen Licht im Norden die Rede sei.

DER JOHN LENNON EDUCATIONAL TOUR BUS, DER SONGWRITING CONTEST UND WEITERE INITIATIVEN

Politische Bildung, musische Erziehung und das Vermitteln von Werten wie Frieden, Freiheit und Liebe bleiben eine Konstante in Yokos Leben. 2009 begann Yoko aufgrund der Kriegsberichterstattung aus dem Irak über die verschiedenen Bedeutungen von Mut nachzudenken. Als Ergebnis ihrer Analyse gründete sie einen Preis, den »Yoko Ono Lennon Courage Award for the Arts«, um den Mut in der Kunst zu ehren und sichtbar zu machen. Er wird in wechselnden und verschiedenen Kategorien verliehen. 2009 ging er u. a. an den Jugendfreund und Musiker La Monte Young und an die Künstlerin Marian Zazeela, 2010 u. a. an die Frauenorganisation Guerilla Girls, 2011 u. a. an die Sängerin Meredith Monk und 2012 u. a. an die Feministin Kate Millett.

Yokos pädagogischer Impetus im 21. Jahrhundert wird beim mobilen Tonstudio, einem Hightech-Truck deutlich, der Schülern in den USA erlaubt, kostenlos Songs wie die Profis aufzunehmen. 1998 startete der Bus seine Never-Ending-Tour. Bunt bemalt fährt er jeweils zehn Monate im Jahr in den USA von Termin zu Termin und bietet dank modernster Filmtechnik gleich auch die Möglichkeit, Clips oder gar Musikvideos aufzunehmen. Dabei lernt der Nachwuchs den Umgang mit neuestem Studioinventar und kann auch in Berufe von Aufnahmeleitern, Tontechnikern oder Regisseuren schnuppern. Der Bus bietet sechs bis acht Schülern Platz, die an einem Tag einen eigenen Song aufnehmen und dazu einen Film drehen können. Als ein Beispiel von vielen dient *S.O.S. (Help Us Out)*, das unschwer unter diesem Titel auf Youtube zu finden ist. Vier Schüler aus Las Vegas setzen ihre Komposition visuell und akustisch im Lennon-Bus mit Hilfe der Crew sowie Yoko und Natasha Badingfield auf überzeugende Weise um. Der Bus wird auch bei Veranstaltungen im Rahmen des John Lennon Songwriting Contest oder von aktuellen Popstars genutzt, die von den Jugendlichen begleitet werden. Die Black Eyed Peas, Elton John, Santana oder Shakira haben schon im Bus musiziert, Platten aufgenommen oder den Schülern Interviews gegeben. »Das ist genau die Art von Projekt, die John Lennon geliebt hätte«, sagt Yoko und gewinnt immer mehr Förderer für dieses einzigartige Non-Profit-Unternehmen: Von Jackson Browne über Quincy Jones bis Bob Weir, dem Gründungsmitglied von Grateful Dead, reicht die Liste der engagierten Musikgrößen. Weir ist auch Jury-Mitglied beim John Lennon Songwriting Contest, einem internationalen Wettbewerb, der 1997 ins Leben gerufen wurde. Weitere Juroren 2012 waren Natasha Badingfield oder Fergie von den Black Eyed Peas, Stars, die den Nachwuchskünstlern gute Tipps geben. Weltweit finden Vorausscheidungen statt, auch in Deutschland. In den USA betrug für die Gewinner des Finales 2012 in den verschiedenen Kategorien das Preisgeld insgesamt 275 000 Dollar. Bus und Contest sind eng verzahnt, tourt doch das mobile Studio mit regionalen Gewinnern durch das Land, wo der multifunktionale Lastwagen jeweils zu einer Open-air-Bühne umfunktioniert wird, auf der die Bands ihre Songs der Öffentlichkeit vorstellen. Manche Preise bestehen auch aus Stipendien für die Nachwuchskünstler, in deren Verlauf sie lernen sollen, ihre Kreativität besser zu lenken.

Oftmals schaltet sich Yoko Ono selbst ein, beispielsweise 2010, als sie persönlich den Song *One Life* der kanadischen Band Live How You Live als Gewinner des »John Lennon 70th Anniversary Birthday Contest« auswählte. Die vier Musiker wurden daraufhin als Finalisten in die USA eingeladen. »Ich hoffe, dass dieser Wettbewerb die Songwriter in aller Welt ermutigt und inspiriert und ihnen hilft, ihre Träume mit uns zu teilen«, schrieb Yoko.

IMAGINEPEACE.COM

www.imaginepeace.com lautet Yoko Onos offizielle Webseite. Yoko hält sie ständig in Bewegung, so dass jeweils nur Momentaufnahmen möglich sind. Zuoberst ist der Friedensturm auf Island zu sehen mit den Worten »Imagine Peace« und den beiden wohl bekanntesten Zitaten: »Imagine all the people living life in peace« von John und »A dream you dream alone is only a dream, a dream you dream together is reality« von Yoko. Lange Zeit war John nicht sehr präsent auf der Startseite. Seit Dezember 2011 blickt er jedoch in einer Schwarzweißaufnahme die Besucher an, die zu einer Zeit entstanden ist, als er *Imagine* aufnahm. Daneben stehen sein Name, Geburts- und Todestag und »Please write your tibutes in the comments here«. Wer sich darauf einlässt, wird im Sekundentakt mit neuen Twitternachrichten überhäuft, die meist nostalgischer Art sind. Darunter befinden sich etwas aussagekräftigere und offenbar ausgewählte Facebook-Kommentare. Michael aus Missoula, Montana berichtet beispielsweise von seiner Zeit als Soldat und von seiner Verweigerung, die er auch dank Johns und Yokos Musik durchsetzte. Vor einigen Jahren habe er dann Yoko einen Brief darüber geschrieben und seine Freude war groß, als sie ihm antwortete. Dieses und hunderte ähnlicher Zeugnisse zeigen, wie wirkungsvoll heute noch die Friedensaktivitäten sind.

Yoko Onos Webpräsenz ist state of the art. Wer sich Zeit nimmt und allen Links folgt, ist tagelang im Yokoversum unterwegs. Auf der rechten Spalte sind Yokos allgemeine Twitter-Aktivitäten gelistet. Mit 1,7 Millionen Followers gehört sie zu den prominenten Twitterern, kein Wunder, ihre Kurznachrichten sind für dieses Medium besonders geeignet. Yokos follow@yokoono-Twitter-Motto lautet: »I love dancing. I think it's better to dance than to march through life.«

Yokos Webseite ist mit Anregungen und Neuigkeiten überfrachtet. Das hängt einerseits damit zusammen, dass Yoko tatsächlich unfassbar umtriebig ist. Andererseits werden ihre Aktivitäten und alles, was damit zusammenhängt, sehr attraktiv aufbereitet, so dass die Wahrscheinlichkeit eines langen und wiederkehrenden Aufenthaltes auf ihrer Webseite groß ist. Im November 2011 präsentiert Yoko ein isländisches Charity-Projekt, das bedürftigen Kindern zugutekommt. Schon seit einigen Jahren werden Künstler aufgefordert, eine Glaskugel mit einem eigenen Satz zu beschriften. Die Kugeln werden dann von Oktober bis Dezember als Tannenbaum-Schmuck für das Weihnachtsfest verkauft. Yokos Spruch lautet: »Draw your own map.« Das wirkt auf der transparenten Kugel, die dadurch an einen noch zu markierenden Globus erinnert, typisch yokoesk: Sie fordert die Betrachter zu eigenen Aktionen auf und natürlich ist der Fantasie Tür und Tor geöffnet, denn die wenigsten werden versuchen, den Erdball mit seinen Kontinenten so zu reproduzieren, wie er normalerweise dargestellt wird. Himmelsrichtungen, Erdteile, Länder, Grenzen ... Was davon wird wie auf einem persönlichen (Wunsch-) Globus dargestellt? Wird Nutopia darauf zu sehen sein? Lässt man seinen Assoziationen freien Lauf, so erzielt Yokos Satz auf der durchsichtigen Weihnachtskugel wunderbare Effekte, die letztlich alle an die Kreativität der Leser und Betrachter appellieren.

Ein lohnender Abstecher von Yokos Webseite (lohnender als der zu My Space) führt zur Soundcloud: www.soundcloud.com/yokoono Dort findet sich zunächst das spielerische *Telephone Piece* aus dem Album *Fly*, das man auch überspringen kann (das Telefon klingelt mehrmals, nach 13 Sekunden erscheint der Kommentar von Paul Gouldhawke: »i hope yoko's home« und bei Sekunde 22 nimmt Yoko tatsächlich ab und sagt: »Hello, this is Yoko.«

Am 5. Oktober 2011, dem Soundcloud Global Meetup, stellt sie der 2007 in Berlin von Alex Ljung und Eric Wahlforss erdachten Klangwolke ein Originalzitat zur Verfügung: »Hi, I am sound. You are sound. We are all sound changing the world with our sounds every moment ...« Yoko stockt und bricht in ein spontanes kehliges Lachen aus. Sie wusste für einen Augenblick nicht weiter, hatte den Text vergessen, der wahrlich fast schon zur Floskel verkommen ist. Der

Tontechniker lacht im Hintergrund mit und sie beginnen die Aufnahme von Neuem, die danach folgendermaßen stereotyp weitergeht: »... think peace, act peace, spread peace. We are all together. I love you.«
Yokos Präsenz auf der Soundcloud bietet ein Panorama ihres musikalischen Ausdrucks und besonders reizvoll sind die Kommentare der Zuhörer, die auf der Horizontalen an bestimmten Abschnitten eines Tracks eingetragen werden können. So heißt es bei Minute 1,15 des Songs *Winter Friend*: »Harrison-esque guitar interlude here – great.« Im Blues *Is Winter Here To Stay?* bestätigt sich die als allgemeine Info in der Soundcloud veröffentlichte Aussage Yokos: »Ich habe meinen eigenen Rhythmus und mein eigenes Timing, so ist es einfach.« Ja, und bei zahlreichen Songs ist das gewöhnungsbedürftig, weshalb bei Minute 3.16 Dillin Brackett schreibt: »Ooh. That's some classic Ono shit right there.« Es darf also auf der Soundcloud ganz im Sinne von »Ono? Oh-no!« geschmunzelt werden. Richtig lustig wird es bei den Stücken *Now Or Never (live)* und *We Are All Sound*. Bei diesen Sprechstücken überschlagen sich die fantasievollen Anmerkungen der Hörer und als Zuschauer kommt man kaum nach, die Kommentare den Worten Yokos zuzuordnen. Je weiter man in Yokos Chronologie der Soundcloud zurückgeht, desto vielfältiger werden die Meinungen der Zuhörer. Spielerisch ergeben sich neue Möglichkeiten der Interaktion, wenn beispielsweise bei *Talking To The Universe* Frank Blecher bei Minute 3.18 schreibt: »Type your reply here. She's just talkin to the universe ...« Hörer nehmen Yokos Kunst auf und reflektieren – ja – multiplizieren sie. Fluxus im digitalen Zeitalter. Von *Talking To The Universe* sind zahlreiche Versionen vertreten. Der Mix von Ralphi Rosario wurde bis Ende 2011 über 17 000-mal gehört und mit 79 Kommentaren versehen. Musiker treten auf diese Weise mit ihren Fans in einen Dialog. Kein anderer Künstler aus den Anfangsjahren der Avantgarde-Bewegungen, die Yoko wesentlich mitbestimmte, ist heute noch so präsent im Internet. Kein anderer hat sich auf die neuen Online-Möglichkeiten so eingelassen und spielt damit. Yoko baut kon-

sequent auf ihrem Œuvre auf und überführt es mit großer Leichtigkeit ins World Wide Web. Die neuen Möglichkeiten kommen ihren alten Ausdrucksformen entgegen. Daraus entstehen neue Effekte. Aktiv lässt sich die Dance-Jugend auf die Experimente der kleinen alten Dame ein. Ihr Werk wird in erweiterter Form neu entdeckt. Im Dezember 2011 waren insgesamt 89 Songs auf Yokos Soundcloud zu hören, wovon etwa ein Fünftel von John Lennon stammten. Zur Originalfassung von *Instant Karma* schreibt bei Minute 1.46 Klara Kazmi im Sommer 2011: »Thank you for spreading these beautiful vibrations on our planet Yoko.« Damit ist auch Yokos Verdienst gemeint, Johns Erbe gegenwärtig zu halten. Das betrifft beispielsweise auch die Welt-Musik-Version von *Give Peace a Chance* mit dem Karsh Kale Voices of he Tribal Massive Mix. Beim Lesen der Kommentare fällt auf, dass die große Mehrheit positiv gestimmt ist – nicht nur im Sinn von »I love that beat« oder »I'm dancing ☺«, sondern auch im Sinn optimistischer Gefühlswelten: »Lot's of love shining through this tracks. I'm thinking of pictures from my childhood, and where I come from. To reconnect with ones trueself. From being lost to go into understanding, and being respectful and humble towards everthing and everyone you meet. To act you're dreams. Follow them, because they are made to be fulfilled. Just follow the good and true picture inside your head, everything will come together.«

Yoko Ono hatte bis Dezember 2011 neun Nummer-1-Dance-Chart-Hits. Sie sind in voller Länge und alle beisammen auf www.imaginepeace.com/ONOmusic.html zu hören. Auch die Cover sind bemerkenswert. Das Art-Design zu »Give Me Something« – dazu wiederholt Yoko immer wieder die Worte »You Can Have It« – zeigt bittende Hände und die beiden Os in ONO sind innen mit einem stilisierten Globus und dem Anti-Atom-Peace-Zeichen illustriert. Eine Variante davon wird auf dem Cover des Remix von »Give Peace a Chance« abgebildet. »I'M NOT GETTING ENOUGH« ist so gestaltet, dass die Buchstaben ONO untereinander zu stehen kommen. Weitere graphische Spielmöglichkeiten bietet natürlich der

Song »NO, NO, NO«. Die Künstler und DJs Dave Aude, Richard Morel, Emjae, Roberto Rodriguez, Karsh Kale Voices & Tribal Massive, Tom Novy und die Pet Shop Boys katapultierten Yokos Songs und ihren typischen Gesang dank einfallsreicher Mixes an die Spitze der Tanzschlager-Hitparaden in den USA. So tanzt heute die amerikanische Jugend mit Vorliebe zu den Kompositionen der 80-jährigen Yoko. Ein Ende dieser Erfolgsserie ist nicht abzusehen.

Manche Anmerkungen bei den Soundcloud-Songs beschränken sich auch auf ein »Hello from Russia« oder »Hello from Japan« und dazu passt der sich drehende Globus auf imaginepeace.com von der Softwarefima Revolvermaps bzw. Karma Implementor, die der in Chemnitz lebende Daniel Seifert gegründet hat. Auf Yokos sich drehendem Globus sind im Dezember 2011 über 1,6 Millionen Visits und zudem die »RecentHits«, also die aktuellen Besucher der Webseite verzeichnet. Ein Link führt zu einem Artikel von *National Geographic* über die Weltbevölkerung. Rund sieben Milliarden Menschen leben heute auf der Erde, im Jahr 2045 werden es voraussichtlich neun Milliarden sein. 9 – John und Yokos Glückszahl – auf dass dann dank des Internets oder neuerer und noch effizienterer Techniken alle das »Imagine Peace«-Mantra verinnerlicht haben. Die Zahl ist ein Bindeglied Yokos zu John. Neun O's in ihren Namen nach der Umbenennung von Winston in Ono. John komponiert seit jeher Songs wie *One After 909* oder *Revolution 9* (auf dem unzählige Male »number nine« zu hören ist). Der Song *#9 Dream* schafft es in den USA sinnigerweise auf Platz 9 der Charts. Am 9. November 1966 lernt er Yoko kennen, sein heißersehnter Sohn Sean wird per Kaiserschnitt am 9. Oktober 1975 geboren. Und das sind nur einige wenige prominente Beispiele.

Auf Revolvermaps erkennt man sich in gewisser Weise selbst als Besucher aus einem deutschsprachigen Land, zumal der Ort mit Bundesland bzw. Kanton näher definiert wird. Die hoffnungsvolle Ono-Welt, die sich hier virtuell einfindet, wird nebenan dann immer wieder auf gute Werke hingewiesen, beispielsweise auf whyhunger.com, einer innovativen Hungerhilfe-Organisation, die von Hard Rock Café und von Yoko unter dem Slogan *Imagine There's No Hunger* unterstützt wird. Charity wird von Yoko sehr groß geschrieben und im Verlauf der letzten Jahrzehnte scheint ihr der Spagat zwischen persönlichem Wohlstand, ja enormem individuellem Reichtum und glaubhaftem ideellem und finanziellem Engagement so zu gelingen, dass weltweit Yoko bei Krisen und Katastrophen als Helferin angesprochen wird. Non-Profit-Organisationen, die notleidenden Menschen in aller Welt helfen wollen, wissen, dass sie bei Yoko ein offenes Ohr für ihre Bitten und Sorgen finden.

Zahlreiche Filme sind auf Yokos Webseite zu finden, u. a. das siebenminütige *My Hometown* von Jerry Levitan, der für seinen herausragenden Trickfilm *I Met The Walrus* ... für den Oscar nominiert wurde und den Emmy gewonnen hat. *My Hometown* eröffnete im Juli 2011 das Filmfestival *Without Borders* in Spoleto in Italien, ist jedoch längst nicht so originell wie Levitans Debüt. Mit der B-Seite von *Give Peace a Chance*, dem melodiösen und fast kinderliedhaften *Remember Love* unterlegt spricht Yoko von der Kraft der Vorstellung, die bestehendes Übel verbessern soll. Die sieben Minuten stimmen nachdenklich, wird man doch aufgefordert, eine Stadt auszusuchen und sich mit ihr zu identifizieren, so als wäre es die eigene Heimat. »Am Ende werden wir feststellen, dass alle Städte der Welt die Heimat von jemandem sind«, sagt Yoko zum Schluss.

NACHWORT

Die österreichische Künstlerin Valerie Export hielt im März 2012 in Wien die Laudatio anlässlich der Verleihung des Oskar-Kokoschka-Preises. Sie schilderte treffend anhand eines konkreten Beispiels die Wirkung von Yokos Arbeit und bezeichnete sie als Pionierin und Erneuerin der zeitgenössischen Kunst: »Yoko Onos Leben und ihre künstlerischen Werke waren immer auch mit politischem Einsatz verbunden, sie hat sich für den Weltfrieden und für die Menschenrechte eingesetzt, einen Friedenspreis gestiftet, der Organisationen und Menschen auszeichnet, die sich durch humanitäre Hilfe und durch mutiges Engagement für eine positive Zukunft einsetzen.

Heute wird sie geehrt, und ich möchte sie als Künstlerin vorstellen, die mich bereits in jungen Jahren durch ihre innovative Kunst, durch ihre revolutionäre Haltung, durch ihren Mut und ihre Kraft beeindruckt hat. (…) Die erste Ausstellung von Yoko Ono habe ich im Herbst 1967, als ich die Londoner Avantgarde-Kunstszene kennenlernte, in der Lisson Gallery in London gesehen. Ihre Ausstellung hatte den Titel *Half a Wind Show*, ein sehr poetischer Titel. Es waren in Hälften auseinandergeschnittene Alltagsgegenstände wie Bett, Lampe, Tisch etc. ausgestellt, man könnte auch sagen »Half an Object«, »Half a Sculpture«. Diese Alltagsskulpturen waren mit weißer Farbe gestrichen, die Hälfte eines weiß gestrichenes Bettes, ein halber weiß gestrichener Stuhl war in eine weiße Raumecke gestellt, die Hälfte einer weiß bemalten Tischlampe, ein einzelner Schuh eines Schuhpaares und noch andere Alltagsobjekte. Wo waren die anderen Hälften? Die fehlenden Hälften der Skulpturen imaginierten das Abwesende, imaginierten die Verdoppelung. Die Imagination des Fehlenden ergänzte sich in der Wahrnehmung des Halben, des Getrennten. Die dunklen Schatten, die durch die Kunstwerke geworfen wurden, blieben mit den halben weißen Objekten verbunden und waren ephemere Inszenierungen der Verdoppelung, die sich nicht aufzeichnen lassen. Diese räumlich-konzeptuelle Gestaltung, ein räumlicher konzeptueller Expressionismus in Schwarzweiß, erinnerte mich an die Atmosphäre eines Schwarzweißfilmes. Ich empfand die Inszenierung als ein neues, expressionistisches ›Objekt Poem‹. So ist mir diese Ausstellung bis heute im Gedächtnis geblieben.

Die Ausstellung erinnerte mich auch an die philosophische Betrachtungsweise des geteilten Selbst, das wir alle in uns tragen: erinnerte mich an die Imagination des anderen Selbst, an das verlorene Selbst, an das verschwundene Selbst, an das verwundete Selbst, an die unsichtbare Wunde im Selbst.

Später habe ich diese Inszenierung im Rahmen einer Fluxus-Ausstellung während einer Biennale in Venedig gesehen. Das Vermisste war damals für mich noch immer präsent. Es wurde mir bewusst, dass die anwesenden Besucherinnen und Besucher die Extensionen der Kunstobjekte sind. Nicht das künstlerische Objekt ist die Extension des Körpers, sondern die Realität des Körpers ist die Extension des künstlerischen Objekts. Ihre Kunstwerke sind auch Ideen- und Gedächtniswerke. Das Konzept und die Idee ist das Ziel, wie zum Beispiel in ihren Instruktionen ›Paintings to be constructed in your Head‹ aus 1961. In Yoko Onos Arbeiten steht auch immer ihre Person, ihr Interagieren mit dem Publikum, ihr Interagieren mit ihrer sozialen und politischen Umgebung im Mittelpunkt.«

Dieser Erlebnisbericht zeigt auch, wie stimulierend Yoko auf jüngere Kolleginnen wirkt.

Yoko wird im Alter milder und weiser, aber nicht ruhiger. Mit ihrem Charme und Charisma gewinnt sie das Wohlwollen von immer mehr Künstlern und Medienvertretern, von Kuratoren und Juroren auf der ganzen Welt. Es scheint, als habe sie einen Weg gefunden, sich auf ihre wesentlichen Lebensziele zu konzentrieren und dafür alte und neue Weggefährten zu begeistern.

Je länger und intensiver ich mich für dieses Buch mit Yoko beschäftigt habe, desto mehr hat mich diese zierliche Japanerin mit ihrem starken

Willen und ihrer ausufernden Kreativität fasziniert. Es ist unmöglich, hier die Fülle ihres Schaffens vollständig darzustellen. Gerne wäre ich beispielsweise näher auf Yoko als »Queen of the Danceclubs«, auf ihre Äußerungen zum Thema Tanzen und auf Yoko als Tänzerin eingegangen. (Ein Video gedreht 2012 von Karl Lagerfeld einer sich wunderbar bewegenden Yoko ist im Internet leicht auffindbar.) Ich bin gerne Yokos Lebenslinie gefolgt, habe mich dabei aber auch immer wieder zurückgelehnt, um Distanz zu wahren und Yokos Vita kritisch zu sehen.

Ich habe versucht, alle Artikel, Bücher, Interviews und Filme von und über Yoko Ono für meine Biografie zu berücksichtigen. Ich habe mit Weggefährten und Fachleuten, mit Zeitzeugen und Freunden Yoko Onos gesprochen. Und ich bin ihr nach dem Jahr 2000 selbst drei Mal begegnet, in Venedig, in München und in Wien. Ich habe ihr auch einige Fragen gestellt bei Pressekonferenzen und am Rande der Veranstaltungen. Trotzdem ist in diesem Buch kein Exklusivinterview enthalten. Das hat Gründe. Als zum 75. Geburtstag Yokos das Buch des renommierten britischen Biografen Nick Johnstone »Yoko Ono – Talkin« erschien, titelte das Radiofeuilleton von Deutschlandradio Kultur »Bestenfalls ein sortierter Zettelkasten« und schrieb: »Es gab Zeiten, da verstand man es als Ehre, wenn ein Autor die Biografie einer Persönlichkeit veröffentlichen wollte. Heute wehrt man sich mit Unterlassungsklagen dagegen oder versucht, wegen Verletzung der Persönlichkeitsrechte selbst noch ein wenig vom zu erwartenden Kuchen abzubekommen. Und wie geht man als Autor damit um? Entweder man biedert sich so lange an die Berühmtheit an, bis es mit jeglicher kritischer Distanz aus ist; oder man geht das Risiko einer Klage ein, die schließlich auch Werbung für das Buch sein kann.«

Ich wollte mit meiner Biografie weder das eine noch das andere. Deutschlandradio kritisiert Johnstone dafür, kein Interview mit Yoko geführt zu haben. Auch James Woodall schrieb sein Buch »John Lennon und Yoko Ono – Zwei Rebellen, eine Poplegende«, ohne mit Yoko gesprochen zu haben: »Ich bin Yoko Ono nie begegnet, obwohl ich mich darum bemüht habe. Mein Verleger und ich haben ihr einmal ein Manuskript geschickt, doch wir hörten nie etwas von ihr. Außerdem habe ich mehrmals vergeblich versucht, ein Interview mit ihr zu bekommen. Ich habe keinen Grund anzunehmen, dass sie, hätte sie dieses Buch im englischen Original gelesen, oder würde sie es lesen, einen Anlass sähe, den Inhalt zu beanstanden. Die Meinungen darüber, wie sie in Johns Leben eingedrungen ist – aus einer Vielzahl von Quellen belegt –, stimmen weitgehend überein.

Bei der Beschreibung ihres gemeinsamen Lebens mit John habe ich mich sehr bemüht, ihre Charakterstärke und ihren Einfallsreichtum hervorzuheben«, rechtfertigt sich Woodall. Mir waren Johnstones und Woodalls Schreibsituationen bekannt, bevor ich Yoko das erste Mal traf. Und noch viel wichtiger war für mich Jerry Hopkins' Bericht über Peter Brown und sein bereits 1983 erschienenes Buch *The Love You Make*. Hopkins schreibt, dass Yoko viele Gespräche mit Brown geführt und sehr viel Zeit für Browns Buchprojekt geopfert habe. Schließlich überließ sie ihm und seinem Co-Autor Steven Gaines sogar ihr Haus auf Long Island, damit die beiden dort in Ruhe ihr Manuskript beenden konnten. Das Ergebnis ist bekannt: Brown und Gaines attackieren Yoko in ihrem Buch auf heftige und oft schwer nachvollziehbare Weise.

Als Elliot Mintz »the insider story of the Beatles« las, war er erschrocken, wie unfair die Autoren mit Yoko umgingen. Brown und Gaines beschreiben Yoko als eine kalte und berechnende Frau, die John manipuliert habe. »Yoko decided not only not to talk to Brown again, but also not to cooperate with any outside writers on any book.« Die Botschaft ist klar – keine Mitarbeit mehr mit anderen Autoren – und Yoko hat sich bis heute daran gehalten. Warum sollte sie bei mir eine Ausnahme machen? Ich begnügte mich deshalb von Anfang an mit wenigen Journalistenfragen unabhängig von meinem Buchprojekt. Ich habe sie mehrfach aus nächster Nähe und

lange betrachtet, habe ihr zugehört und versucht, ihre Präsenz mit meinem Wissen in Übereinstimmung zu bringen.
Yoko Ono geht heute ihren Weg unermüdlich weiter. »Lassen Sie sich überraschen!«, sagt sie mir bei der Pressekonferenz in Wien 2012, als ich sie nach ihren Zukunftsplänen frage.

HERKUNFT UND WERDEGANG

Yoko Onos 1838 geborener Urgroßvater mütterlicherseits, Zenjiro Yasuda, war der Gründer der Yasuda Bank, die größte Japans vor Ausbruch des Zweiten Weltkriegs. Nach dem Krieg wurde sie in die heute noch bestehende Fuji Bank umbenannt. Als John Lennon zum ersten Mal ein Foto Yasudas sah, soll er gemäß Lennon-Biograf Philip Norman gesagt haben: »Das bin ich in einem früheren Leben.« Die Gesichtszüge weisen tatsächlich eine gewisse Ähnlichkeit auf. Darauf soll Yoko geantwortet haben: »Sag das nicht, er wurde erschossen.« 1921 verübte ein rechtskonservativer Nationalist ein tödliches Attentat auf Zenjiro Yasuda, weil sich der alte Bankier geweigert hatte, dem Extremisten einen Kredit zu geben. Zenjiros Yasudas Enkelin Isoko Yasuda (die spätere Mutter Yokos) wurde 1910 als jüngste von acht Kindern in Tokio geboren.

Der damalige Wohlstand und der gesellschaftliche Rang der Familie Yasuda können kaum hoch genug eingeschätzt werden. Für gute Schulnoten soll Isoko mit Diamanten belohnt worden sein. Die Yasudas gehörten dem Buddhismus an, der heute neben der japanischen Urreligion Shinto wichtigsten Glaubensrichtung in Japan. Die 21-jährige Isoko und der 29-jährige Eisuke Ono (der spätere Vater Yokos) lernten sich im mondänen, nördlich von Tokio gelegenen Berg-Kurort Karuizawa kennen. Eisuke Ono war ein gut aussehender und charmanter Junggeselle, der als Klaviervirtuose mit abgeschlossenem Mathematik- und Wirtschaftsstudium und imponierendem Stammbaum inklusive Samurai-Vorfahren Isokos Yasudas Herz gewann. Eisuke Onos Großvater Atsushi Saisho war ein direkter Nachkomme des in der japanischen Geschichte bedeutenden religiösen Führers Saisho, der im 9. Jahrhundert u. a. dafür sorgte, dass fortan nicht mehr Kyoto, sondern Tokio Landeshauptstadt war.

Trotz dieser scheinbar guten Voraussetzungen für eine Ehe lehnten Isoko Yasudas Eltern den Schwiegersohn in spe ab. Gegen ihn sprachen seine künstlerischen Interessen, seine vergleichsweise bescheidenen finanziellen Verhältnisse und seine Religion: Eisuke Ono gehörte der winzigen christlichen Minderheit in Japan an. Aber immerhin hatte Eisukes Vater 1890 an der University of Michigan seinen Doktor gemacht, war 1896 in die Dienste der Bank of Japan eingetreten und hatte zuletzt im Vorstand der Japan Industrial Bank gedient. Als Eisuke Ono auf Druck von Isoko Yasudas Eltern den Plan, Konzertpianist zu werden, aufgab und stattdessen einen Job bei der Yokohama Specie Bank annahm, wurde der Ehe zugestimmt und Eisuke zog bald in das feudale Anwesen der Yasudas ein. Wenig später wurde Isoko mit Yoko schwanger.

Januar 1933: Eisuke Ono verlässt Tokio und reist einige Wochen vor der Geburt seiner Tochter Yoko nach San Francisco, um in der dortigen Filiale der Yokohama Specie Bank zu arbeiten.

4. Februar 1933: Geburt des Avantgarde-Musikers und Komponisten Toshi Ichiyanagi. Er ist von 1956 bis 1963 mit Yoko Ono verheiratet. 1995 komponiert er die Oper *Momo* nach dem Roman Michael Endes, der von 1989 bis zu seinem Tod mit der japanischen Übersetzerin Mariko Sato verheiratet war.

18. Februar 1933: Yoko Ono wird als Tochter von Eisuke Ono und Isoko (Yasuda) Ono im Teikyo University Hospital geboren. Yoko betont mehrfach, dass sich ihre Eltern einen Sohn gewünscht hatten. Der Stolz auf die Erstgeborene ist trotzdem groß. Die Journalistin und Fotografin Mikihiko Hori erinnert 75 Jahre später folgendermaßen an den Geburtstag:

Happy Birthday, Yoko-san!
For this special day, I would like to remind you of the exact day you were born 75 years ago. Well, sort of. Since you are such a bright person, you may still remember the day you were born or even the time you spent in your mother's womb.
The following comment is from your mother, Ms. Isoko Ono, and was cited from an article written about you in a Japanese magazine, »Shukan Bunshun«, May 6th, 1974.
She (Yoko) was born on the day of heavy snow at the Teikyo University Hospital in 1933. In hindsight, to start the first day of life, the fact that she was born on the day of a silvery world was appropriate for a person like her who is pure and genuine.«
No wonder you like snow! You must remember the snowy day when you came to Earth. Yoko, thank you so much for descending to Earth like the snow. The snow which hit the ground has disappeared, but it turned into water and nourished the tress.
I feel like I am one of those trees which grew stronger thanks to the water you gave me. Someday we'll evaporate together.«
Happy birthday, Yoko!! Many Happy Returns!!
i
ii
iii
Mikihiko Hori

Das palastähnliche Haus der Yasudas befindet sich in der Nähe der Kaiserlichen Residenz des Tenno. Rund 30 Angestellte sorgen bei den Yasudas u. a. auch für das Wohlergehen von Mutter Isoko und Tochter Yoko.

1936: Isoko reist mit ihrer Tochter in die USA. Yoko ist fast drei Jahre alt, als sie in San Francisco ihren Vater zum ersten Mal sieht. Bis zum Eintritt Japans in den Zweiten Weltkrieg verbringt Yoko etwa die Hälfte ihrer Zeit in den USA, wodurch die Grundlage für ihre Zweisprachigkeit gelegt wird. In den USA wird Anthony Cox geboren: Er ist von 1962 bis 1969 mit Yoko verheiratet und Vater der gemeinsamen Tochter Kyoko.

Dezember 1936: Isokos zweites Kind und einziger Sohn, Keisuke Ono, wird in den USA geboren. Nach dem Studium in Japan arbeitet er für die Bank of Tokyo, hat vier Kinder und mehrere Enkelkinder und lebt heute zurückgezogen mit seiner Frau in Tokio.

Frühling 1937: Yokos Vater wird zurück nach Japan beordert. Die junge vierköpfige Familie wohnt wieder im Yasuda-Anwesen und Yoko besucht die renommierte und der Aristokratie vorbehaltene Gakushuin-Schule.

1940: Yokos Vater wird wieder in die USA, diesmal nach New York City berufen. Frau und Kinder folgen ihm. Yoko besucht eine öffentliche Grundschule auf Long Island. Doch schon 1941 muss Eisuke nach Hanoi. Frau und Kinder kehren zurück nach Hause in Tokio.

9. Oktober 1940: John Winston Lennon wird in Liverpool geboren.

Oktober 1941: Setsuko Ono, Yokos Schwester, wird geboren. Sie studiert zunächst in Genf, wo sie sich in den Kommilitonen und Aristokraten Piero Gleijeses verliebt, und danach in Tokio. Später arbeitet sie für die Weltbank und veröffentlicht 2005 das autobiografische Buch: *A Woman Flying Alone in the World: Twenty-Eight Years of Experience at the World Bank* (Kodansha, 2005). Setsuko lebt heute mit ihrem 1944 in Italien geborenen Mann Piero Gleijeses in Washington, D.C., wo sie auch als Künstlerin tätig ist, www.setsuko-ono.com. Gleijeses unterrichtet an der Johns Hopkins University United States »foreign policy« und veröffentlichte zahlreiche Bücher.

1942: Eisuke Ono arbeitet bis 1945 in Hanoi als Bankangestellter. Nach unbestätigten Quellen kämpft er dort in den letzten Monaten als Soldat in der japanischen Armee bis zur Kapitulation. Danach wird er inhaftiert und befindet sich bis Ende 1946 in einem Konzentrationslager in Ho-Chi-Minh-Stadt (früher Saigon). Yoko besucht nun die christlich orientierte Keimei-Gakuin-Schule, die speziell für Kinder gegründet wurde, die zuvor im Ausland gelebt haben.

März 1945: Nach einem verheerenden Luftangriff auf Tokio flüchtet Yokos Mutter mit ihren Kindern und einer Haushälterin in das ländliche Hinterland bei Karuizawa.

1946: Yoko kehrt mit ihrer Mutter und ihren Geschwistern nach einem Jahr auf dem Land zurück nach Tokio. Eisuke wird freigelassen, hat aber Berufsverbot. Yoko besucht wieder die Gakushuin-Schule gleichzeitig mit dem fast gleichaltrigen Kronprinzen Akihito und seinem jüngeren Bruder Yoshi, mit dem sie viel Freizeit verbringt.

1947: Eisuke darf seine Arbeit bei der Bank of Tokyo aufnehmen und macht rasch Karriere. Yoko eröffnet ihrem Vater, dass sie Komponistin werden will. Sie konzentriert sich auf die musischen Fächer und interessiert sich besonders für Künstler, die Konventionen brechen.

1952: Nach erfolgreichem, dem Abitur entsprechendem Abschluss an der Gakushuin-Schule schreibt sich Yoko als erste Frau an der Gakushuin-Universität für das Fach Philosophie ein.

1953: Eisuke folgt einem Ruf nach New York, wo er in der Niederlassung der Bank of Tokyo arbeitet. Die ganze Familie Ono zieht nach Scarsdale in New York, knapp 20 Kilometer nördlich von Manhattan. Yoko belegt im Sommer Kurse im Fach Gesang an der Harvard University Cambridge, um im September nach New York zurückzukehren und ins elitäre Sarah Lawrence College einzutreten, das einige Jahre später auch Linda McCartney besuchen wird.

1954: Yoko wohnt noch bei ihren Eltern im noblen Scarsdale und fühlt sich da aufgrund der strengen Konventionen immer unwohler. Sie verbringt viel Zeit außerhalb des Colleges und hält sich oft in Manhattan auf, wo sie ihren Landsmann und Komponisten Toshi Ichiyanagi kennenlernt. Er studiert mit einem Stipendium der renommierten Musikhochschule Julliard School.

1956: Yoko schreibt intensiv und veröffentlicht erste Texte, u. a. am 25. April in *Campus*, der Zeitung des Sarah Lawrence College, das Gedicht *the earth was covered with clouds*. Im Herbst heiratet Yoko in Abwesenheit ihrer Eltern und ohne deren volles Einverständnis Toshi Ichiyanagi, lebt in einer bescheidenen Wohnung in der Amsterdam Avenue in New York City und zieht später mit ihm in ein Loft in der Chambers Street in Manhattan. Die beiden müssen sich mit Gelegenheitsjobs über Wasser halten. In diesen Jahren zeigt Yoko großes

Interesse für die Avantgarde und lernt wichtige Künstler kennen: George Brecht, John Cage, Marcel Duchamp u. v. a.

1958: Yoko beginnt regelmäßig ihre *Instructions* zu notieren, Anweisungen für Kunstaktionen, die sie später gesammelt in ihrem Buch *Grapefruit* veröffentlichen wird. Der Kunstkritiker David Bourdon schreibt: »*Grapefruit* is one of the monuments of conceptual art of the early 1960s. She has a lyrical, poetic dimension that sets her apart from the other conceptual artists.« (*New York Times*, 5. Februar 1989). Hinzu kommt das wachsende Interesse westlicher Kulturschaffender für orientalische Weisheiten, insbesondere für den Zen-Buddhismus, die Künstler wie John Cage zu Beginn der 1960er-Jahre in Yokos Werk entdecken und deshalb gern mit ihr zusammenarbeiten.

1960: Yoko tritt mehrfach auf, trägt eigne und fremde Gedichte vor und demonstriert die Kunst der Kalligraphie und des Origami. Dokumentiert sind Auftritte am 23. März im Pratt Institute in Brooklyn und am 26. Mai in der Harvard University in Cambridge.

Dezember 1960: Das erste Konzert einer langen Reihe verschiedenster Aufführungen unter dem Namen »Yoko Ono's Chambers Street Concerts« findet in Yokos und Toshis Loft statt. Bis Juni 1961 treten nebst Yoko und Toshi u. a. La Monte Young auf (der auch mitorganisiert), Terry Jannings, Henry Flynt, Joseph Byrd, Jackson Mac Low, Richard Maxfield, Simone und Robert Morris und Dennis Lindberg.

3. April 1961: »An Evening of Contemporary Japanese Music and Poetry« heißt die von David Johnson moderierte Veranstaltung im »Village Gate« mit Yoko, Toshi, Mayuzumi Toshiro und einigen weiteren Musikern.

Frühling 1961: Es gibt zunehmend Probleme in Yokos und Toshis Ehe. Toshi verlässt Yoko und zieht zurück nach Tokio. Yoko bleibt im Loft, wo sie in den folgenden Monaten wechselnde Liebhaber beherbergt, unter ihnen den Schriftsteller Michael Rumaker und den Musiker La Monte Young. George Maciunas eröffnet in uptown Manhattan die kurzlebige, aber für Yoko und die Künstler in ihrer Umgebung wichtige AG Gallery.

16. Juni 1961: Die erste Einzelausstellung Yokos »Paintings and Drawings by Yoko Ono« wird in Maciunas AG Gallery eröffnet.

3. August 1961: Yoko führt im Rahmen der »1ère Semaine Internationale de Musique Actuelle« in der Comédie Canadienne in Montreal erstmals ihr Stück *A Grapefruit in the World of Park* auf.

Sommer 1961: George Maciunas gibt der Fluxusbewegung ihren Namen.

24. November 1961: Yoko tritt als Headliner in der Carnegie Hall auf, allerdings nicht im Hauptsaal, sondern in einem Vortragssaal, der etwa 250 Leuten Platz bietet. Norman J. Seaman ist der Veranstalter. Nebst Yoko treten u. a. Ay-O, George Brecht, Patricia Brown, Philip Corner, Mac Low, Jonas Mekas, Charlotte Moorman, Yvonne Rainer und La Monte Young auf.

3. März 1962: Yoko kehrt nach Japan zurück und bleibt dort bis zum Herbst 1964. Sie lebt mit Toshi in einer Wohnung, die ihr von ihren Eltern zu Verfügung gestellt wird. Ihr Traum eines Lebens als freie Künstlerin in New York ist finanziell gescheitert. Sie absolviert trotzdem zunächst zahlreiche Auftritte in Japan und zeigt u. a. in der Sogetsu Kaikan Hall in Tokio ihre Werke. Im Sommer 1962 wird sie zunehmend depressiv. Nach Suizidversuchen wird sie von Toshi und ihren Eltern in eine Nervenheilanstalt eingeliefert. Tony Cox, ein Musiker aus New York, besucht sie, stellt fest, dass es ihr in der Klinik immer schlechter geht und holt sie zurück in die Wohnung, wo Yoko, Toshi und Tony einige Monate zu dritt leben.

September 1962: Im Städtischen Museum in Wiesbaden finden die »Fluxus – internationale Festspiele Neuester Musik« statt, in deren Verlauf auch Stücke von Yoko aufgeführt werden. Sie wird als Mitglied des Planungskomitees genannt.

9. Oktober 1962: Yoko tritt gemeinsam mit John Cage, David Tudor und vielen anderen in der Bunka Kaikan Hall in Tokio auf. Yoko begleitet John Cage in den folgenden Wochen zu Aufführungen in Sapporo, Kyoto und Osaka.

Winter 1962/63: Yoko vertont den erotisch-experimentellen Film *Ai/Love* von Takahiko Iimura. Die Ménage a trois mit Toshi und Tony zerbricht. Toshi zieht aus. Yoko wird von Tony schwanger. Danach heiraten Yoko und Tony, müssen später jedoch die Hochzeit wiederholen, weil die Scheidung von Toshi noch nicht rechtskräftig war. Yokos Eltern akzeptieren den neuen Schwiegersohn nicht und zwingen die beiden, die Wohnung zu verlassen. Yoko und Tony ziehen in eine billige Wohnung und verdienen ihren Unterhalt mit Gelegenheitsjobs, v. a. mit Übersetzungen und Sprachunterricht.

11. Januar 1963: Die zweite Single der Beatles *Please Please Me* erscheint und erreicht als erster Song der Band aus Liverpool Platz eins in den britischen Hitparaden.

23. März 1964: John Lennons erstes Buch *In His Own Write* (»In seiner eigenen Schreibe«) erscheint und wird ein internationaler Bestseller, der bis heute immer wieder neu übersetzt und aufgelegt wird.

8. April 1963: Cynthia und John Lennons Sohn John Charles Julian Lennon wird in Liverpool geboren.

3. August 1963: Yoko bringt in Tokio ihr erstes Kind zur Welt, Kyoko Cox. Die künstlerischen Aktivitäten werden eingeschränkt, aber nicht eingestellt. Yoko und Tony treten bei verschiedenen Events in Japan auf.

1964: Yoko vertont den Film *AOS* von Yoji Kuri, setzt dabei nur ihre Stimme ein und demonstriert ihre Bandbreite, worauf Ornette Coleman den vielfach zitierten Satz sagt: »I think Yoko's music has the sounds of all the ethnic cultures of the present civilizations – a real global artist«. In Tokio tritt sie u. a. mit Nam June Paik und dem Designer Tadanori Yokoo auf.

4. Juli 1964: Die erste Ausgabe von *Grapefruit* erscheint in 500 Exemplaren. Yoko und Tony machen ein Event daraus und verkaufen Bücher auf der Straße im Bezirk Ginza. Trotzdem findet *Grapefruit* zunächst kaum Beachtung. Heute ist das Buch in überarbeiteter und erweiterter Form erhältlich und ist ein Longseller.

20. Juli 1964: Yoko tritt drei Tage in Folge mit Tony und dessen Freund Al Wonderlick in der Yamaichi Hall in Kyoto auf und zeigt u. a. die Premieren von *Cut Piece* und *Bag Piece*.

24. Juni 1965: Johns zweites Buch *A Spaniard In The Works* (»Ein Spanier macht noch keinen Sommer«) erscheint.

September 1964: Yoko kehrt mit ihrem Mann Tony und Tochter Kyoko zurück nach New York. Bis Jahresende erfolgen mehrere Auftritte. Yoko versucht wieder Anschluss an die Szene zu bekommen und bereitet größere Auftritte für die in Japan neu ausgearbeiteten Performances vor.

31. März 1965: »New Works of Yoko Ono« heißt ein Abend in der Carnegie Recital Hall in New York, in dessen Verlauf u. a. auch *Cut Piece* und *Bag Piece* aufgeführt werden. Im Verlauf des Jahres organisiert Yoko noch zahlreiche Performances und Aktionen u. a. rund um die IsReal Gallery.

1966: Von Januar bis August finden zahlreiche Events statt. Yoko singt und kommentiert im Januar japanische Volkslieder a capella für WBAI Radio. Während des U-Bahn-Streiks führt sie das *Disappearing Piece* auf: Es dauert zwei Stunden, bis kochendes Wasser im Untergrund verdampft ist. In der Davison Art Center Gallery der Wesleyan University in Middletown, Connecticut führt Yoko *Wind Piece* und *Breathe Piece* auf und diskutiert im Anschluss mit dem Publikum ihre Arbeiten. Wenig später schreibt sie den umfangreichen Text »To the Wesleyan People«, in dem sie ausführlich Selbstauskunft gibt. Im März findet in der Judson Gallery in New York die Ausstellung und Performance »Stone by Anthony Cox« statt. Michael Mason sorgt für den Sound, Jeff Perkins zeigt einen Film und Yoko besorgt »Eye Bags«. Einzelheiten sind nicht bekannt, aber bemerkenswert ist, dass Tony hier der Headliner ist. Viele weitere Events finden statt und zudem werden im Verlauf des Jahres die Fluxusfilme *No. 1*, *Eyeblink* und *No. 4*, die erste Kurzfassung mit Aufnahmen nackter Hintern aufgenommen. Am 9. September findet das vierte »Annual New York Avant Garde Festival« im Central Park in New York statt, bei dem der Film *AOS* gezeigt wird und zwei Männer (!) *Cut Piece* aufführen. Wenig später geht Yoko nach London, um am Symposium »Destruction of Art« im Institut für Zeitgenössische Kunst teilzunehmen. Sie tritt mehrfach auf und bereitet ihre Ausstellung in der Indica Gallery vor.

9. November 1966: In der Indica-Galerie in London trifft Yoko zum ersten Mal auf John Lennon. Ihre Ausstellung »Unfinished Paintings and Objects by Yoko Ono« und ihre persönliche Ausstrahlung während der Vorbesichtigung beeindrucken den Beatle nachhaltig. Eines der »unfertigen Objekte« ist ein Apfel auf einem Sockel. Yoko denkt dabei weniger an die Frucht des Bösen, an die biblische Eva und die Geschichte der Versuchung, sondern an die Frucht der Weisheit als gleichsam organisches Stillleben. John beißt beim Verlassen der Galerie hinein und stellt den Apfel wieder hin. Yoko ist zunächst empört, betrachtet dann aber den Vorgang gelassen: »Das war eine Interaktion, die ich nicht geplant hatte. Damals war ich wütend, aber heute finde ich es interessant, dass der Kreislauf des Lebens durch die Handlung eines Menschen unterbrochen wurde«, schreibt Yoko im Januar 1972 in der Londoner Kunstzeitschrift *Art and Artists*. Schon in der Ausstellung 1971 im Everson Museum stellt sie dann einen von Anfang an angebissenen Apfel aus. (Auf die Zusammenhänge zu Steve Jobs' Firmengründung »Apple« und dem Jahrzehnte währenden Rechtsstreit gehe ich in »John Lennon. Wendepunkte« ein.) Später lässt Yoko einen verfaulenden Apfel in Bronze gießen und stellt ihn u. a. 1989 im Whitney Museum aus.

Im November 1966 – also zum Zeitpunkt der ersten Begegnung Yokos mit John – gibt es die legendäre, heute noch existierende Beatles-Firma »Apple Corps

Ltd.« noch nicht. Paul McCartney schlägt den Namen und das Logo den anderen Beatles erst Ende 1967 vor. Das von ihm im Sommer 1967 vom Kunsthändler Robert Fraser gekaufte Bild »Le Jeu de Mourre«, das von René Magritte 1966 gemalt worden ist (der Titel ist mehrdeutig und spielt phonetisch einerseits auf das »Spiel der Liebe bzw. der Liebenden«, andererseits auf das Spiel »Schere, Stein, Papier« an), soll Paul dazu inspiriert haben. Darauf ist ein Apfel zu sehen, den Magritte handschriftlich beschrieben hat: »Au revoir«. Es ist unerforscht, warum und wie John, George und Ringo dem Vorschlag Pauls so schnell zustimmten. Yokos Apfel, auch ein Granny Smith, sieht jedenfalls dem von Magritte zum Verwechseln ähnlich.

17. November 1966: *Music oft he Mind* heißt ein Abend im Jeanetta Cochrane Theatre, an dem Yoko u. a. *A Grapefruit in the World of Park* aufführt.

Januar 1967: »Unfinished Paintings and Objects« werden in Camden Square, London gezeigt. Yoko schaltet Kleinanzeigen in Tageszeitungen, in denen sie nach Freiwilligen für ihren Film *No. 4* (*Bottoms*) sucht, der bald danach gedreht und im Februar verboten wird. Am 10. März demonstrieren Yoko, Tony und Freunde vor dem British Board of Film in London und verteilen den Mitarbeitern sowie Passanten Narzissen. Die für den 27. April in der Royal Albert Hall geplante Aufführung des Films wird abgesagt.

20. März 1967: Yoko tritt bei ITV auf, wo Ausschnitte aus *Bottoms* gezeigt werden. Es folgen bis Juli zahlreiche Ausstellungen und Performances an verschiedenen Schauplätzen in London.

3. August 1967: Ein medialer Höhepunkt für Yokos Schaffen in London bildet das »Lion Wrapping Event« am Trafalgar Square. Er dauert sechs Stunden und wird gefilmt. Yoko wickelt die Löwen ein und wieder aus. Viele Schaulustige verfolgen der Performance.

8. August 1967: *Bottoms* ist ab 18 Jahren freigegeben. Im Jacey Tatler Cinema in London findet die Premiere des *films of many happy (365) endings* statt.

24. August 1967: Die Beatles nehmen an einer Veranstaltung des indischen Gurus Maharishi Mahesh Yogi in London teil.

27. August 1967: Beatles-Manager Brian Epstein stirbt in seiner Wohnung, während die Beatles in Bangor (eine der kleinsten Städte Englands im Norden von Wales) beim Maharishi ein Wochenende zur Einführung in die Transzendentale Meditation verbringen.

September 1967: Anonym sponsert John Yokos Ausstellung *Half Wind Show – Yoko Plus Me* in der Londoner Lisson Gallery. Die Ausstellung dauert vom 11. Oktober bis zum 14. November.

7. Dezember 1967: In der Baker Street 94 in London eröffnen die Beatles die Apple-Boutique. Keiner der anwesenden Journalisten fragt, wer die kleine Japanerin ist, die sich während der Eröffnung in Johns Nähe befindet. Im gesamten Jahr 1967 finden zahlreiche Kunstevents in Europa und in den USA statt, bei denen in Yokos Abwesenheit Stücke und Instructions von ihr aufgeführt werden. Allerdings ist Yoko im Dezember 1967 in Knokke-le-Zoute in Belgien vor Ort, um *Bag Piece* aufzuführen und mitzuerleben, dass ihr *Bottoms*-Film nicht wie geplant gezeigt wird.

Januar 1968: Auf dem Weg von Belgien zurück nach London macht Yoko in Paris einen Zwischenstopp, um auf Einladung Jean-Jaques Lebels *Bag Piece* aufzuführen.

16. Februar 1968: John, Cynthia, George und Pattie reisen nach Rishikesh in Indien zum Maharishi Mahesh Yogi, um an einem dreimonatigen Meditationskurs teilzunehmen. Paul, Ringo und Gefolgschaft treffen vier Tage später ein. Yoko schreibt John fast täglich von London aus nach Indien.

29. Februar 1968: Ornette Coleman tritt mit seiner Band (Ed Blackwell, Charlie Haden und David Izenzon) in der Royal Albert Hall auf. Yoko führt als Gastkünstlerin *AOS* auf und wird dabei von Ornette und seiner Band begleitet.

Mai 1968: Als Cynthia im Urlaub ist, lädt John Yoko in das Haus in Weybridge ein, wo sie sich die ganze Nacht mit seinen Tonbändern beschäftigen und selbst eine experimentelle Soundcollage aufnehmen, die später als *Two Virgins*-Album erscheint. Als Cynthia aus dem Urlaub zurückkehrt, stellt John sie vor vollendete Tatsachen.

31. Mai 1968: Die Beatles treffen sich in den EMI-Studios, um mit den Arbeiten am *White Album* zu beginnen. Zum Erstaunen von Paul, George und Ringo ist John in Begleitung Yokos, die von nun an bei allen Aufnahmen nicht mehr von der Seite des Beatles-Gründers weichen wird.

2. bis 9. Juni 1968: Im Arts Lab in London stellen Yoko und John erstmals offiziell gemeinsam aus.

15. Juni 1968: Yoko und John pflanzen auf Einladung des Kunstkritikers Anthony Fawcett im Rahmen der National Culture Exhibition vor der Kathedrale von Coventry zwei Eichen und nennen die Aktion eine »lebende Konzept-Kunst-Skulptur«. Sie pflanzen die Eichen in Ost-West-Richtung eng nebeneinander. Sie stehen für Yoko und John, die ihrerseits den westlichen und den östlichen Kulturkreis repräsentieren. Die von einer runden Bank umgebenen Eichen sollten Symbol der Liebe zweier Menschen und ein Zeichen für die friedliche Vereinigung von östlicher und westlicher Welt sein. Die Eichen-Pflanz-Performance ist die erste Aktion für den Frieden, viele weitere werden folgen. Die Eicheln selbst wurden von Souvenirjägern eine Woche nach der Eröffnung ausgegraben und gestohlen. Danach wurden neue gepflanzt und bewacht. Die runde weiße Bank wurde 2005 von Yoko der Stadt Coventry geschenkt. Im Mai 2010 fand eine Ausstellung in der Kathedrale über Yoko und John statt.

1. Juli 1968: In der Robert Fraser Galerie in London findet Johns erste Kunstausstellung unter dem Titel *You Are Here* statt. Yokos Einfluss ist deutlich erkennbar.

24. August 1968: Yoko und John treten anlässlich der Ausstellung *You are Here* in der David Frost Show auf und äußern sich ausführlich zur Avantgarde-Kunst.

Sommer 1968: John verlässt Cynthia und seinen Sohn Julian. Yoko zieht mit John nach Stationen bei Paul und George in eine leerstehende Wohnung von Ringo Starr am Montagu Square 34. Yoko und John drehen den *Film No. 5 (Smile)*.

18. Oktober 1968: Yoko und John werden wegen Besitzes von 219 Gramm Haschisch verhaftet. Gegen das Paar wird zudem eine Geldstrafe wegen Behinderung der Justiz verhängt. Gegen Kaution werden sie vom Gericht aus der Untersuchungshaft entlassen.

25. Oktober 1968: Die Medien berichten, Yoko sei schwanger und John der Vater.

8. November 1968: John und Cynthia werden geschieden. Das Urteil wird nicht angefochten. Cynthia bekommt eine Abfindung, über deren Höhe spekuliert wird.

11. November 1968: *Unfinished Music No. 1: Two Virgins* erscheint. Es ist die erste Schallplatte, die John ohne Beteiligung von Paul und George veröffentlicht. Sowohl die experimentelle Musik als auch das Cover, auf dem Yoko und John nackt zu sehen sind, sorgen für Schlagzeilen.

21. November 1968: Kurz bevor Yoko ihre erste Fehlgeburt erleidet, nimmt das Paar die Herztöne des Babys auf Band auf. John bleibt ständig an ihrem Bett im Queen-Charlotte-Krankenhaus in London und verbringt später auch die Nächte bei ihr.

22. November 1968: Die offiziell neunte Platte der Beatles erscheint, *The White Album*, ein Doppelalbum, für das Yoko und John das experimentelle Stück *Revolution 9* beisteuern. Yoko singt solo einen Vers von *The Continuing Story of Bungalow Bill* und im Hintergrund von *Birthday*.

28. November 1968: John gibt vor dem Marylebone-Gericht zu, im Besitz von Cannabis gewesen zu sein, bezahlt eine Geldstrafe von 150 Pfund und übernimmt die Gerichtskosten. Die Strafe wegen Behinderung der Justiz wird fallengelassen. Diese juristische Bagatelle wird später von den US-Einwanderungsbehörden benutzt, um Yoko und John mit Abschiebung zu drohen.

November 1968: Kurz hintereinander entstehen mehrere experimentelle Filme von Yoko und John. In *Rape* (76:30 Minuten) verfolgt der Kameramann eine junge Frau in London. Der Frau gelingt es nicht, den Kameramann abzuschütteln. Die Zuschauer werden zu Komplizen des Verfolgers.

11. Dezember 1968: Yoko und John werden von den Rolling Stones eingeladen. *Rock And Roll Circus* heißen Film und Album mit vielen Gastmusikern. Yoko tritt mit zwei Gesangseinlagen als Teil einer Supergroup auf mit John in Begleitung von Eric Clapton, Keith Richards (am Bass) und Hendrix-Drummer Mitch Mitchell sowie dem Geiger Ivry Gitlis auf.

18. Dezember 1968: In der Royal Albert Hall erscheinen Yoko und John zur Vorweihnachtsparty *Alchemical Wedding* und kriechen auf der Bühne in einen weißen Sack.

Januar 1969: Yoko und die Beatles treffen sich seit dem 2. Januar fast täglich einen Monat lang. In den Twickenham-Studios. Ziel: Ein neues Album mit Songs für ein Live-Konzert als Neubeginn der Beatles – *Get Back* als Comeback – filmisch festhalten. Aus 130 Stunden Material, das bis heute größtenteils von Apple Corps unter Verschluss gehalten wird, entsteht der offizielle 90-Minuten-Dokumentarfilm *Let It Be*, in dem die Diskussionen und Streitereien weggelassen werden. Beispielsweise kritisiert John Paul, er meine mit »get back to where you once belonged« Yoko.

2. Februar 1969: Yoko Ono und ihr zweiter Ehemann, der Filmproduzent Anthony Cox, lassen sich scheiden.

2. März 1969: In der Cambridge University treten Yoko und John erstmals gemeinsam bei einem Konzert auf. John erzeugt Feedbacks mit seiner Stromgitarre, Yoko singt und schreit. Ein Teil davon wird am 9. Mai 1969 auf ihrem zweiten Album *Unfinished Music No. 2: Life with the Lions* veröffentlicht. Kommentar von George Martin: »No comment.«

20. März 1969: Yoko und John heiraten heimlich auf Gibraltar. Doch kurz darauf ist der Presserummel groß. Angesichts der Eskalation des Vietnamkriegs beschließen sie, die Publicity für gezielte Anti-Kriegsaktivitäten zu nutzen, und verbringen ihre Flitterwochen im Bett: Im Zimmer 902 der Präsidentensuite des Amsterdamer Hilton Hotels halten sie vom 25. bis 30. März ihr erstes Bed-in ab. Das Paar spricht von seinem Bett meist im Pyjama zu Presseleuten aus aller Welt täglich von neun Uhr vormittags bis neun Uhr abends. Von Amsterdam fliegen sie nach Wien.

31. März 1969: Yoko und John begleiten die Weltpremiere ihres vom Österreicher Hans Preiner produzierten Films *Rape* mit einem Bag-Event im Hotel Sacher in Wien. Verborgen unter einem weißen Sack halten sie eine Pressekonferenz ab. Am 3. April kriechen Yoko und John während der *Eamonn Andrews TV-Show* in einen weißen Sack und bitten den Moderator hinzu.

Mitte April 1969: Yoko und John versenden je eine Eichel an 96 Staatspräsidenten mit der Bitte, sie für den Weltfrieden in ihrem Land zu pflanzen.

22. April 1969: Auf dem Dach des Apple-Büros ändert John offiziell in Anwesenheit Yokos und eines Notars seinen zweiten Vornamen von Winston in Ono.

25. April 1969: Yoko und John nehmen am TV-Festival in der Schweiz teil, der 9. »Rose d'Or de Montreux«, auf dem *Rape* gezeigt wird.

16. Mai 1969: Yoko und John wollen sich Ringo Starr und Peter Sellers für eine Atlantiküberquerung anschließen und ein Bed-in in den USA veranstalten, doch John bekommt keine Einreisegenehmigung.

26. Mai 1969: Die Lennons fliegen mit dem Pressereferenten der Beatles Derek Taylor und einem Kamerateam nach Montreal und halten im Queen Elizabeth Hotel ein achttägiges Bed-in für den Frieden ab. Sie geben über 60 Presseinterviews.

1. Juni 1969: Yoko und John lassen sich ein Aufnahmegerät bringen und nehmen in ihrem Bett *Give Peace a Chance* auf. Begleitet werden sie u. a. von Petula Clark, Rabbi Abraham L. Feinberg, Allen Ginsberg, Timothy und Rosemary Leary, Tommy Smothers, Phil Spector, Derek Taylor und einer kanadischen Gruppe von Hare-Krishna-Mitgliedern.

4. Juni 1969: Die Beatles-Single *The Ballad of John and Yoko* erscheint. Sie wurde von John alleine komponiert und nur von ihm und Paul aufgenommen. Sie beschreibt u. a. die Hochzeit, die Bed-ins und den Sackauftritt in Wien. Auf dem Cover ist ein von Pauls Frau Linda aufgenommenes Foto, auf dem Yoko und die Fab Four zu sehen sind.

7. Juni 1969: Yoko und John treten in der *David Frost Show* auf.

1. Juli 1969: Als Yoko und John mit Johns Sohn Julian und Yokos Tochter Kyoko Urlaub in Schottland machen, verliert John in Golspie die Kontrolle über das Auto und fährt in einen Graben. Die Kinder stehen unter Schock, bleiben aber unverletzt. John muss mit 17 Stichen am Kopf genäht werden.

4. Juli 1969: *Give Peace a Chance*, die erste Solo-Single eines Beatle überhaupt, erscheint. Auf dem Cover steht nur »Plastic Ono Band«. Auf der B-Seite singt Yoko *Remember Love*. Zur Premiere werfen als Roboter verkleidete Schauspieler auf der Bühne des Rathauses von Chelsea ihre Kostüme ab. Yoko und John können nicht anwesend sein, deshalb stellt diese fiktive »Plastic Ono Band« den Song vor. In England erreicht die Single Platz zwei der Hitparade.

Juli, August 1969: Im EMI-Studio der Abbey Road nehmen die Beatles das Album *Abbey Road* auf. Yoko muss nach dem Autounfall ihren Rücken schonen und hat deshalb ein Bett im Studio.

August 1969: Für 150 000 Pfund kaufen Yoko und John Tittenhurst Park bei Ascot mit einem 320 000 Quadratmeter großen Grundstück, das John an den Calderstone Park in Liverpool erinnert. Am 22. August findet dort die letzte Fotosession mit den Beatles statt. Nach Bob Dylans erfolgreichem Comeback-Konzert auf der Isle of Wight am 31. August hören sich Bob, John, George und Ringo sowie geladene Gäste eine Probepressung von *Abbey Road* an. Am nächsten Tag begleiten Bob Dylan und George Harrison Yoko und John mit dem Hubschrauber nach Tittenhurst Park. Das Anwesen wird in den nächsten zwei Jahren die Kulisse für viele Filme und Fotos, u. a. werden die Parallel-Cover von Johns und Yokos Plastic Ono Albums dort mit einer Instamatic-Kamera geknipst. 1970 baut John dort das Ascot-Sound-Studio, in dem er u. a. Teile seines ersten Solo-Albums und danach das Album *Imagine* aufnimmt. Yoko und John leben von August 1969 bis August 1971 in Tittenhurst Park. 1973 verkaufen sie das Anwesen an Ringo Starr, der das Ascot-Sound-Studio in Startling-Studios umbenennt.

10. September 1969: Im New Cinema Club in London finden *Two Evenings with John and Yoko* statt. Gezeigt werden die Filme *Two Virgins, Smile, Honeymoon* und die Welturaufführung von *Self Portrait* (42 Minuten). Yoko und John führen Publikum und Presse hinters Licht: Bei der Ankunft des weißen Rolls-Royce steigt ein anderes Paar in einen weißen Sack gehüllt aus, stellt sich den Fotografen und singt während der Filmvorführung auf der Bühne »Hare Krishna«, derweil Yoko und John heimlich das Publikum beobachten.

12. September 1969: Yoko und John treten gemeinsam mit Eric Clapton, Klaus Voormann und Alan White als Plastic Ono Band auf dem Toronto Rock'n'Roll Revival Concert im Varsity-Stadion auf. Yoko zeigt *Bag Piece* und singt *Don't Worry Kyoko* und *John, John (Let's Hope for Peace)*.

9. Oktober 1969: Yoko hat an Johns 29. Geburtstag eine zweite Fehlgeburt. Dem totgeborenen Jungen geben Yoko und John den Namen John Ono Lennon und begraben ihn in einem weißen Sarg irgendwo außerhalb von London. Nur Yoko und John nehmen an der Beerdigung teil.

20. Oktober 1969: Yoko und Johns *Wedding Album* erscheint in einer aufwändigen Kassette mit vielen Fotos und Texten, das dritte in der Reihe autobiografisch-avantgardistischer Klangcollagen.

24. Oktober 1969: Johns zweite Solo-Single *Cold Turkey* erscheint, nachdem Paul den Song für die Beatles als nicht gut genug befand. Wieder steht auf dem Cover nur Plastic Ono Band. Auf der B-Seite singt Yoko *Don't Worry Kyoko*.

15. Dezember 1969: Im Londoner Lyceum Ballroom treten Yoko und John für UNICEF mit einer erweiterten Plastic Ono Supergroup auf. Beim »Peace For Christmas – Unicef Benefit Concert« sind u. a. George Harrison, Eric Clapton, Nicky Hopkins, Keith Moon, Billy Preston, Klaus Voormann und Alan White dabei. Yoko singt *Don't Worry Kyoko*. Am selben Tag startet die *War Is Over*-Kampagne.

16. Dezember 1969: Yoko und John kündigen in Toronto ein Friedensfestival an, das dann an organisatorischen Problemen scheitern wird. Zudem telefonieren sie mit Radiosendern weltweit, um über Frieden zu sprechen. Danach wohnen sie fünf Tage auf der Farm des Sängers Ronnie Hawkins, geben via Telefon viele weitere Friedensinterviews und unterhalten sich für Radio-Talkshows u. a. mit Marshall McLuhan. John signiert während des Aufenthalts 3000 erotische Lithographien »Bag One«, auf denen er Yoko porträtiert hat. Im Mittelpunkt ihrer weiteren Aktivitäten bis Ende des Jahres steht die Kampagne: »War Is Over! If You Want It. Happy Christmas from John and Yoko.« In vielen Städten der Welt verkünden große und kleine Plakate die Weihnachtsbotschaft.

22. Dezember 1969: Yoko und John unterhalten sich fast eine Stunde mit dem kanadischen Premierminister Pierre Trudeau im Parlamentsgebäude, in dem sie u. a. für ihr Projekt »Eichen für den Frieden« werben.

29. Dezember 1969: Yoko und John fliegen von den Medien unbemerkt nach Aalborg in Dänemark, um Yokos Tochter Kyoko zu besuchen, die dort mit ihrem Vater Tony Cox und seiner neuen Freundin lebt. Private Fotos zeugen von einer harmonischen Zeit. Yoko und John meditieren, versuchen sich das Rauchen abzugewöhnen und schneiden sich die Haare kurz.

27. Januar 1970: John textet und komponiert *Instant Karma! (We All Shine On)«* und nimmt es gemeinsam mit Yoko, George, Billy Preston, Klaus Voormann und Alan White am selben Tag in den Abbey-Road-Studios auf. Auf der B-Seite singt Yoko *Who Has Seen the Wind?*

Februar 1970: Acht erotische Lithographien, auf denen Yoko nackt zu sehen ist, werden in der London Arts Gallery von der Polizei wegen Verdachts der Pornographie konfisziert. In New York erscheint bei Simon & Schuster eine überarbeitete und ergänzte Ausgabe von *Grapefruit*. Mit anderen Covern erscheint das Buch auch in England bei Owen und in Westdeutschland bei Bärmeier & Nikel in der Übersetzung Herbert Feuersteins. Der spätere Chefredakteur des MAD Magazins und Harald Schmidts Sidekick lebte von 1960 bis 1969 in New York. Seine Auswahl, Gestaltung und Übertragungen von Yokos *Instructions* sind unterteilt in »Musikstücke«, »Bilder«, »Ereignisse«, »Gedichte«, »Dinge«, »Film«, »Theater« und »Yoko Onos Fragebogen«. Das Buch ist fast um die Hälfte gekürzt und konzentriert sich auf die eingängigen, originellen und humorvollen Texte, z. B.: »Wenn man etwas zurücklässt, lässt man damit auch den Geist zurück. Wenn man aber nichts zurücklässt, wird man älter.« Feuersteins Lieblingsgedicht überhaupt stammt von Yoko und lautet »Konzertstück«: »Versteck dich, wenn der Vorhang aufgeht, / und warte, bis dich alle verlassen haben. / Dann geh raus und mach Musik.« Bemerkenswert an dieser in lila Schrift gedruckten und nur noch antiquarisch erhältlichen Ausgabe ist auch die Rückseite des Buches, auf der Yoko und John zitiert werden: »An John: Wenn du dieses Buch gelesen hast, zerreiß es bitte.« / »An Yoko: Das war das beste Buch, das ich je zerrissen habe.«

Ihr in Dänemark abgeschnittenes Haar spenden Yoko und John Michael X, einem Aktivisten der englischen Black-Power-Bewegung. Das Haar wird versteigert, und der Erlös kommt dem Black House zu, einem schwarzen Kulturzentrum im Norden Londons.

März 1970: Yoko und John erhalten viele Bücher. Als John das Buch *The Primal Scream* (»Der Urschrei«) sieht, sagt er zu Yoko: »Hey, das bist ja du.« Sie lesen es mit wachsender Begeisterung, laden Autor Janov nach London ein und beginnen bei ihm eine Therapie.

1. April 1970: Yoko und John veröffentlichen eine Pressemitteilung: Sie befänden sich in einer Klinik, um sich operieren zu lassen und das jeweils andere Geschlecht anzunehmen.

April 1970: Yoko und John mieten in Los Angeles ein Haus und setzen bei Arthur Janov die Urschrei-Therapie fort, während der sie auch neue Songs schreiben.

1. August 1970: Yoko hat ihre dritte Fehlgeburt.

Dezember 1970: Yoko und John treffen in New York im Umkreis von Andy Warhol, Nico, Allen Ginsberg und Salvador Dalí den 1922 in Litauen geborenen Avantgarde-Regisseur Jonas Mekas und drehen mit ihm die Filme *Up Your Legs*, *Fly* und andere.

11. Dezember 1970: Parallel zu Johns erstem Solo-Album *John Lennon/Plastic Ono Band* erscheint Yokos erstes Solo-Album *Yoko Ono/Plastic Ono Band* und erreicht Platz 182 der amerikanischen Charts. Es ist bis heute deutlich erfolgreicher als die drei *Unfinshed Music*-Alben und gilt manchen Musik-Kritikern als visionär. Immer öfter wird Yokos Einfluss auf weibliche Rocksängerinnen bis hin zur Gegenwart betont.

12. März 1971: Die Single *Power To The People* erscheint. Auf der B-Seite faucht und schreit Yoko *Touch Me*. John, Ringo und Klaus Voormann begleiten sie und vollbringen Erstaunliches. Letzterer gibt einen Vorgeschmack auf das wohl berühmteste Bass-Intro der Rock-Geschichte (Carly Simon: *You're So Vain*).

15. Mai 1971: Auf dem Filmfestival von Cannes werden die Filme *Apotheosis* (18 Minuten, Regie John Lennon) und *Fly*« (50 Minuten, Regie Yoko Ono) gezeigt.

6. Juni 1971: Yoko und John treten mit Frank Zappa and The Mothers of Invention im New Yorker Fillmore East auf. Teile der Aufnahmen erscheinen auf dem Doppelalbum *Some Time in New York City*.

11. August 1971: Yoko und John nehmen in London an einer Demonstration gegen die Nordirland-Politik Großbritanniens teil.

Mitte 1971: Tony Cox hält seine und Yokos Tochter Kyoko versteckt. Er glaubt nicht, dass Yoko und John sich auf verantwortungsvolle Weise um das Mädchen kümmern könnten. Sie haben Privatdetektive engagiert und das Sorgerecht beantragt. Bislang ohne Erfolg. Schließlich fliegen Yoko und John nach Mallorca, wo Kyoko gesehen wurde und wo Yoko und John wenig später wegen Kindsentführung kurzfristig verhaftet werden. Kyoko bleibt bei Tony. John wird Kyoko nie wiedersehen, Yoko erst Mitte der 1990er-Jahre. Yoko leidet unter der Trennung von ihrer Tochter und unter den Anfeindungen in England mit dem immer gleichen Vorwurf, sie sei für die Trennung der Beatles verantwortlich. In New York hingegen fühlt sie sich wie zu Hause und zeigt John im Hochsommer den Big Apple von seiner besten Seite.

3. September 1971: Yoko und John lassen sich in New York nieder. John wird seine Heimat nie wiedersehen.

9. Oktober 1971: Yokos Ausstellung *This Is Not Here* wird im Everson Museum of Art in Syracuse, New York, eröffnet. Wenig später schließen sich John und Yoko einer Protestaktion in Syracuse für die Rechte der in Amerika lebenden Indianer an. Lennono-Filme werden im Herbst auf zahlreichen Festivals gezeigt.

1. November 1971: Yoko und John treten im New Yorker Apollo Theater für die Attica-Wohltätigkeitsveranstaltung auf.

6. bis 11. Dezember 1971: Die Ende Oktober in den Record Plant Studios in New York aufgenommene Single *Happy Xmas (War Is Over)* erscheint. Auf der B-Seite singt Yoko das melodiös-poetische *Listen the Snow Is Falling*. In Ann Arbor, Michigan, treten Yoko und John bei der Benefiz-Veranstaltung für John Sinclair auf.

Januar 1972: Der zum Senat gehörige Ausschuss für innere Sicherheit berichtet Senator Strom Thurmond über Yokos und Johns Beziehungen zu revolutionären Aktivisten wie Jerry Rubin und Abbie Hofman. Senator Thurmond rät in einem geheimen Memorandum, datiert vom 4. Februar, an den Justizminister John Mitchell mit den Worten »durch rechtzeitiges Handeln könnte viel Ärger erspart bleiben«, Yoko und John auszuweisen.

14. Februar 1972: Yoko und John treten eine Woche lang bei *The Mike Douglas Show* auf. Yoko führt zahlreiche Stücke auf, u. a. *Unfinished Painting* und *Touch Poem*.

29. Februar 1972: Yokos und Johns Einreisevisen laufen bald ab und die bereits genehmigten Verlängerungen werden widerrufen. Es beginnen juristische Verhandlungen mit der Einwanderungsbehörde, die sich mehrere Jahre hinziehen werden. Die Behörde wird sich wiederholt auf Johns Verurteilung wegen Drogenbesitzes in England berufen.

22. April 1972: Vor mehreren tausend Demonstranten singen Yoko und John im Rahmen der »National Peace Action Coalition Rally« ihr *Give Peace a Chance*.

24. April 1972: Yoko und John sind zu Gast in der Dick Cavett Show und stellen den Song *Woman Is The Nigger Of The World* vor. Sie berichten, dass ihr Telefon abgehört und John von Regierungsbeamten verfolgt wird.

12. Juni 1972: Das Doppelalbum *Some Time In New York City* mit zahlreichen Solo-Kompositionen Yokos erscheint.

30. Juni bis 8. Oktober 1972: Auf der fünften Documenta in Kassel werden zahlreiche Werke Yokos gezeigt, u. a. *Painting to Hammer a Nail* und *White Chess*.

30. August 1972: Im Madison Square Garden treten Yoko und John beim »One-to-One«-Wohltätigkeitskonzert für behinderte Kinder auf.

23. Dezember 1972: Weltpremiere des Films *Imagine* (81 Minuten) mit Gastauftritten von George Harrison, Fred Astaire, Dick Cavett, Andy Warhol und vielen anderen im amerikanischen Fernsehen.

8. Januar 1973: Yokos Solo Doppel-LP *Approximately Infinite Universe* erscheint. Im Verlauf des Jahres werden daraus drei Singles ausgekoppelt, u. a. *Yang Yang* und *Move On Fast*, deren Remixe 40 Jahre später Hits in den Billboard Dance Club Charts werden. Der autobiografisch-melancholische Song *Death of Samantha* wird bei Dokumentationen über Yoko mehrfach eingesetzt.

März 1973: Yoko erhält in letzter Instanz die Erziehungsberechtigung für Kyoko. Aber Tony bleibt mit seiner Tochter unauffindbar. Yoko bekommt eine unbefristete Aufenthaltsgenehmigung, John hingegen wird aufgefordert, die USA innerhalb der nächsten 60 Tage freiwillig zu verlassen, andernfalls drohe ihm die Deportation.

1. April 1973: Yoko und John rufen bei einer Pressekonferenz in New York das Land Nutopia aus, deren Botschafter sie seien. Deshalb hätten sie diplomatische Immunität und John könnte nicht ausgewiesen werden. Wenig später kaufen sie ein Apartment im Dakota Building in der 72. Straße, Ecke Central Park West in New York.

Yoko bestreitet im Verlauf des Jahres zahlreiche (Solo-) Auftritte, manchmal auch mit John und manchmal Yoko solo mit der Elephant's Memory Band, um ihre aktuellen Schallplatten zu promoten.

Oktober 1973: Auf Yokos Initiative beschließen sie sich zum ersten Mal seit 1968 zu trennen. John zieht bald darauf nach Los Angeles, hat eine Affäre mit Yokos Assistentin May Pang und nennt die Zeit bis zur Versöhnung anlässlich des Thanksgiving-Konzerts im November 1974 im Madison Square Garden sein »Lost Weekend«.

10. Januar 1974: Yoko tritt bei der Eröffnung der Aktionswochen »Women for Women« in der Town Hall in New York auf.

17. Juli 1974: Einmal mehr wird John aufgefordert, die USA innerhalb von 60 Tagen zu verlassen, diesmal vom Justizministerium.

August 1974: Yoko tourt mit einer Band durch Japan und tritt u. a. mit dem bis heute wohl prominentesten japanischen Rock- und Popmusiker Yuya Uchida auf. Als Uchida 1966 im Vorprogramm der Beatles auftrat, freundete er sich mit John Lennon an.

16. November 1974: Beim »11th Annual New York Avant Garde Festival: At Shea Stadium« in New York wird u. a. Yokos Werk *46 Reflections* gezeigt

28. November 1974: Bei Elton Johns Thanksgiving-Konzert tritt John auf. Yoko ist im Publikum, nach dem Konzert treffen sie sich hinter der Bühne und versöhnen sich.

Dezember 1974: Die Zeitschrift *Rolling Stone* berichtet über illegale Tätigkeiten der Regierung zur Erwirkung von Johns Ausweisung.

Januar 1975: In London werden die letzten rechtlichen Verflechtungen der Beatles gelöst. John kehrt zu Yoko ins Dakota zurück. Sie wollen ein Kind und leben daher unter Verzicht auf jegliche Drogen in jeder Hinsicht sehr gesund.

Februar 1975: Yoko ist schwanger. Sie nimmt in den kommenden fünf Jahren nur noch an wenigen Ausstellungen und Konzerten teil.

7. Oktober 1975: Das amerikanische Berufungsgericht lehnt eine Ausweisung Johns ab. Mit zwei gegen eine Stimme wird der Ausweisungsbefehl gegen ihn aufgehoben.

9. Oktober 1975: Sean Taro Ono Lennon kommt an Johns 35. Geburtstag zur Welt. Zwei Wochen nach Seans Geburt stirbt Yokos Vater Eisuke.

6. Februar 1976: Johns Plattenvertrag mit EMI läuft aus, er verlängert nicht und fordert Yoko auf, sich um seine Finanzen zu kümmern, derweil er nicht mehr komponiert und sich stattdessen intensiv um Sean kümmert.

27. Juli 1976: John erhält seine Green Card.

9. Oktober 1976: John teilt der Presse mit, er sei von jetzt an in erster Linie für seine Familie verantwortlich. Damit zieht er sich offiziell vom Showbusiness zurück. Sein selbstgewähltes Leben als Hausmann und Familienvater dauert knapp fünf Jahre, in denen Yoko sich vor allem um die Geschäfte kümmert und das Vermögen durch geschickte Investitionen vermehrt. Zudem vertritt sie John bei diversen juristischen Streitigkeiten, u. a. wegen des *Rock'n'Roll*-Albums, aber auch mit Allen Klein, mit Apple oder Capitol. Selten lassen sich Yoko und John in der Öffentlichkeit sehen, u. a. beim Amtsantritt von Jimmy Carter. Es folgen zahlreiche Familienreisen, u. a. nach Japan.

27. Mai 1979: In ganzseitigen Anzeigen in großen Tageszeitungen schreiben Yoko und John u. a.: »Lasst uns ein bisschen mehr Zeit, damit wir darüber nachdenken können, was wir tun sollen.«

15. Oktober 1979: Yoko und John stiften der New Yorker Polizei Geld für den Erwerb kugelsicherer Westen.

12. November 1979: John unterschreibt sein Testament, in dem Yoko als Haupterbin eingesetzt wird und sein Sohn Sean, nicht aber sein Sohn Julian erwähnt wird. Yoko – und ersatzweise einige Freunde und Anwälte – werden als Testamentsvollstrecker bestimmt.

14. Juli 1980: John segelt zu den Bermudas und fängt wieder intensiv an, Songs zu komponieren. Parallel dazu komponiert Yoko in New York.

4. August 1980: In der Hit Factory in New York beginnen Yoko und John Songs aufzunehmen, die später auf den beiden Alben *Double Fantasy* und *Milk And Honey* erscheinen.

23. Oktober 1980: Johns erste neue Single *(Just Like) Starting Over* erscheint. Auf der B-Seite singt und stöhnt Yoko ihren erotischen Song *Kiss Kiss Kiss*, von dem in den Nullerjahren mehrere erfolgreiche Remixe erschienen. Unmittelbar vor dem 8. Dezember befand sie sich auf Platz 3 der US-Charts, nach seinem Tod wird sie in den USA, in England und vielen weiteren Ländern Nummer 1. Auch das am 17. November erschienene Album *Double Fantasy* wird posthum weltweit ein Nummer-1-Hit und Yokos und Johns bestverkauftes Album.

5. Dezember 1980: Yoko und John scheinen in kürzester Zeit ihre fünfjährige mediale Abstinenz kompensieren zu wollen. Sie werden von der Zeitschrift *Rolling Stone* und vielen anderen interviewt und sprühen dabei vor Unternehmungslust. John kündigt eine Welttournee an, die das Album promoten soll. Am 6. Dezember geben Yoko und John Andy Peebles von der BBC ein dreistündiges Interview. Das letzte Gespräch mit den beiden strahlt der Rundfunksender RKO Radio am Todestag aus.

8. Dezember 1980: Gegen 17.00 Uhr verlassen Yoko und John das Dakota, um im Record-Plant-Studio an Yokos Song *Walking On Thin Ice* zu arbeiten. Im Eingang des Dakota steht der 25-jährige Mark David Chapman. John gibt ihm ein Autogramm. Die beiden werden zusammen fotografiert. Als John gegen 22.50 Uhr zurückkehrt, wird er im Eingang des Dakota wenige Schritte von Yoko entfernt von Chapman erschossen. John stirbt auf dem Weg ins Krankenhaus. »Willst du damit sagen, dass er schläft?«, fragt Yoko unter Schock um 23:15 Uhr.

14. Dezember 1980: Yoko bittet um zehn Schweigeminuten für John, ein Aufruf, der weltweit Beachtung findet.

18. Januar 1981: Yoko veröffentlicht in der *New York Times* unter der Überschrift »In Gratitude« eine ganzseitige Anzeige, worin sie schildert, wie sie die Wochen nach dem Attentat auf John erlebt hat.

8. Juni 1981: Yokos Solo-Album *Season of Glass* erscheint, worauf sie sich mit Johns Tod auseinandersetzt.

28. August 1981: Yoko veröffentlicht in der *New York Times* unter der Überschrift »Strawberry Fields Forever« eine ganzseitige Anzeige, worin sie weltweit um Sachspenden für ihren geplanten Garten im Central Park in Erinnerung an John bittet.

1981 erscheinen mehrere Single-Auskoppelungen aus dem *Double Fantasy*-Album und zudem die Musik-Videos *Woman* und *Walking on Thin Ice* sowie die entsprechende Single. Sie erreicht 1981 Platz 13 der US-Dance-Club Charts und ein Remix schafft es 2003 auf Platz 1 derselben Charts.

24. Februar 1982: Yoko nimmt bei den 25. Grammy Awards den Preis »Album of the Year« für *Double Fantasy* entgegen.

November 1982: Yokos insgesamt sechstes Album *It's Alright* erscheint, auf dem sie sich wieder mit dem Tod Johns beschäftigt. Die im New-Wave-Stil produzierten Singles *My Man* und *Never Say Goodbye* erscheinen. Auf Letzterer sind Johns und Seans Stimmen zu hören.

1982 werden mehrfach Yokos Werke ausgestellt und Performances aufgeführt – das gilt auch für die folgenden Jahre, oft in Yokos Anwesenheit – u. a. am 23. August auf »Moorman's apartment building roof« in New York und vom 17. September bis 14. November im Museum Wiesbaden: »1962 Wiesbaden Fluxus 1982: Eine kleine Geschichte von Fluxus in drei Teilen.«

Dezember 1983: Das Album *Lennon and Ono, Heart Play – Unfinished Dialogue* erscheint, worauf Gespräche veröffentlicht werden, die Yoko und John u. a. als PR für *Double Fantasy* mit *Playboy*-David Sheff führten. Aus rund 30 Stunden Gesprächsmaterial werden 42 Minuten ausgewählt. Die Erlöse kommen Spirit Foundation zugute (nicht zu verwechseln mit einer gleichlautenden Organisation, die sich dem Schamanismus widmet), die von Yoko und John gemeinsam gegründet wurde und bis heute von Yoko genutzt wird, um Gelder für wohltätige Zwecke zu spenden.

27. Januar 1984: Yokos und Johns Album *Milk and Honey* mit sechs Kompositionen Yokos erscheint. Es folgen mehrere Single-Auskoppelungen sowie das Album *Every Man Has a Woman*, auf dem John Lennon – das Album geht auf seine Idee zurück – sowie Rosanna Cash, Elvis Costello, Roberta Flack, Eddie Money, Harry Nielsson, Trio u. a. Yokos Songs covern.

2. Februar 1985: Vernissage in New York der Benefiz-Ausstellung *Rain Dance* von Keith Haring. Zu sehen ist auch Yokos *A Glass Key*. Wenig später erscheint Yokos Konzeptalbum *Starpiece*, das als weltumspannende Antwort auf Ronald Reagens »Star Wars« gemeint ist. Die Single-Auskoppelung *Hell in Paradise* erreicht 1985 Platz 16 der US-Dance-Charts und ein Remix zwanzig Jahre später Platz 4 in denselben Charts.

9. Oktober 1985: Yoko weiht »Strawberry Fields« (auch »Internationale Garden of Peace« genannt) im Central Park unweit des Dakota Buildings in Gedenken an John ein.

Januar 1986: Nachdem zwischen Yoko und Tony Cox vierzehn Jahre lang fast vollkommene Funkstille herrschte, meldet sich der mit seiner Tochter Kyoko untergetauchte Exmann in der Öffentlichkeit. Er erläutert in Interviews und in dem etwa halbstündigen Dokumentarfilm *Vain Glory* seine Sicht der Dinge und berichtet u. a. von den zweifelhaften Machenschaften der Sekte »The Walk«, die ihm zunächst half, sich vor Yoko und John zu verstecken, vor der er dann aber mit Kyoko flüchten konnte. Trotzdem fürchtet Tony immer noch Yokos Ansprüche auf die gemeinsame Tochter, weshalb er nach wie vor seinen Aufenthaltsort geheim hält. Kyoko sei erwachsen und selbstständig und könne selbst entscheiden, ob und wann sie ihre Mutter kontaktieren wolle. Daraufhin veröffentlicht Yoko folgenden Brief:

Dear Kyoko,
All these years there has not been one day I have not missed you. You are always in my heart. However, I will not make any attempt to find you now as I wish to respect your privacy. I wish you all the best in the world. If you ever wish to get in touch with me, know that I love you deeply and would be very happy to hear from you. But you should not feel guilty if you choose not to reach me. You have my respect, love and support forever.
Love, Mommy

28. Februar 1986: Yoko startet in Brüssel ihre *Starpeace World Tour*, die am 22. Mai im Beacon Theater in New York endet.

15. Juni 1986: In San Diego findet das Benefiz-Konzert für Amnesty International *Conspiracy for Hope* statt. Es treten Yoko, Sting, U2, Lou Reed u. v. a. auf.

24. Oktober 1986: Yoko, Jesse Jackson u. a. unterstützen in New York in der Nähe der United Nation Plaza, dem Sitz der Vereinten Nationen, die Demonstranten des »Antinuclear March«.

14. Februar 1987: Yoko nimmt in Moskau am »International Forum on Drastic Reduction of Nuclear Weapons for a Nuclear-Free World« teil.

7. November 1987: Im Rahmen von »Fluxus 25 Years« werden im Museum of Art in Williamstown Yokos Arbeiten gezeigt.

24. September 1988: In der Berlinischen Galerie wird die Ausstellung »Stationen der Moderne« eröffnet, worin u. a. Yokos *Painting to See the Skies* gezeigt wird.

8. Februar 1989: Yokos Einzelausstellung *Yoko Ono: Objects, Films* wird im Whitney Museum of American Art in New York eröffnet.

1. bis 3. September 1989: In Palermo finden die Kulturtage »Intervalli tra Film, Video Televisione« statt mit Beiträgen u. a. von Yoko, Alexander Kluge und Marina Abramovic.

23. September 1989: Die Einzelausstellung *Yoko Ono: The Bronze Age* wird im »Cranbrook Academy of Art Museum« in Bloomfield Hills in Michigan eröffnet und wandert später durch zahlreiche Museen. Jon Hendricks und Samuel Havadtoy unterstützen fortan Yoko bei ihrer künstlerischen Arbeit.

9. Oktober 1990: Zu Johns 50. Geburtstag organisiert Yoko die zeitgleiche Ausstrahlung des Songs *Imagine* als internationales Zeichen für den Frieden. Über 1000 Radiosender in über 50 Ländern nehmen an der Aktion teil. 1990 und im darauf folgenden Jahr finden rund vierzig (Einzel-) Ausstellungen Yokos weltweit sowie zahlreiche Aktionen statt, u. a. das Solo-Event *Painting to Hammer a Nail* in der Judson Memorial Church in New York.

1992: *Onobox* erscheint. Auf sechs CDs wird Yokos musikalisches Werk von 1968 bis 1985 vorgestellt. Parallel erscheint *Walking on Thin Ice*, eine Greatest-Hits-CD. Die weltweiten Kunst-Aktivitäten gehen in den folgenden Jahren unvermindert weiter. Bekannte Arbeiten werden gezeigt oder variiert und weiterentwickelt.

3. März 1994: Im WPA Theatre in New York findet die Premiere von Yokos Off-Broadway Musical *New York Rock* statt.

25. Oktober bis 15. November 1994: In Langenhagen findet Yokos *A Celebration of Being Human* statt. Die nackten Hintern in Schwarzweiß werden an verschiedensten Orten der Stadt plakatiert und machen Langenhagen als experimentierfreudige Stadt für temporäre Kunst im öffentlichen Raum international bekannt.

1995: Yoko kreiert immer neue Kunstobjekte, zeigt ein mit Scheinwerfern arbeitendes »Lightning Piece« in Florenz in der Fortezza da Basso, »Sphere-9« auf Mallorca in der »Fundació Pilar i Joan Miró« und dasselbe in Berlin im Kempinsky Hotel oder »Drawings from Franklin Summer and Blood Objects from Familiy Album« in der Ubu Gallery in New York. Am 7. Oktober tritt sie erstmals mit der Band ihres Sohnes Sean IMA (das japanische Wort bedeutet »jetzt«) anlässlich des 50. Jahrestages des Atombombenabwurfs auf Hiroshima und des 1400-jährigen Bestehens eines Shinto-Schreins auf. Das Konzert findet in Japan, auf der Insel Miyajima statt, wo sich der legendäre Itsukushima-Schrein befindet, der im Jahr darauf zum UNESCO-Weltkulturerbe erklärt wird. Yoko stellt Paul, George und Ringo Johns zu Hause im Dakota aufgenommene Kompositionen *Free as a Bird* und *Real Love* zur Verfügung. Im Studio werden die Fab Four dadurch virtuell wieder vereint.

18. Januar 1996: Das Rock-Album *Rising* erscheint, das Yoko gemeinsam mit der Band IMA (Sean Lennon, Timo Ellis, Sam Koppelman) aufgenommen hat. Remixes der Songs *Wouldnit* und *Talking to the Universe* werden 2010 und 2011 in den US-Dance-Charts Nummer-1-Hits. Von Februar bis Juli 1996 tourt Yoko mit IMA durch die USA, Europa und Japan.

18. Juli 1996: In Wadgassen bei Saarbrücken wird in Abwesenheit Yokos im Theater in der Cristallerie das Musical *New York Story* unter der Regie Gerald Uhligs aufgeführt. Der Schauspieler Uhlig, der im selben Jahr das »Café Einstein Unter den Linden« gründet, steht in direktem Kontakt mit Yoko und nennt den Abend »Welturaufführung«. Yoko war zwar mit der New Yorker Inszenierung unzufrieden, respektiert heute jedoch die Chronologie der Ereignisse und spricht nur von einer »Aufführung in Wadgassen«.

26. August 1996: In Zusammenarbeit mit dem Museum of Contemporary Art in Los Angeles gestaltet Yoko off- und online die One Woman Show und zeigt damit ihr frühes Interesse für das Internet. www.artcommotion.com

17. September 1996: Yoko erkundet weiter die Möglichkeiten, ihr Werk online zu gestalten. Acorns: 100 Days with Yoko Ono nennt sich eine Aktion in Zusammenarbeit mit Nanjo Fumio. Das interaktive Internet-Projekt bietet täglich eine neue Instruction und steht unter dem Motto: »Do it with Yoko on the Net!« www.japan.park.org/Japan/DNP/shockin_e.html

Herbst 1996: Die Schweizer Uhrenfirma Swatch legt im Rahmen ihrer Künstleredition das von Yoko gestaltete Modell *Film No. 4* vor. Die Uhr ist in Grautönen gehalten und provoziert durch das Armband, auf dem untereinander die nackten Hintern wie auf einem Filmstreifen zu sehen sind.

1997: Unter den vielen Aktionen und Ausstellungen ragt *Yoko Ono: En Trance – Ex it* heraus. Die neuen Elemente, Materialien und Motive in Yokos Werk werden erstmals am 23. Juli im Ausstellungssaal »Lonja del Pescado« in Valencia gezeigt: Steine am Boden in verschiedenen Anordnungen verbunden mit Schnüren zur Decke wie Sonnenstrahlen oder lose verteilt und verbunden mit der Aufforderung an die Besucher, sie neu zu gruppieren als »Eingang«. Holzsärge mit Öffnungen auf Kopfhöhe, aus denen Bäume ragen als »Ausgang«. Wie so oft bei Yoko fordern auch diese Installationen das Publikum zur Kontemplation ebenso wie zum Widerspruch auf. Die Ausstellung wandert danach durch Mittel- und Südamerika. Im Verlauf des Jahres 1997 erscheinen alle Vinyl-Alben Yokos jeweils mit Bonustracks als CDs im US-Plattenlabel Rykodisc, einer Tochterfirma der Warner Music Group, das sich in den 80er- und 90er-Jahren auf die Compact-Disc-Technologie konzentrierte. »Ryko« ist ein japanisches Wort, das die Bedeutungen von Klang und Licht vereint.

November 1997: Kurz nach der Geburt Emis, Kyokos erstem Kind, nimmt Yokos Tochter Kontakt mit ihrer Mutter auf. Kyoko glaubt, Yoko habe ein Anrecht zu erfahren, dass sie Großmutter geworden ist. Yoko richtet ein Konto für ihre Enkeltochter ein. Das Wiedersehen zwischen Mutter und Tochter führt zu einer Versöhnung und zu einem guten Verhältnis, das bis heute anhält.

23. November 1997: Vernissage der Ausstellung *Have You Seen the Horizon Lately?* im Museum of Modern Art in Oxford, die von Juni bis September 1998 auch im Museum Villa Stuck in München zu sehen ist und von mehreren Buchveröffentlichungen begleitet wird.

Von **1998 bis 2000** finden weltweit rund 30 Ausstellungen Yokos statt, zudem am 9. Mai 1999 ein Solo-Benefiz-Konzert in der Knitting Factory in New York für die Opfer im Kosovo, das live im Internet übertragen wird.

1999: Yokos Mutter Isoko stirbt 88-jährig in Tokio.

2000: Die Jahre bis zur Gegenwart sind auf Yokos Webseite www.imaginepeace.com gut dokumentiert. Hier einige Besonderheiten: 2000 gründet Yoko in Saitama (Japan) das John-Lennon-Museum, das 2010 wie vertraglich vereinbart wieder geschlossen wird. In New York startet die große Retrospektive YES – Yoko Ono auf Yokos 40-jähriges Wirken, die das Fundament für eine immer ernsthafter werdende Auseinandersetzung der Kunstwelt mit Yokos Arbeiten legt.

Auf Yokos Betreiben werden ab 2000 alle zwei Jahre die Entlassungsgesuche Mark David Chapmans abgelehnt.

2001: Die US-Sektion der International Association of Art Critics (AICA mit Sitz in Paris) verleiht ihren Preis »Best Museum Show« an die Retrospektive *YES*.
Die Liverpool University verleiht Yoko die Ehrendoktorwürde.

März 2001: Die 30-Sekunden-Single »Yoko Ono« der Berliner Band »Die Ärzte« erscheint. »Du hast mir nichts als Pech gebracht / Hast mich nur belogen / Du hast mich lächerlich gemacht / Mein Konto überzogen / Du nervst noch mehr als Yoko Ono / Du gehst mir ewig auf den Sack / Du haust nicht ab aus meiner Wohnung / Du hast einen beschissenen Musikgeschmack.« Der Song zeigt die Abneigung der deutschen Softpunker gegen Yoko, weil sie laut Farin Urlaub an der Trennung der Beatles schuld sei: »Sie hat die Wings gegründet«.

November 2001: *Blueprint for a Sunrise*, ein feministisches Konzeptalbum erscheint mit Live-Aufnahmen, Neuinterpretationen und neuen Kompositionen. Sohn Sean und seine Freunde sorgen für die musikalische Umsetzung. Dreizehn Frauen verschiedener Nationalitäten singen »It's Time For Action« im gleichnamigen Song jeweils in ihrer Sprache. Im Booklet schreibt Yoko über ihre Ausstellung *Herstory* in Berlin und über eine junge deutsche Journalistin, die sich gewundert habe, dass Yoko 2001 ein so altes Thema wieder präsentiere. Dieses Album sei eine Reaktion darauf, so Yoko: »Sometimes I wake up in the middle of the night haring thousands of women screaming. Other times just one woman seems to try to talk through me.«

2002: Yoko erhält in New York die Skowhegan Medal gemeinsam mit Jeff Koons u. a. Im selben Jahr verleiht ihr das Bard College (New York) die Ehrendoktorwürde. Für das Jubiläumskonzert zum 25-jährigen Bestehen der Band The B-52's tritt Yoko bei der Zugabe, dem Song *Rock Lobster* auf. Als ihn John Lennon 1980 zum ersten Mal hörte, erkannte er darin sofort Yokos Gesang und Geschrei als Vorbild, was von The B-52's später bestätigt wurde.
Bands wie Pet Shop Boys und Produzenten und DJs wie Daniel Tenaglia remixen Songs von Yoko. Diese erscheinen fortan nur unter dem Namen Ono (Yokos Kommentar: »Die Leute haben dem Namen Yoko gegenüber so viele Emotionen angehäuft, dass es gut ist, ihn wegzulassen«). Die Mixes erreichen regelmäßig hohe Platzierungen in den US-Dance-Charts.

Yoko gründet »LennonOno Grant for Peace«, der mit 50 000 Dollar dotiert ist und alle zwei Jahre an Künstler vergeben wird, die in Konfliktregionen leben.

2003: Die kalifornische Indie-Rockband Beulah tauft ihr letztes Album »Yoko«. Beulah Frontman Miles Kurosky sagt: »Die Platte musste Yoko heißen, denn in den Songs geht es um Liebe, um meine künstlerische Entwicklung und meine persönlichen Erfahrungen. Ich wollte ein reiferes, selbstsichereres und riskanteres Statement machen. Im Wort ›Yoko‹ ist alles enthalten: Veränderung, Fortschritt, Risiko.«
In der New Yorker Galerie Deitch Projects zeigt Yoko erstmals ihre Installationen »Odyssey of a Cockroach«. »Ich beschloss, einen Tag lang eine Küchenschabe zu sein und mit ihren Augen zu sehen, was in der Stadt passiert.«

15. September 2003: Die 70-jährige Yoko führt in Paris nach fast vierzig Jahren im Théâtre du Ranelagh erstmals wieder *Cut Piece* auf.

2004: Yoko demonstriert für die Legalisierung Homo-Ehe in den USA und veröffentlicht eine neue Version ihres Songs *Every Man Has a Woman Who Loves Him*. Um gegen schwulenfeindliche Entscheidungen der Bush-Administration zu protestieren, textet sie »Every Man Has a Man Who Loves Him« und »Every Woman Has Woman Who Loves Her«. Der Song erreicht im November Platz 1 der US-Dance-Charts.

September 2004: Bei der Liverpool Biennal provoziert Yoko die Heimatstadt Johns mit der Aktion *My Mummy Was Beautiful*. Fotografien nackter Brüste und Vaginas aus niedriger Perspektive aufgenommen auf Plakaten, Einkaufstaschen, Postkarten, Flyern und Buttons sollen auf die Bedeutung der Mutterschaft hinweisen. Der Blickwinkel entspreche dem eines Kleinkindes auf seine Mutter. Inspiriert sei Yoko von der tragischen Lebensgeschichte von Johns Mutter Julia und von Gustave Courbets »L'Origine du monde« worden.

2005: Yoko wird von der Japan Society of New York für ihr Lebenswerk ausgezeichnet.

10. Februar 2006: Yoko nimmt an der Eröffnung der Olympischen Winterspiele in Turin teil. Sie trägt einen Aufruf zum Frieden vor. Danach wird *Imagine* gespielt.

30. April 2006: Gedenkperformance anlässlich des Todes von Nam June Paik im Guggenheim-Museum in New York.

Dezember 2006: Ein Bodyguard und Chauffeur Yokos wird verhaftet, weil er drohte, privates Material zu veröffentlichen und Yoko damit erpresste.

Yoko überreicht in London den Turner-Preis für moderne Kunst an die deutsche Malerin Tomma Abts, womit erstmals eine Frau den renommierten britischen Preis bekommt.

6. Februar 2007: Das Remix-Album *Yes, I'm A Witch* erscheint, worauf Bands wie The Flaming Lips Yokos Songs neu instrumentieren. Es erreicht Platz 11 der US-Billboard-Top-Electronic-Albums.

24. April 2007: Das Remix-Album *Open Your Box* erscheint nach demselben Muster wie der Vorgänger. Zahlreiche Single-Auskoppelungen erreichen Platz 1 der US-Billboard-Dance-Club-Charts.

26. Juni 2007: Unter dem Motto »Beatles Reunion« treten Yoko, Olivia (die Witwe George Harrisons), Paul und Ringo in der Larry King Live TV Show auf. Vorgestellt wird das Benefiz-Doppelalbum »Instant Karma« mit Coverversionen von Lennon-Songs zugunsten von Amnesty International. Anlass ist das Cirque du Soleil mit dem Beatles Musical *Love*. Auf die Frage nach ihrer Mitwirkung sagt Yoko: »Ich muss doch Johns Songs schützen.« Sehenswert ist der Auftritt auch deshalb, weil Yoko und Olivia über das Vermächtnis ihrer verstorbenen Männer sprechen und warum beide danach nicht wieder geheiratet haben. Zudem äußert sich Yoko positiv zu ihrem Verhältnis zu den Beatles: »Sie sind eine Familie. Und wir sind ein Teil davon.«

14. Juli 2007: Yoko tritt auf dem Pitchfork Music Festival in Chicago auf und singt zum dritten und angeblich letzten Mal das Stück *Mulberry*, das an ihre Zeit auf dem Land am Ende des Zweiten Weltkriegs erinnert. Sie wird begleitet u. a. von Thurston Moore von Sonic Youth. Zuvor hat sie es einmal gemeinsam mit John und einmal mit Sean aufgeführt (zu hören mit einleitenden Worten auf dem Album *Blueprint for a Sunrise*).

9. Oktober 2007: Yoko weiht auf der Insel Vioey, die zu Island gehört und etwa ein Kilometer vor Reykjavík liegt, den Leuchtturm für den Frieden »Imagine Peace Tower« ein.

November 2007: Yoko tritt bei den *Simpsons* auf. Ihr oft wiederholtes *Number 8*, das mit Barneys Rülpsen alterniert, macht in der Beatles-Gemeinde rasch die Runde. Es folgen weitere lustige Yoko-Auftritte bei den Simpsons.

2008: Auf der Liverpool Biennal stellt Yoko in der im Zweiten Weltkrieg zerstörten Church of St. Luke ihre Installation *Sky Ladders* vor. Die im selben Jahr stattfindende Ausstellung *Between The Sky And My Head* in der Kunsthalle Bielefeld wird von einer gleichnamigen Buchveröffentlichung und einem Album begleitet.

Mai 2008: Yoko verhindert die Veröffentlichung des Films *3 Days in the Life* ihres Exmannes Anthony Cox, worin u. a. John im Februar 1970 in London beim Komponieren und Marihuana-Rauchen zu sehen ist. Zudem spricht John davon, man solle LSD in Richard Nixons Tee tun. Auch Yoko und Kyoko sind in einem Trailer, der im Internet kursiert, zu sehen und zu hören. Zehn Stunden Filmmaterial bleiben seither im Archiv.

Dezember 2008: Yoko erlaubt die Verwendung eines gefilmten John-Lennon-Interviews für die Charity-Aktion »One Laptop per Child«.

2009: Yoko erhält auf der Biennale in Venedig einen der weltweit renommiertesten Kunstpreise, den Goldenen Löwen für ihr Lebenswerk, und in London den jährlich von der Zeitschrift *Mojo* verliehenen Preis für das Lebenswerk eines Musikers.
Für die New Yorker Rock'n'Roll Hall of Fame organisiert Yoko die Ausstellung: »John Lennon: The New York Citiy Years«.
Für die Kampagne »Fashion against AIDS« gestaltet Yoko ein T-Shirt mit dem Aufdruck »Imagine Peace« in 21 verschiedenen Sprachen.
Yoko tritt gemeinsam mit Olivia, Paul und Ringo an der Electronic Entertainment Expo in Los Angeles auf anlässlich der Vorstellung des Video Games *The Beatles: Rock Band*.
Yoko nimmt an der Ausstellungseröffnung *Imagine: The Peace Ballad of John & Yoko* im Queen Elizabeth Hotel in Montreal teil. Anlass ist das 40-jährige Jubiläum des Bed-ins.
Im September erscheint das Album »*Between My Head And The Sky*« unter dem Namen »Yoko Ono Plastic Ono Band«.

16. Februar 2010: »We Are Plastic Ono Band« heißt ein Konzert in der Brooklyn Academy of Music mit Sohn Sean, Eric Clapton, Klaus Voormann, Jim Keltner und als Gäste, die Coverversionen darbieten, Bette Midler, Paul Simon u. a.
Yoko erlaubt der Autofirma Citroën für Werbezwecke einen Filmausschnitt mit einem John-Lennon-Interview zu verwenden, worauf Beatles-Fans zum Boykott gegen Citroën aufrufen. Doch Sean betont, Yoko und er hätten von Citroën kein

Geld bekommen. Es gehe nur um die Präsenz seines Vaters im Multimedia-Zeitalter. Ähnlich kritische Reaktionen wurden bei der Nutzung des Songs *Real Love* durch die Kaufhauskette J. C. Penney oder bei der Schöpfung der Sorte *Imagine Whirled Peace* durch die Eismarke Ben & Jerry's ausgelöst.

Juli 2010: Das Museum of Modern Art stellt Yokos »Wish Tree« seit Juli permanent aus. Der Wunschbaum sammelt seither immer mehr Wünsche von Besuchern aus aller Welt.

Yoko tritt anlässlich des 70. Geburtstages von Ringo in der Radio City Music Hall in New York auf und singt mit ihm *With A Little Help from My Friends* und *Give Peace a Chance*.

August 2010: Bei einer Pressekonferenz anlässlich des fast fertiggestellten Dokumentarfilms »LennonNYC« sagt Yoko in Beverly Hills: »New York war eine merkwürdige Stadt: Sie war sein Leben und sein Tod.«

September 2010: In der Berliner Galerie Haunch of Venison wird Yokos Ausstellung *Das Gift* gezeigt, die sich v. a. mit dem Thema Gewalt beschäftigt.

2. Oktober 2010: Yoko tritt gemeinsam mit Lady Gaga im Orpheum Theatre in Los Angeles auf.

März 2011: Yoko tritt gemeinsam mit Sean zu Gunsten der Erdbebenopfer in Japan auf.

Juli 2011: Yoko erhält den »Hiroshima Art Prize«.

August 2011: *Wer verflixt ist Yoko?*, der erste Band einer Reihe des Schriftstellers Knister erscheint. Knister (Erfinder der »Hexe Lilli«) ist einer der erfolgreichsten deutschen Kinderbuchautoren und zugleich Musiker. Es folgen Yoko-Hörspiele und ein Yoko-Kinofilm. Yoko ist »ein seltsam Pelziges Wesen … eigenwillig und respektlos … steckt voller überraschender Ideen, kann einen völlig entnerven und gleichzeitig zum Lachen bringen«, heißt es auf Knisters Webseite. Offenbar hat der Name Yoko heute das Potenzial, positive Assoziationen bei Kindern (sowie Eltern und Großeltern, also den Käufern von Yoko-Büchern) zu wecken.

19. Oktober 2011: »Yoko brings out the cops« titelt die US-Ausgabe von *Rolling Stone*. Die 78-jährige Japanerin habe in Reykjavík die Nachtruhe gestört, als sie doch noch einmal den Song *Mulberry* schrie. Musikalisch begleitet wurde sie u. a. von Sohn Sean, Nels Cline (von Wilco) und Greg Saunier (von Deerhoof).

Dezember 2011: »Yoko zeigt's der Queen – Wenn das John noch erlebt hätte! In Liverpool trafen sich die Lennon-Witwe Yoko Ono und die Queen gemeinsam zum Museumsbesuch«, schreibt der *Spiegel*. Nach dem »Legendentreffen« im neuen Stadtmuseum von Liverpool, das ausführlich die Geschichte der Beatles zeigt, habe Yoko die Stilsicherheit der Queen gelobt.

März 2012: Yoko erhält den »Oskar-Kokoschka-Preis«. Bei der Verleihung im Gartenbaukino in Wien wird der kurz zuvor von Karl Lagerfeld für Chanel fertiggestellte Film gezeigt, worin Yoko in der klassischen kleinen schwarzen Jacke Tanzbewegungen macht.

Mai 2012: Yoko ist mit einer rockigen neuen Version ihres Songs *Move on Fast* auf dem »Occupy this Album« (5 CDs) vertreten.

Juni 2012: Yoko wird in Dublin im Rahmen der »Pop-Up Contemporary Art« Biennale für ihr Lebenswerk ausgezeichnet.
Yoko launcht eine neue App mit entsprechendem Online-Projekt: # smilesfilm erlaubt es Usern weltweit, Fotos ihrer lächelnden Gesichter auf Twitter und Instagram zu laden.
Yoko kündigt ein neues Album an, das »YOKOKIMTHURSTON« heißen soll, eine erneute Zusammenarbeit mit Kim Gordon und Thurston Moore von Sonic Youth.
In der Serpentine Gallery in London wird die Ausstellung *Yoko Ono: To the Light* eröffnet. Negative Kritiken von Kunstkritikern gibt es nach wie vor häufig. Die *Süddeutsche Zeitung* titelt am 25. Juni spöttisch: »Der Zengarten vom Baumarkt. Yoko Ono wird viel gehasst. Wie gut ist ihre Kunst?« Alexander Menden schreibt von einer »Mischung aus mutwilliger Egozentrik und Hippie-Erbaulickeit«, von »Kirchentags-Ästhetik« und von einem »Statement von dem gefühlten spirituellen Tiefgang eines Zen-Gartens aus dem Heimwerkermarkt. Wie so oft in Yoko Onos Kunst verläppert das nicht uninteressante Konzept in der Antiklimax einer Bedeutsamkeit, die schiere Behauptung bleibt.«

8. Oktober 2012: Einmal mehr hat Yoko ihr Archiv geöffnet. In vielen Ländern gleichzeitig erscheint das Buch *John Lennon – Letters*.

2013: Zu Yokos 80. Geburtstag finden zahlreiche Aktionen und Ausstellungen statt, u. a. eine umfassende Retrospektive in der Kunsthalle Frankfurt Schirn: *Half a Wind* dauert vom 15.2. bis zum 12.5. und präsentiert eine charakteristische Auswahl der letzten 60 Jahre ihres Schaffens.

ANHANG

Bücher von und über Yoko Ono (Auswahl)

Berndt, Katrin: *Yoko Ono – In Her Own Write. Ihr musikalisches Schaffen und der Einfluss von John Lennon.* Marburg 1999.
Clayson, Alan: *Woman. The Incredible Life of Yoko Ono.* New Malden, Surrey 2004.
Hopkins, Jerry: *Yoko Ono. A biography.* London 1987.
Hübner, Klaus: *Leben auf dünnem Eis. Yoko Ono.* München 1999.
Iceland Post: *Imagine Peace Tower – Videy Island – Reykjavík – Iceland.* Reykjavík 2008.
Iles, Chris: *Yoko Ono.* Oxford 1997.
Johnstone, Nick: *Yoko Ono Talking.* London 2005.
Munroe, Alexandra: *YES Yoko Ono.* New York 2000.
Obrist, Hans Ulrich: *Yoko Ono – The Conversation Series.* Köln 2010.
Ono, Yoko: *An Invisible Flower.* San Francisco 2012.
Ono, Yoko: *Between The Sky And My Head.* Köln 2008.
Ono, Yoko: *Grapefruit.* London 1970.
Ono, Yoko: *Have You Seen the Horizon Lately?* München 1998.
Ono, Yoko: *Just Me!* Tokio 1974. (Dieses autobiografische Buch ist nur auf Japanisch erschienen und im Verlag Kodansha in 32. Auflage lieferbar.)
Ono, Yoko: *Memories of John Lennon.* New York 2005.

Bücher von und über John Lennon und Yoko Ono (Auswahl)

Athey, Joan; McGrath, Paul (Hg.): *John Lennons & Yoko Onos Give Peace a Chance. Bed-in 1969.* München 2009.
Baird, Julia; Giuliano, Geoffrey: *John Lennon. My Brother.* London 1988.
Bardola, Nicola: *John Lennon. Wendepunkte.* Zürich 2010.
Baur, Michael; Baur, Steven (Hg.): *The Beatles and Philosophy. Nothing You Can Think that Can't Be Thunk.* New York 2006.
Benzien, Rudi: *John Lennon. Report.* Berlin 1989.
Bresler, Fenton: *Who Killed John Lennon?* New York 1989.
Coleman, Ray: *John Winston Lennon.* New York 1984.

Cott, Jonathan; Douda, Christine (Hg.): *The Ballad of John and Yoko*. New York 1982.
Davies, Hunter: *The Quarrymen*. London 2001.
Davies, Hunter (Hg.): *The John Lennon Letters*. London 2012.
Fabianis, Valeria Manferto De (Hg.): *Being John Lennon. Die Bildbiographie*. Vercelli 2009.
Fawcett, Anthony: *John Lennon. One Day at a Time*. New York 1976.
Giuliano, Geoffrey: *Lennon in America, 1971 – 1980: Based in Part on the Lost Lennon Diaries*. London 2000.
Goldmann, Albert: *The Lives of John Lennon*. London 1988.
Gruen, Bob: *John Lennon: The New York Years*. New York 2005.
Harry, Bill: *The John Lennon Encyclopedia*. London 2001.
Henke, James: *Lennon Legend. An Illustrated Life of John Lennon.* San Francisco 2003.
Herzogenrath, Wulf; Hansen, Dorothee (Hg.): *John Lennon. Zeichnungen, Performance, Film*. Ostfildern 1995.
Jackson, John Wyse: *We All Want to Change the World. The Life of John Lennon*. London 2005.
Jones, Jack: *Let Me Take You Down. Inside the Mind of Mark David Chapman, the Man Who Killed John Lennon*. New York 1992.
Kane, Larry: *Lennon Revealed*. Scranton 2005.
Lennon, Cynthia: *A Twist of Lennon.* London 1978.
Lennon, Cynthia: *John*. London 2005.
Lennon, John: *In His Own Write*. London 1964.
Lennon, John: *A Spaniard in the Works*. London 1965.
Lennon, John: *Skywriting by Word of Mouth*. New York 1986.
Lennon, John: *Real Love. Bilder für Sean*. Reinbek bei Hamburg 2000.
Lennon, Pauline: *Daddy Come Home. The True Story of John Lennon and His Father*. London 1990.
McGrath, Paul (Hg.): *Give Peace a Chance. John & Yoko's Bed-in For Peace*. London 2009.
Miles, Barry: *John Lennon in His Own Words*. London 1981.
Norman, Philip: *John Lennon. The Life*. London 2008.
Noyer, Paul Du: *We All Shine On. The Stories Behind Every John Lennon Song 1970 – 1980*. London 2006.
Pang, May: Edwards, Henry: *Loving John. The Untold Story.* New York 1983.
Pang, May: *Instamatic Karma. Photographs of John Lennon*. New York 2008.
Posener, Alan: *John Lennon*. Reinbek bei Hamburg 1987.

Robertson, John: *The Art and Music of John Lennon.* London 1990.
Roylance, Brian (Hg.): *The Beatles Anthology by The Beatles.* London 2000.
Rehwagen, Thomas (Hg.): *Gimme Some Truth. Das komplette John Lennon Songbook.* Bielefeld 1990.
Rosen, Robert: *Nowhere Man: The Final Days of John Lennon.* New York 2000.
Sauceda, James: *The Literary Lennon.* Ann Arbor 1983.
Seaman, Frederic: *The Last Days of John Lennon. A Personal Memoir.* New York 1991.
Schaffner, Nicholas; Shotton, Pete: *John Lennon in My Life.* New York 1983.
Schmidt, Thorsten: *John Lennon. Die deutsche Diskographie.* Bremen 2008.
Solt, Andrew; Egan, Sam: *Imagine John Lennon.* New York 1988.
Sutcliffe, Pauline; Thompson, Douglas: *The Beatles' Shadow. Stuart Sutcliffe & His Lonley Hearts Club.* London 2002.
Sutcliffe, Pauline; Williams, Kay (with an Introduction by Astrid Kirchherr and Afterword by Cynthia Lennon): *The Life and Art of Stuart Sutcliffe,* London 1997.
Tillery, Gary: *The Cynical Idealist. A Spiritual Biography of John Lennon.* Wheaton 2009.
Turner, Steve: *A Hard Day's Write. The Stories Behind Every Beatles Song.* London 1999.
Voormann, Klaus: *Warum spielst du* Imagine *nicht auf dem weißen Klavier, John? Erinnerungen an die Beatles und viele andere Freunde.* München 2003.
Wenner, Jann S.: *Lennon Remembers. The Full Rolling Stone Interviews from 1970.* New York 1971, 2000.
Wiener, Jon: *Come Together. John Lennon in His Time.* New York 1984.
Wiener, Jon: *Gimme Some Truth. The John Lennon FBI Files.* Berkeley 1999.

DVDs und VHS-Kassetten von und über John Lennon und Yoko Ono (Auswahl)

Come Together. A Night for John Lennon's Words and Music (90 Min.). Ron de Moraes, Edel 2001.
Gimme Some Truth. The Making of John Lennon's »Imagine«-Album (63 Min.). John Lennon; Yoko Ono, EMI 2000 (1979).
Imagine. John Lennon (2 DVDs, OmU, 99 Min.). Andrew Solt;Sam Egan, Warner Home Video 1988.
Inside John Lennon (80 Min.).Passport 2003.

John & Yoko – The Complete Story (145 Min.) John McMahon, Sony 1987.
John and Yoko's Year of Peace (OmU, 52 Min.). Paul McGrath, CBC Home Video 2000.
John Lennon and the Plastic Ono Band. Sweet Toronto (56 Min.). D. A. Pennebaker, Gravity Limited 1988.
John Lennon Live in New York City (55 Min.). Carol Dysinger; Steve Gebhardt, Picture Music 2000.
John Lennon/Plastic Ono Band. The Definitive Authorised Story of the Album (OmU, 90 Min.). Matthew Longfellow, Eagle Rock 2008.
John Lennon. Rare and Unseen (75 Min.). Wienerworld 2010.
John Lennon. The Messenger (55 Min.). Spyros Melaris; Ray Santilli, WHE 2002 (1969).
Lennon Legend. The Very Best of John Lennon (100 Min.). John Lennon; Yoko Ono et al., EMI 2003.
The U.S. vs. John Lennon (96 Min.). David Leaf; John Scheinfeld, Lionsgate 2007.
Yoko Ono Lennon – Then & Now (62 Min.). Barbara Graustark, Embassy 1984.

Webseiten (Auswahl)

www.imaginepeace.com
Die offizielle Seite Yoko Onos bildet den Ausgangspunkt zu all ihren Aktivitäten und zu allen News. Intensiv gepflegt und technisch up to date. Yoko twittert, ist auf Facebook und My Space vertreten und setzt Links zu Youtube und vielen anderen interessanten Webseiten.

http://en.wikiquote.org/wiki/Yoko_Ono
Viele Zitate Yokos werden hier mit Quellen aufgeführt.

http://homepage.ntlworld.com/carousel/pob00.html
Obige Adresse oder nach »You are the plastic ono band« suchen. Dahinter verbirgt sich ein reichhaltiges Yoko-Ono- und John-Lennon-Archiv mit vielen Informationen (u. a. Diskographie, Filmographie, TV-Auftritte usw.), die hier aus Platzgründen fehlen.

http://100acorns.blogspot.de

http://www.a-i-u.net

www.bagism.com

www.ex-beatles.de

www.germanbeat.info

www.instantkarma.com

www.lennonbus.org

www.lennonfbifiles.com

www.jeclique.com/onoweb

www.schomakers.com

www.theusversusjohnlennon.com

www.yoko-ono.com

www.youtube.com/user/Y0K0ON0

Bildnachweis

picture alliance: 3 (eventpress Hoensch), 7 (Band Foto), 8 (Photoshot), 11, 12 (Land of Lost Content), 15, (United Archives/TopFoto) 17, (Photoshot) 18, 19, (Daniel Kalker) 21, (Armin Weigel) 22, (Press Association) 24
Allan Tannenbaum: 1, 2
Sogetsu-Kai Foundation: 4
Interfoto: 13, (Geraldo) 24
John Drysdale: 6
Getty/Keystone: 10, 14
John Bigelow: 9, 20
Ullsteinbild/Heritage Images/Keystone Archives: 16

An den Quellen der Fantasie

Nach dem Spiel ist vor dem Spiel. Für Werner Herzog geht es immer ums Ganze. Der Visionär unter den deutschen Filmemachern hat mit *Fitzcarraldo*, *Nosferatu* oder *Aguirre, der Zorn Gottes* Kinogeschichte geschrieben, daneben Opern inszeniert und Bücher verfasst.

Moritz Holfelder, der den Regisseur als Filmjournalist viele Male interviewte, erforscht in dieser Biografie die Quellen von Werner Herzogs fantastischen Bild-Welten und hinterfragt den Mythos, den er um sich selbst gesponnen hat. Zahlreiche Wegbegleiter, darunter Eva Mattes und Alexander Kluge, geben Auskunft über Arbeit und Leben in diesem visionären Kräftefeld. Erstmals werden Fotos aus dem Besitz der Familie veröffentlicht und Herzogs Wurzeln in einem kleinen Dorf im Chiemgau sichtbar gemacht.

Moritz Holfelder
Werner Herzog

288 Seiten mit zahlr. Fotos, ISBN 978-3-7844-3303-5

Langen*Müller*   www.langen-mueller-verlag.de